ΜΕΤΑΠΟΛΙΤΕΥΣΗ

ΕΝΟΧΗ ΚΑΙ ΥΠΟΤΕΛΕΙΑ

Στη σειρά Δοκίμια κυκλοφορούν:

1. Αραμπατζής Γ.:	*Λαϊκισμός και κινηματογράφος*
2. Benda J.:	*Η προδοσία των διανοουμένων*
3. Γεράσης Γ.:	*Η άρθρωση της εποχής*
4. Γεράσης Γ.:	*Η νεοελληνική ταυτότητα*
5. Γεράσης Γ.:	*Η εικόνα ως οντολογία του Αγαθού*
6. Γεράσης Γ.:	*Μεταπολίτευση – Ενοχή και Υποτέλεια*
7. Heidegger M.:	*Επιστολή για τον Ανθρωπισμό*
8. Husserl E.:	*Η φιλοσοφία ως αυστηρή επιστήμη*
9. Husserl E.:	*Καρτεσιανοί στοχασμοί*
10. Κόλμερ Κ.:	*Υποτίμηση της δραχμής ή Υποτίμηση της Ελλάδος*
11. Nietzsche F.:	*Μαθήματα για την Παιδεία*
12. Quinsey Th.:	*Η δολοφονία ως μία εκ των καλών τεχνών*
13. Ράμφος Στ.:	*Νόστος*
14. Scheler M.:	*Η θέση του ανθρώπου στον κόσμο*
15. Συλλογικό έργο:	*Οι περιθωριακοί*

ΓΙΑΝΝΗΣ ΓΕΡΑΣΗΣ

ΜΕΤΑΠΟΛΙΤΕΥΣΗ
ΕΝΟΧΗ ΚΑΙ ΥΠΟΤΕΛΕΙΑ

ΡΟΕΣ
Δ Ο Κ Ι Μ Ι Α

Επιμέλεια εξωφύλλου: Γιώργος Θεοδώρου

ISBN: 960-283-048-4

«Ἐξελαθόμην ὅτι σὲ δεῖ θεραπεύειν
καὶ ὡς πυρετὸν καὶ ὡς χολέρα καὶ βωμὸν στῆσαι,
ὡς ἐν Ρώμη Πυρετοῦ βωμὸς ἐστίν»*.

Ἐπίκτητος

Περιεχόμενα

Πρόλογος

«Τὴν ἐκ τῆς ἱστορίας μάθησιν, ἐναργεστάτην
δὲ καὶ μόνην διδάσκαλον τοῦ δύνασθαι
τὰς τῆς τύχης μεταβολὰς γενναίως ὑποφέρειν»
Πολύβιος: *«Ἱστορία»*[1]

«Φυγὰς ὁ φεύγων τὸν πολιτικὸν Λόγον»
Μάρκος Αὐρήλιος: *«Εἰς Ἑαυτὸν»*[2]

Τό καλοκαίρι τοῦ 1974, μέσα σ᾽ ἕνα κλῖμα ἀβεβαιότητας, ἀνησυχίας, πολιτικῆς ρευστότητας, διεθνοῦς ἀπομόνωσης καί ἐθνικῆς ταπείνωσης, μετά τήν εἰσβολή τῶν τουρκικῶν στρατευμάτων στήν Κύπρο, ἀποφασίζεται ἡ μεταβίβαση τῆς ἐξουσίας ἀπό τούς συνταγματάρχες στήν πολιτική τάξη. Ὁ σχηματισμός κυβερνήσεως ἐθνικῆς σωτηρίας ἀνατίθεται στόν Κ. Καραμανλῆ – ὁ ὁποῖος ἀνακαλεῖται ἀπό τήν αὐτοεξορία του στό Παρίσι.

Μέ τόν σχηματισμό πολιτικῆς κυβέρνησης ὑπό τόν Κ. Καραμανλῆ τερματίζεται ἡ ἑφτάχρονη πολιτική ἐκτροπή τῶν συνταγματαρχῶν, πού ξεκίνησε τό 1967, καί βρίσκει, στό τέλος της, τήν ἑλληνική κοινωνία σ᾽ ἕναν ἐντελῶς νέο κόσμο. Ἀπό τήν στιγμή αὐτή ἀρχίζει τυπικά ἡ καλούμενη περίοδος τῆς *Μεταπολίτευσης*, ἡ ὁποία ἐγκαινιάζει ἕνα νέο ἱστορικό κύκλο τῆς νεωτέρας Ἑλλάδος.

Στά χρόνια πού ἀκολούθησαν, μέ τόν ὅρο «*Μεταπολίτευση*» ἐννοεῖται κυρίως τό τέλος τῆς *χούντας*[3]. Τονίζεται μέ ἔμφαση τό τέλος τοῦ καθεστῶτος τῶν συνταγματαρχῶν. Τό πολιτικό βάρος δίδεται στήν κατάρρευση καί ὄχι στήν εἴσοδο σέ μιά νέα πολιτειακή περίοδο μέ τήν διπλή σημασία: τήν ἐπιστροφή στήν δημοκρατική νομιμότητα καί τήν κατάργηση τῆς μοναρχίας. Ἡ ἐπιλογή αὐτή εἶναι ἀπολύτως νόμιμη καί ἀποδεκτή, ἀλλά ὄχι ἐπαρκής. Ὁ μονοσήμαντος προσδιορισμός τῆς Μεταπολίτευσης, ἡ ἐμμονή στήν «*ἀπελευθέρωση ἀπό τήν τυραννία τῆς χούντας*»[4] δέν εἶναι ἁπλῶς μιά ὑπερτονισμένη συναισθηματικά ἱστορική ἐκτίμηση τῆς περιόδου. Ὅπως ἀποδεικνύεται ἀπό τίς ἐξελίξεις, ἀποτελεῖ μιά ἐσκεμμένη ἐπιλογή γιά τήν κατεύθυνση πρός τήν ὁποία ὁδηγεῖται ἡ Μεταπολίτευση, δεσμεύοντας σέ μεγάλο βαθμό τίς πολιτικές ἀποφάσεις τῆς νέας περιόδου. Ἡ ἑρμηνευτική ἐπιλογή ἡ ὁποία δίνει ἔμφαση στήν «*ἀπελευθέρωση*», στήν «*πτώση τῶν τυράννων*» καί στήν ἀπαλλαγή ἀπό τό «*φασιστικό καθεστώς τῶν συνταγματαρχῶν*» εἶναι μιά πολιτική στρατηγική κίνηση, μέ τήν ὁποία μετακινούμεθα ἀπό τήν κριτική καί τήν κατανόηση στόν *μεταπολιτευτικό λαϊκισμό*. Εἶναι ὁ τρόπος μέ τόν ὁποῖο δομεῖται ἡ νέα πραγματικότητα. Ἱστορικές, πολιτικές καί οἰκονομικές ἔννοιες προσδιορίζονται μέ ψυχολογικο-παθολογικούς ὅρους καί ἀμιγῶς κοινωνικά συμβάντα ἑρμηνεύονται μέ θρηκευτικο-μυθολογικές μεταφορές.

Ἡ μέθοδος κατάργησης τῶν ὁρίων ἀνάμεσα στίς καθέκαστες περιοχές τῆς «πραγματικότητας» δέν εἶναι καινούρια, οὔτε ἐφεύρημα τῆς Μεταπολίτευσης. Εἶναι παλιά ὅσο καί ἡ ἱστορία τῆς γραφῆς καί τοῦ λόγου. Ἀντιπροσωπευτικό παράδειγμα ἀποτελεῖ ἡ στρατηγική τοῦ Λένιν νά παρουσιάσει τό ἐγχείρημα τοῦ βιαίου ἀστικοῦ μετασχηματισμοῦ τῆς Ρωσίας ὡς λαϊκή δικαίωση, χρησιμοποιώντας τό μαρξιστικό ἐσχατολογικό θεώρημα. Στήν ἄλλη ἄκρη βρίσκεται ἡ μέθοδος μέ τήν ὁποία ἡ Νέα Ἀριστερά ἐπέβαλε τήν ἄποψη ὅτι ὁ Δεύτερος Παγκόσμιος Πόλεμος δέν εἶναι μιά τυπική ἐμπλοκή τῆς εὐρωπαϊκῆς ἱστορίας, ἀλλά ἀντισημιτικό ὁλοκαύτωμα.

Ἡ ἑστίαση τῆς προσοχῆς στήν «κατάρρευση τῆς τυραννίας» θέτει κατ᾽ ἀνάγκην σέ δεύτερη μοῖρα τόν οὐσιαστικό πολιτικό χαρακτῆρα τῆς Μεταπολίτευσης, πού δέν εἶναι ἄλλος ἀπό τήν πολιτειακή μεταβολή, καί εἰσάγει ἕνα νέο *πολιτικό ἦθος*, τόν μεταπολιτευτικό λαϊκισμό. Οἱ λόγοι τῆς ἐμφάνισής του, οἱ δυνάμεις πού τόν ἐπέβαλαν καί οἱ δυσμενεῖς ἐπιπτώσεις τοῦ μεταπολιτευτικοῦ λαϊκισμοῦ, ὡς πολιτική σκέψη καί πρακτική, θά ἐξετασθοῦν στήν μελέτη πού ἀκολουθεῖ. Ἐδῶ θά περιορισθῶ μόνο σέ ὁρισμένες παρατηρήσεις.

*

Εἶναι αὐτονόητο ὅτι ἡ νέα περίοδος, ἡ Μεταπολίτευση, δέν μπορεῖ νά διαχωρισθεῖ ἀπό τούς ὅρους τῆς προηγηθείσης συνταγματικῆς ἐκτροπῆς, ἐνῶ ὁποιαδήποτε κριτήρια καί ἄν ἐφαρμοσθοῦν γιά τήν ἀνάλυση τῆς ἐξεταζομένης περιόδου, εἶναι ἀδύνατο νά παρακαμφθεῖ τό κεντρικό σημεῖο της, πού εἶναι ἡ σχέση της μέ τήν ἀλλαγή πολιτειακοῦ καθεστῶτος. Πέρα ἀπό κάθε κανόνα πολιτικοῦ καί ἱστορικοῦ λόγου, ἡ κατάργηση τῆς βασιλείας ἀντιμετωπίσθηκε ὡς *ἐνοχή*, δηλαδή ὡς ἱστορικό «κακό» πού ἔπρεπε νά ἐξορκισθεῖ, ἐνῶ τονίσθηκαν μέ ἔμφαση καί ἐνίοτε μέ τάσεις σατανολογίας τά μαρτυρολογικά στοιχεῖα (πραγματικά καί φανταστικά) τῆς ἑφτάχρονης στρατιωτικῆς παρέμβασης, παρακάμπτοντας τό σημαντικότερο μεταπολεμικό γεγονός, τήν *πολιτειακή μεταβολή*. Ἄν ἡ Μεταπολίτευση διαχωρισθεῖ ἀπό τήν κατάργηση τῆς βασιλείας, χάνει τόν ἱστορικό της χαρακτῆρα καί τήν σημαντικότητά της, καί μετασχηματίζεται σ᾽ ἕνα ἱστορικό ψυχόδραμα. Ἡ μετάβαση ἀπό τήν μοναρχία στήν Προεδρευομένη Κοινοβουλευτική Δημοκρατία δέν εἶναι ἁπλή ληξιαρχική πράξη, ἀλλά βαθύτατη κοινωνική ἀνατροπή πού ἐπηρεάζει ὅλες τίς φάσεις τῆς Μεταπολίτευσης. Ὅσο ὑπῆρχε τό παλάτι, ἡ ἱστορική κάθαρση ἦταν ἀδύνατο νά πραγματοποιηθεῖ, στό μέτρο πού τό ἴδιο ἀποτελοῦσε τόν διαχρονικό δεσμό καί, στίς περισσότερες περιπτώσεις, τόν καθοριστικό παράγοντα διαμόρφωσης τῶν γεγονότων καί συνεπῶς τό κύριο ἐμπόδιο τῆς αὐτογνωσίας. Μέ τήν κατάργηση τῆς μοναρχίας, τυπικά αἴρονται τά ἐμπόδια καί ἐξασφαλίζονται ὅλες οἱ προϋποθέσεις γιά τήν ἐπιβαλλομένη ἱστορική μελέτη. Ἡ Μεταπολίτευση δέν εἶχε ἁπλῶς τήν ἐλευθερία, ἀλλά κυρίως τήν ὑποχρέωση καί τό καθῆκον νά ἀποτελέσει τήν ἀφετηρία τῆς πολιτικῆς κάθαρσης τῆς νεωτέρας μας ἱστορίας, μέ κεντρικό στόχο τήν ἀπαλλαγή ἀπό τό *πνεῦμα τοῦ ἐμφυλίου*. Ὁ πολιτικός καί ἱστορικός λαϊκισμός τῆς Μεταπολίτευσης ἀγνόησε αὐτό τό μέγα ἱστορικό γεγονός καί ἐνήργησε μέ ὅλα τά μέσα, πρός τήν κατεύθυνση τῆς ἀναβολῆς, πρός τήν κατεύθυνση τῆς σύγχυσης καί τῆς μυθοποίησης τοῦ ἐμφυλίου.

*

Πρός τήν κατεύθυνση αὐτή βοήθησε καί ἡ διεθνής συγκυρία. Ἡ δεκαετία τοῦ '70, στήν ὁποία συντελεῖται ἡ Μεταπολίτευση καί ἰδιαίτερα ἡ συγκεκριμένη στιγμή, ἀκριβῶς ἕνα χρόνο μετά τήν λήξη τοῦ βιετναμικοῦ πολέμου, ὑπῆρξε ἡ ἀτυχέστερη στιγμή γιά τήν πραγματοποίηση τῆς Μεταπολίτευσης, εὐνοῶντας, ὅπως θά φανεῖ ἀργότερα, ὅλες τίς ἀρνητικές της ἐπιλογές. Δέν πρέπει νά ξεχνᾶμε ὅτι ἡ ἔναρξη τῆς στρατιωτικῆς παρέμβασης συνδέεται μέ τό ἀπόγειο τῆς ἀμερικάνικης παντοκρατορίας, μέ τήν ψυχροπολεμική ὑστερία πού κορυφώνεται στόν ἀραβο-ἰσραηλινό πόλεμο, μετατρέποντας τήν Μέση Ἀνατολή σέ μιά μόνιμη πηγή ἐντάσεων. Τό δέ τέλος τῆς ἑφτάχρονης στρατιωτικῆς ἐκτροπῆς συμπίπτει μέ τήν κοσμοϊστορική ἧττα στίς ζοῦγκλες τοῦ Βιετνάμ, πού ταπείνωσε τήν Ἀμερική καί τήν ἔφερε πρός στιγμήν στό χεῖλος τῆς οἰκονομικῆς καί κυρίως τῆς ἠθικῆς καταστροφῆς, ἐνισχύοντας πρόσκαιρα τό κῦρος τῆς Ρωσίας καί συνιστώντας τόν τελευταῖο θρίαμβο τῆς σοβιετικῆς πολιτικῆς. Οἱ συνέπειες τοῦ πολέμου δέν περιορίζονται μόνο στήν Ἀμερική. Ἡ ἔκβαση αὐτοῦ τοῦ πολέμου ἀλλάζει τούς ὅρους τοῦ παγκοσμίου πολιτικοῦ παιγνίου: ἀπό τοῦδε καί στό ἑξῆς οὐδεμία μεγάλη χώρα στόν κόσμο, ὅσο ἰσχυρή καί ἄν αἰσθάνεται, δέν θά ἐπιχειρήσει πλέον στρατιωτική ἐπέμβαση ἀκολουθώντας τήν μεγάλη ἀποικιοκρατική παράδοση. Μέ τόν τρόπο αὐτό ἐγκαινιάζεται *ὁ Μεγάλος*

Συμβιβασμός: ἡ συνεργασία Ἀνατολῆς-Δύσης πού κλείνει τήν ψυχροπολεμική περίοδο καί δρομολογεῖ τίς ἱστορικές διαδικασίες κατάρρευσης τῆς Σοβιετικῆς Ἕνωσης.

Ὁ μεταπολιτευτικός λαϊκισμός, ὡς τρόπος πολιτικῆς καί ἱστορικῆς σκέψης, ἐμπόδισε νά κατανοηθοῦν αὐτά τά γεγονότα καί νά ἀξιοποιηθοῦν πρός ὄφελος τῶν συμφερόντων τῆς χώρας. Ἡ ἀδυναμία ἀποκαλύπτεται ἐναργέστερα στήν ἀπουσία κάθε ἑτοιμότητας νά ἐκμεταλλευθεῖ τό μέγα γενονός *τῆς κατάρρευσης τῆς Σοβιετικῆς Ἕνωσης*, ἡ ὁποία ἄλλαξε τόν χάρτη τῆς ἀνθρωπότητας. Ἡ ἀνικανότητα ἔφθασε σέ τέτοιο σημεῖο ὥστε ἡ Ἑλλάδα νά καταλήξει νά μοιάζει σάν μέρος τοῦ μετασοβιετικοῦ προβλήματος!

Ἀλλά ἐκεῖ πού πράγματι ὁ λαϊκισμός, ὡς δεσπόζον μεταπολιτευτικό ἦθος, ὑπῆρξε καταστρεπτικός ἦταν ἡ ἀντιμετώπιση τῶν προοπτικῶν καί τῶν δυνατοτήτων πού διανοίχθηκαν μέ τό πολυσήμαντο ἱστορικό γεγονός τῆς Μεταπολίτευσης: *τήν εἴσοδο τῆς Ἑλλάδος στήν Εὐρωπαϊκή Ἕνωση*. Ἡ ἔνταξη ἀντιμετωπίσθηκε μέ πρωτοφανῆ ἐχθρότητα καί ἀποκάλυψε τήν βαθυτάτη ἀντιδυτική στάση τῆς νεοελληνικῆς κοινωνίας καί μάλιστα ἐκπορευόμενη ἀπό τούς κόλπους τῶν κληρονόμων τοῦ δυτικοῦ Διαφωτισμοῦ: τούς «σοσιαλιστές». Ἀποκάλυψε ὅτι ἡ «καθ' ἡμᾶς Ἀνατολή» ἐξακολουθεῖ νά σκέφτεται καί νά ἐνεργεῖ μέ τούς ὅρους τοῦ βυζαντινοῦ ἀπομονωτισμοῦ, πού ἀνάγονται στήν ἐποχή τοῦ Γρηγορίου Παλαμᾶ[5]. Σχεδόν εἴκοσι χρόνια μετά τήν ἐπίσημη σύνδεση τῆς Ἑλλάδος μέ τήν Ε.Ε., σέ ὅλα τά ἐπίπεδα (πολιτιστικό, πολιτικό, οἰκονομικό, κ.λπ.) δέν γίνεται κἄν αἰσθητό ὅτι εἴμεθα ἰσότιμα μέλη τῆς Ε.Ε. Τίποτα δέν δείχνει ὅτι δέν μᾶς χωρίζουν πλέον γεωγραφικά καί κυρίως πολιτικά, οἰκονομικά καί πολιτιστικά σύνορα μέ τήν ὑπόλοιπη Εὐρώπη. Ἀντίθετα, κραταιοῦται συνεχῶς ἡ λογική καί ἡ συμπεριφορά τοῦ γκέτο στίς ἐπιμέρους περιοχές τῆς κοινωνικῆς καί πνευματικῆς ζωῆς. Ἡ συζήτηση γιά τήν συμμετοχή μας στήν Εὐρωπαϊκή Ἕνωση, ὅταν δέν περιορίζεται στήν καταγγελία τῶν ἀρνητικῶν ἐπιπτώσεων τῆς σύνδεσης («ὀρθόδοξοι» καί «ἀριστερά» μιλοῦν ἀπό κοινοῦ γιά «ὑποδούλωση» καί «ἀλλοτρίωση»), ἐξαντλεῖται κυρίως στίς δυσκολίες «ἀξιοποίησης» τῶν διαφόρων οἰκονομικῶν «πακέτων». Δέν θἆταν ὑπερβολή νά ποῦμε ὅτι ἡ πολιτική ἡγεσία δέν μπόρεσε νά κατανοήσει καμιά διάσταση αὐτῶν τῶν γεγονότων καί, γιά τόν λόγο αὐτό, ἀδυνατεῖ νά προσανατολισθεῖ στό νέο κόσμο πού προέκυψε, κάνοντας συνεχῶς ἐσφαλμένες ἐπιλογές στήν Εὐρώπη, στήν Μέση Ἀνατολή, στά Βαλκάνια καί στίς χῶρες τῆς πρώην Ἀνατολικῆς Εὐρώπης.

Οἱ διαπιστώσεις αὐτές ἐπιβάλλουν ἕνα νέο κοίταγμα τῆς Μεταπολίτευσης, ἀπαλλαγμένο, ὅσο αὐτό εἶναι δυνατόν, ἀπό τίς πολιτικές, ἱστορικές καί ἐννοιολογικές παραποιήσεις πού ἑδραιώθηκαν ὡς αὐτονόητες ἀλήθειες τῆς σύγχρονης νεοελληνικῆς ζωῆς.

*

Στήν σύντομη ἀνάλυση πού ἀκολουθεῖ, γίνεται προσπάθεια νά ἀπαντηθοῦν τά πιεστικά ἐρωτήματα πού ἐγείρονται σχετικά μέ τούς λόγους καί τίς δυνάμεις πού στήριξαν τήν ἀναγέννηση ἑνός ἰδιότυπου σταλινικοῦ λαϊκισμοῦ τῆς Μεταπολίτευσης ἀκριβῶς λίγο πρίν τήν κατάρρευση τῆς Σοβιετικῆς Ἕνωσης. Παράλληλα, ἐπιχειρεῖται ἡ διαμόρφωση μιᾶς ἀξιολογικῆς ἑρμηνείας, ἀκολουθώντας ἀκριβῶς τήν ἀντίθετη πορεία: τήν μετάθεση τῆς κριτικῆς ἀπό τήν «χουντική μαρτυρολογία καί ἀντιστασιολογία» στήν ἱστορική ἀνάλυση τῆς πολιτειακῆς μεταβολῆς. Στήν προσπάθεια αὐτή δέν προσκομίζονται νέα στοιχεῖα καί δέν ἀποκαλύπτονται ἄγνωστες πτυχές τῆς περιόδου. Ἡ κριτική μέθοδος πού ἀκολουθεῖται δέν βασίζεται σέ νέες πληροφορίες, σέ ἀπόρρητα ἔγγραφα ἤ ἄγνωστες πηγές, κι αὐτό ὄχι γιατί ὑποτιμᾶται ἡ σπουδαιότητα αὐτῆς τῆς κατηγορίας τοῦ ὑλικοῦ, ὡς ἀποδεικτικοῦ καί ἱστορικοῦ, ἀλλά γιατί θεωρεῖ ὅτι τόσο οἱ «γνωστές» καί «φανερές» αἰτίες ὅσο καί οἱ «κρυφές» ἤ «ἄγνωστες» πτυχές τῆς ἱστορίας μετασχηματίζονται ὑποχρεωτικά σέ ἐμφανῆ ἱστορικά καί κοινωνικά συμβάντα, τά ὁποῖα συγκεντρώνουν, ὅπως εἶναι φυσικό, τήν κύρια προσοχή κάθε ἱστορικῆς μελέτης. Ἀπ᾽ αὐτή τήν ἄποψη, μέ τήν ἱστορία συμβαίνει περίπου ὅ,τι καί μέ τήν οἰκονομία: οὐδείς γνωρίζει τίς ἀναρίθμητες ἀποφάσεις, τά σχέδια καί τούς στόχους τῶν παραγωγῶν, τῶν ἐμπόρων, τῶν χρηματιστῶν καί τῶν καταναλωτῶν, ἀλλά τά ἀποτελέσματα αὐτῶν τῶν «ἀγνώστων» ἐπιλογῶν εἶναι καθημερινῶς ὁρατά, ὅπως καί οἱ μακροοικονομικές τους τάσεις.

Ἀλλά δέν πρόκειται μόνο γιά «ἀποδεικτικό» πρόβλημα. Ἡ παροῦσα κριτική ἀνάλυση, καί στό ἐπίπεδο πού ἐπιχειρεῖται ἐδῶ, δέν ἀναγνωρίζει τήν ὕπαρξη ἀμιγῶν ἱστορικῶν γεγονότων, γεγονότων καθαυτῶν. Τά «γεγονότα» δέν μποροῦν νά διασπασθοῦν ἀπό τήν «ἀξία» τους (τήν ἑρμηνεία τους). Ἐν προκειμένω, ἡ ἱστορική ἀλήθεια θεμελιώνεται σέ συμβάντα ἡ ὕπαρξη τῶν ὁποίων δέν ἀμφισβητεῖται ἀπό καμιά πλευρά. Ὅσον ἀφορᾶ στήν συγκρότηση τῆς ἱστορικῆς ἑρμηνείας (στήν «ἀξία» τους), ἡ μελέτη βασίζεται στήν ἀναγνώριση τοῦ καθοριστικοῦ ρόλου τῶν *ἐπιλογῶν ἤ τῶν ἀποφάσεων* στήν διαμόρφωση τῆς ἱστορίας καί στήν ἀρχή τῆς *προφάνειας τῆς ἀληθείας*. Μέ τήν «προφάνεια τῆς ἱστορικῆς ἀληθείας» ἐννοεῖται ἡ ἀξιακή θεμελίωση τῶν ἀποφάσεων, τῶν ἐννοιῶν καί τῶν γεγονότων καί ὄχι ἡ ἱστορική ἀφήγηση ὡς πλοκή (μυθοπλασία), ἡ ὁποία παραπέμπει στόν ἀριστοτελικό μῦθο, στήν *«σύσταση τῶν πραγμάτων»*[6] ἤ στήν ἴντριγκα (δηλαδή τήν στρατηγική νοηματοδότηση) μέ τήν δυτική ἑρμηνεία τοῦ ὅρου. Ἡ δέ ἀναγνώριση τῆς σημαντικότητας τῶν ἐπιλογῶν παρακάμπτει τίς λογικές δυσκολίες τῶν ἱστορικῶν νομοτελειῶν καί ἀναγκαιοτήτων πού μετασχηματίζουν τόν ἄνθρωπο σέ ἄβουλο ἐνεργούμενο καί τήν ἱστορία σέ θέατρο σκιῶν, τό ὁποῖο καθοδηγεῖται ἀπό τήν «μυστική σκηνή», δηλαδή, ἀπό συνωμοτικά ἐπιτελεῖα.

Συνεπῶς, ἡ παροῦσα σύντομη ἔρευνα ἀποσκοπεῖ ἀποκλειστικά στήν κατανόηση καί ἑρμηνεία τοῦ συνόλου τῶν γνωστῶν γεγονότων πρίν καί μετά τό 1974, μέ τά ὁποῖα ἀποκτᾶ τό ἱστορικό της νόημα ἡ περίοδος πού ὀνομάζουμε Μεταπολίτευση. Ἡ μελέτη ἐπιχειρεῖ τήν ἑρμηνευτική ἀξιολόγηση ἐπιλογῶν καί ἀποφάσεων οἱ ὁποῖες εὐθύνονται γιά τό σύνολο τῶν μετασχηματισμῶν πού συντελέσθηκαν καί συντελοῦνται στήν μεταπολιτευτική περίοδο, μέ τήν ἐλπίδα ὅτι προωθεῖται ἕνας δημόσιος διάλογος (μέ τούς ὅρους τοῦ ἑλληνικοῦ λόγου, ὁ ὁποῖος ἔχει ἐδῶ καί πολύ καιρό ἐξορισθεῖ) γιά τήν *κατανόηση* τῆς περιόδου, τόσο ἀπό τήν ἑλληνική κοινωνία ὅσο καί ἀπό τίς ἡγετικές ὁμάδες, πού ἔχουν σέ μεγάλο βαθμό τήν εὐθύνη γιά τήν τύχη τοῦ τόπου.

Μάρτιος 1998

Σημειώσεις

* Επίκτητος: «*Λησμόνησα ὅτι πρέπει νά σέ τιμῶ σάν πυρετό καί σάν χολέρα, ὅτι ὀφείλω νά σοῦ στήσω ναό, ὅπως ὁ ναός τοῦ Πυρετοῦ πού βρίσκεται στήν Ρώμη*». «*Διατριβή Α΄ (Πῶς δεῖ ἔχειν πρός τούς τυράννους)*».

1. Πολύβιος: «*Ἱστορία*», Α΄, 2 («*θεωρώντας τήν μάθηση τῆς ἱστορίας τόν ἐναργέστατο καί μοναδικό διδάσκαλο γιά νά ὑποφέρει κανείς μέ θάρρος τίς μεταβολές τῆς τύχης*»).

2. Μάρκος Αὐρήλιος:«*Εἰς Ἑαυτόν*», βιβλ. Δ΄, 29 («*εἶναι φυγόπονος ὅποιος ἀποφεύγει τόν πολιτικό λόγο*»).

3. Ὁ ὅρος «χούντα» χρησιμοποιεῖται μέ ἄκρα ἐπιφύλαξη, παρ᾽ ὅλο πού ἡ εὐρεία του ἀποδοχή τόν καθιστᾶ αὐτονόητο. Ὁ ὅρος εἶναι ἀμφίσημος γιατί, ἐκτός ἀπό τίς φασιστικές στρατιωτικές δικτατορίες τῆς Λατινικῆς Ἀμερικῆς στίς ὁποῖες παραπέμπει, χρησιμοποιήθηκε καί γιά τίς ἐξεγέρσεις, στήν ἀντίσταση τῆς Ἱσπανίας ἐνάντια στήν γαλλική κατοχή (1808). Ἀλλά τό σπουδαιότερο εἶναι ὅτι οἱ δημοκρατίες τῆς Λατινικῆς Ἀμερικῆς καί τό «ἑλληνικό πρόβλημα» δέν ἔχουν καμιά σχέση, παρά τήν ἐμμονή τῶν ἱστορικοδιαλεκτικῶν στήν ταυτότητα τῶν διαφορετικῶν γεγονότων, πού ἐπιχειροῦν νά τά στεγάσουν κάτω ἀπό κοινή ταμπέλα, ἀκολουθώντας τήν προπαγάνδα τῆς «παγκόσμιας ἐπανάστασης» τῆς πάλαι ποτέ κραταιᾶς μαρξιστικῆς καί κυρίως σταλινικῆς «λογικῆς».

4. Ἀκόμα καί σήμερα, τριάντα χρόνια μετά τό πραξικόπημα, δίνεται ἔμφαση στήν σπουδαιότητα τῆς «βιωμένης τυραννίας» ὡς ἱστορίας. Βλ. Γ.Β. Δερτιλῆ «*Ἡ Ἱστορία πού χάνεται*» (ἄρθρο τῆς 23.11.97).

5. Γρηγόριος Παλαμᾶς (1296-1359): «*Περὶ Ἐκπορεύσεως τοῦ Ἁγίου Πνεύματος*»: «*Οὗτος ὁ νοητὸς καὶ διὰ τοῦτο μᾶλλον ἐπάρατος ὄφις... διὰ τῶν πειθηνίων Λατίνων περὶ Θεοῦ καινὰς*

εἰσφέρει φωνάς». Οἱ νεώτεροι συνεχιστές του πρόσθεσαν στούς Λατίνους τοῦ Γρ. Παλαμᾶ Βαυαρούς καί Φραγκοτεύτονες.

6. Ἀριστοτέλους: «*Ποιητική*» («*λέγω γὰρ μῦθον τοῦτον τὴν σύνθεσιν τῶν πραγμάτων... μέγιστον δὲ τούτων ἡ τῶν πραγμάτων σύστασις*»), 1450α, 1-20.

Ἡ κρίση τῆς Μεταπολίτευσης

Ὁ πολιτικός πρωτογονισμός καί ἡ κατάργηση τῆς μοναρχίας

«Ἐκ τοῦ ἐγγράφου τούτου δὲν εἶναι δυνατὸν νὰ πληροφορηθῇ ἡ Εὐρώπη ἂν ἡ μεταβολὴ αὕτη ἦτον αὐτόματος καὶ γενικὴ ὁλοκλήρου τοῦ ἔθνους ἔκφρασις ἢ αἰσχρᾶς συνωμοσίας ἀποτέλεσμα.»
Ἐθνοσυνέλευσις 3ης Σεπτεμβρίου[1]

Ἡ σύντομη ἱστορία τῆς νεωτέρας Ἑλλάδος εἶναι γεμάτη «κρίσεις» καί «μεταπολιτεύσεις» καί, συνεπῶς, θά ἀποτελοῦσε ὁλοφάνερο πλεονασμό νά μιλᾶ κανείς γιά μεταπολιτευτική κρίση. Ὡστόσο, τό ἐνδιαφέρον στήν παροῦσα κρίση, ὅπως καί σέ κάθε προηγούμενη, βρίσκεται στίς νέες συνθῆκες καί στούς νέους ὅρους μέ τούς ὁποίους ἐμφανίζεται. Εἶναι αὐτές οἱ ἰδιαίτερες συνθῆκες ἀπό τίς ὁποῖες ἐξαρτᾶται ἡ ἑρμηνεία καί ἡ κατανόησή της, ἄν καί θά μποροῦσε καί ἡ παροῦσα κρίση νά ἀποδοθεῖ στίς ἐγγενεῖς ἀδυναμίες τῆς νεοσύστατης κοινωνίας, πού προσπαθεῖ νά βρεῖ τήν θεσμική της ἰσορροπία μετά τήν ἐπανάσταση τοῦ 1821.

Παρά τήν συγκεκριμένη ἡμερομηνία ἔναρξης, ἡ κρίση γιά τήν ὁποία κάνουμε λόγο, δέν μπορεῖ καί δέν ἐπιτρέπεται νά ἀπομονωθεῖ χρονικά. Οἱ κύριες πράξεις τοῦ «δράματος» ἀλληλοσυνδέονται μέ γεγονότα πού ἀνεπαίσθητα εἰσχωροῦν στό παρελθόν: Ἐμφύλιος. Μετεμφυλιακή περίοδος. Προετοιμασία τοῦ πραξικοπήματος. Πραξικόπημα. Ἑφτάχρονη πολιτική ἐκτροπή. *Κατάργηση τῆς Μοναρχίας*. Πραξικόπημα καί εἰσβολή στήν Κύπρο. Κατάρρευση τῶν συνταγματαρχῶν. Μεταπολίτευση. Τό κέντρο, ὅμως, τῆς περιόδου βρίσκεται στό μεῖζον ἱστορικό γεγονός *τῆς κατάργησης τῆς κληρονομικῆς βασιλείας*, ἀνεξάρτητα ἄν ταξινομοῦνται τά συμβάντα ὡς αἰτίες ἤ ἀποτελέσματα. Ἡ κρίση ἑστιάζεται ὑποχρεωτικά καί παραπέμπει σ᾿ αὐτή τήν σημαντική στιγμή τῆς μετεμφυλιακῆς ἱστορίας, ὡς κύριο ἄξονα ἀναφορᾶς.

Ἡ κατάργηση τοῦ θρόνου, ὅπως εἶναι ἑπόμενο, εἶχε οὐσιαστικές ἐπιπτώσεις στήν δόμηση καί τήν λειτουργία τῆς ἑλληνικῆς κοινωνίας. Μέ τήν κατάργηση τῆς μοναρχίας, μέ τήν ἀλλαγή στήν «κορυφή» μεταβάλλεται ἐκ βάθρων ὁ τρόπος σύστασης, ἀποστολῆς, συμπεριφορᾶς καί ὁ ρόλος τῶν ἡγετικῶν ὁμάδων. Ὁλόκληρο πλέγμα προνομιούχων καί «βοηθητικῶν» ὁμάδων ὄφειλε νά δώσει τήν θέση του σέ μιά νέα κυρίαρχη τάξη. Ταυτόχρονα, εἶναι ἡ πρώτη φορά στή νεωτέρα μας ἱστορία, ὅπου οἱ ἡγετικές ὁμάδες, μέ προεξάρχουσες τίς πολιτικές, καλοῦνται νά παίξουν καθοριστικό ρόλο στήν διαχείριση τῶν κοινῶν, μέ τήν ἔννοια ὅτι καλοῦνται γιά πρώτη φορά νά ἐνεργήσουν ὡς ἐλεύθεροι κοινωνικοί καί πολιτικοί σχηματισμοί, χωρίς νά παραπέμπουν ἤ νά λαμβάνουν ὑπ᾿ ὄψιν τους τήν βούληση μιᾶς ἐποπτεύουσας ἤ κηδεμονεύουσας κανονιστικῆς ἀρχῆς. Νά ἀποφασίσουν ὑπεύθυνα καί ἀπολύτως ἐλεύθερα γιά τά «κοινά συμφέροντα» στό ἐσωτερικό καί τό ἐξωτερικό τῆς χώρας καί νά ἀποδείξουν τήν πολιτική τους ὡριμότητα, ἀφοῦ ὁ ἔλεγχος, ἡ καθοδήγηση καί ἡ καθοριστική ἐπέμβαση πού ἀσκοῦσε τό παλάτι σέ ὅλες τίς σφαῖρες τῆς κοινωνικῆς ζωῆς ἀπουσίαζε. Ἦταν ἡ πρώτη φορά πού τά πολιτικά κόμματα δέν ἔπρεπε μόνο νά ἐνεργήσουν χωρίς τήν βασιλική παρέμβαση, ἀλλά ἐνάντια σ' αὐτή καί εἰς ἀντικατάσταση αὐτῆς τῆς πολιτικῆς βούλησης.

*

Ὁ προβληματικός χαρακτῆρας τῆς κρίσης προκύπτει ἀπό τό γεγονός ὅτι ἡ κατάργηση τῆς βασιλείας δέν ἦταν τό ἀποτέλεσμα μιᾶς ἱστορικῆς καί κοινωνικῆς ἀπόφασης, πού ἐξέφραζε τήν ρητή βούληση τῆς ἑλληνικῆς κοινωνίας, ἡ ὁποία ὡς τέτοια εἶχε γίνει ἀποδεκτή ἀπό τίς κυριότερες ἡγετικές ὁμάδες, ὅπως συνέβη λίγο-πολύ στίς περισσότερες εὐρωπαϊκές χῶρες. Στήν τελευταία περίπτωση τό ἴδιο τό πλαίσιο θά διατύπωνε ρητά τούς λόγους τῆς ἐπιλογῆς. Μετά τήν λήξη τοῦ ἐμφυλίου καί μέχρι τό 1968, οὐδεμία ἡγετική ὁμάδα εἶχε ἐξετάσει στά σοβαρά τό ἐνδεχόμενο κατάργησης τῆς μοναρχίας καί ἀκόμη λιγότερο διέθετε τήν δύναμη νά ἀναλάβει ἕνα τόσο δύσκολο –ἄν ὄχι ἀκατόρθωτο– ἐγχείρημα. Περιττό βέβαια νά ἐρευνήσει κανείς, ἄν ἡ κατάργηση τῆς μοναρχίας ἀποτελοῦσε μέλημα τῆς ὑπόλοιπης κοινωνίας, ἡ ὁποία τυπικά εἶχε ἀποδεχθεῖ τήν ἔκβαση τοῦ ἐμφυλίου. Ὁ προβληματικός, ἱστορικά, χαρακτῆρας τῆς Μεταπολίτευσης προκύπτει ἀπό τό γεγονός ὅτι *ἡ κατάργηση τῆς βασι-*

λείας ὑπῆρξε τό ἀποτέλεσμα τῆς συνωμοτικῆς καί πραξικοπηματικῆς δράσης μιᾶς αὐτονομημένης στρατιωτικῆς ὁμάδας, ἡ ὁποία ἐνήργησε ἐρήμην τοῦ παλατιοῦ καί ὅλων τῶν ἡγετικῶν ὁμάδων καί, κατ᾽ ἐπέκταση, ἐρήμην τῆς βούλησης τοῦ ἑλληνικοῦ λαοῦ.

Ἡ κατάργηση τῆς βασιλείας, χωρίς νά βρίσκεται ἀνάμεσα στούς ἀρχικούς στόχους τῶν πραξικοπηματιῶν, ἦλθε ὡς ἀποτέλεσμα γεγονότων πού καί ἡ ἴδια ἡ ὁμάδα ἦταν ἀδύνατον νά προβλέψει καί κυρίως νά ἐλέγξει. Τό ὅτι τό παλάτι γνώριζε τήν ὕπαρξη, τόν ρόλο καί πιθανῶς τίς προθέσεις αὐτῆς τῆς ὁμάδας γιά τό πραξικόπημα (χωρίς νά ἐκτιμήσει τίς ἀπρόβλεπτες ἐπιπτώσεις τοῦ ἐγχειρήματος, πού ἀφοροῦσαν ἄμεσα τήν δική του τύχη καί τά δικά του συμφέροντα) δέν ἀλλοιώνει τόν χαρακτηρισμό τῆς ὁμάδος ὡς αὐτονομημένης. Τό σημαντικό στοιχεῖο δέν ἦταν ἄν ἡ στρατιωτική ὁμάδα λειτουργοῦσε ἐν γνώσει ἤ ἐν ἀγνοία τοῦ παλατιοῦ, ἤ τῶν ἑκάστοτε κυβερνήσεων. Τό σημαντικό καί πρωτόγνωρο γιά τά ἑλληνικά πολιτικά πράγματα δέν ἦταν ὅτι ὑπῆρχε «συνωμοτική» ὁμάδα μέσα στό στράτευμα. Πολύ πρίν τό πραξικόπημα, ἤδη ἀπό τήν ἐποχή τοῦ Διχασμοῦ, οἱ Ἔνοπλες Δυνάμεις δέν ὑπάγονταν στίς ἑκάστοτε κυβερνήσεις καί μέσω αὐτῶν στό παλάτι μέ ἱεραρχική καί αὐστηρή ἐσωτερικά πειθαρχία. Τό παλάτι δέν ἦταν ὁ «φυσικός ἀρχηγός», ἡ κορυφή μιᾶς πειθαρχημένης ἱεραρχίας τῶν Ἐνόπλων Δυνάμεων, τῶν ὁποίων ἡ ἀποστολή ἦταν ἡ ἄμυνα τοῦ ἔθνους, ὅπως προέβλεπε τό Σύνταγμα.

Οἱ Ἔνοπλες Δυνάμεις, *μετά τόν ἐμφύλιο*, ἀποτελοῦσαν οὐσιαστικά τό ἄμεσο ὄργανο τῆς ἐσωτερικῆς κατοχῆς καί τῆς παρασυνταγματικῆς ἐπέμβασης τῆς βασιλικῆς ἐξουσίας σ' ὁλόκληρο τό φάσμα τῆς μετεμφυλιακῆς ζωῆς. Ὁ κορμός τῶν Ἐνόπλων Δυνάμεων λειτουργοῦσε πράγματι ὡς «συνωμοτική», ὡς παραστρατιωτική ὁμάδα στήν ὑπηρεσία τοῦ παλατιοῦ, παρά ὡς ἐθνική ἀμυντική δύναμη. Οἱ ἀνώτερες ἐπιτελικές θέσεις καί οἱ νευραλγικοί ἐπιχειρησιακοί τομεῖς τῶν Ἐνόπλων Δυνάμεων ἐλέγχονταν καί διοικοῦντο ἀπ' εὐθείας ἀπό τό παλάτι, ἐνῶ παράλληλα σέ ὅλα τά ἐπίπεδα ἦταν ἀνεπτυγμένο «δίκτυο» τό ὁποῖο ὄχι μόνο «ἀνέφερε», ἀλλά καί «ἐνεργοῦσε» ἀπροκάλυπτα ἐκτός κάθε τυπικῆς ἱεραρχίας. Σ' αὐτές τίς συνθῆκες τό σημαντικό ἦταν ὅτι γιά πρώτη φορά μιά στρατιωτική ὁμάδα «αὐτονομεῖται» μέσα στό στράτευμα ἀπό τήν φυσική της ἡγεσία καί *ἀναγνωρίζει ὡς προϊσταμένη ἀρχή ὄχι πλέον τό παλάτι καί τίς κυβερνήσεις, δηλαδή τό ἔθνος, ἀλλά δυνάμεις ἐκτός Ἑλλάδος (τίς στρατιωτικές καί μυστικές ἤ ὑπηρεσίες πληροφοριῶν τῆς Ἀμερικῆς στίς ὁποῖες λογοδοτεῖ).*

Ἡ εὐθύνη, οὐσιαστικά ἡ ἀνευθυνότητα, τοῦ παλατιοῦ (καί φυσικά καί τοῦ πολιτικοῦ κόσμου) γιά τό πραξικόπημα ἦταν ὅτι ἐπέτρεψαν στίς μυστικές ὑπηρεσίες τῆς Ἀμερικῆς νά ἀναπτύξουν, μετά τόν ἐμφύλιο, παρόμοιο δίκτυο αὐτονομημένων ὁμάδων μέσα στό στράτευμα, πού ἀνέτρεπε τήν ἐσωτερική ἰσορροπία καί τούς εὐρύτερους στρατηγικούς στόχους στήν περιοχή (Κυπριακό, ἑλληνοτουρκικά, Μέση Ἀνατολή, κ.λπ.). Τό παλάτι δέν εἶχε τήν σύνεση νά περιορίσει τήν «συμμόρφωση» πρός τίς ἀπαιτήσεις τῆς μητρόπολης (ΗΠΑ) στό ἐπίπεδο τοῦ θρόνου, ἐμποδίζοντας αὐστηρά τήν ἀνάπτυξη αὐτόνομων μηχανισμῶν πού νά ἐλέγχονται ἀπ' εὐθείας ἀπό τίς ὑπηρεσίες τῶν ΗΠΑ. Μέ τόν τρόπο αὐτό θά προφύλασσε ὄχι μόνο τήν ἀξιοπρέπεια τῆς χώρας, ἀλλά καί τόν ἑαυτό του. Μπορεῖ νά ὑποθέσει κανείς βάσιμα ὅτι ἡ Ἀμερική δέν θἄχε σοβαρές ἀντιρρήσεις νά περιορισθοῦν οἱ «ὑποχρεώσεις» (ἡ ὑποτέλεια) στό ἐπίπεδο τοῦ παλατιοῦ. Οἱ ὑπερβολικές μεταφορές καί οἱ μετωνυμίες ἀνάμεσα στά στρατόπεδα συγκεντρώσεως καί στούς Παρθενῶνες ἤ μεταξύ μεταναστεύσεων καί ἐπιθυμιῶν τῆς θείας Πρόνοιας[2] ἦταν μᾶλλον περιττές.

Ἐκ πρώτης ὄψεως, τό γεγονός μοιάζει ἀνερμήνευτο. Προβάλλει ὡς ἱστορικό αἴνιγμα. Πῶς κατέστη δυνατή ἡ κατάργηση τῆς βασιλείας μέσα σέ συνθῆκες ἀπολύτου ἐλέγχου; Ἡ κατάργηση τῆς βασιλείας καί ἡ πτώση τῆς χούντας, ἐξεταζόμενες ἀπό τό ἐσωτερικό τοῦ συστήματος, πρέπει νά ἰδωθοῦν ὡς ἡ μεγίστη πολιτική «παρεξήγηση» τῆς νεωτέρας μας ἱστορίας. Τό παλάτι θεωροῦσε ὅτι οἱ συνταγματάρχες ἀποτελοῦσαν τόν σκληρό πυρῆνα ὑπεράσπισης καί ἐγγύησης τῆς ἀσφαλείας τοῦ θρόνου. Δέν μποροῦσε νά παραβλέψει ὅτι ἡ γενιά τῶν συνταγματαρχῶν ἦταν αὐτή πού διεξήγαγε τόν νικηφόρο καί ὑπέρ τοῦ παλατιοῦ ἐμφύλιο πόλεμο στήν δεκαετία τοῦ 1940 (ὅπου ἡττήθηκαν κατά κράτος οἱ δυνάμεις τῆς «ἀριστερᾶς»). Μέ τήν σειρά τους οἱ συνταγματάρχες θεωροῦσαν ὅτι ἡ Ἀμερική ἦταν ὁ πιστός σύμμαχος καί προστάτης πού θά τούς ἔδινε τήν Κύπρο καί θά τούς ἐξασφάλιζε ἐξέχουσα θέση στήν συμμαχία καί στήν περιοχή. Καί 'δῶ τά στοιχεῖα ἦταν ἐξίσου ἀδιάσειστα. Δέν ἦταν ἡ Ἀμερική αὐτή πού ἀνέλαβε τό κόστος τοῦ ἐμφυλίου; Δέν ἦταν αὐτή πού ἀνέλαβε τήν ἀνοικοδόμηση τῆς χώρας καί τήν ἀναδιοργάνωση τῶν Ἐνόπλων Δυνάμεων, σηκώνοντας τό κύριο βάρος τοῦ ἐξοπλισμοῦ τους; Δέν ἦταν αὐτή πού καθόριζε ἀκόμη καί τήν «ὀροφή» τῶν Ἐνόπλων Δυνάμεων; Γιατί νά ἔχουν τήν παραμικρή ἀμφιβολία γιά τήν εἰλικρίνεια τῶν προθέσεών της;[3]

Τό παλάτι καί οἱ συνταγματάρχες, παρ᾽ ὅτι χρησιμοποίησαν τόν «κομμουνιστικό κίνδυνο» ὡς ἐπιχείρημα γιά τήν ἐκτροπή τοῦ ᾽65 καί τό πραξικόπημα τοῦ ᾽67, εἶναι μᾶλλον βέβαιο πώς δέν πίστευαν ὅτι οἱ κομμουνιστικές δυνάμεις, τίς ὁποῖες εἶχαν συντρίψει πρίν δεκαοχτώ χρόνια στόν Γράμμο, συνιστοῦσαν πραγματική ἀπειλή γιά τήν ἑλληνική κοινωνία. Ἡ ἔνταση, ἐκτός τοῦ ὅτι ἀποτελοῦσε τήν «φυσική» συμπεριφορά ἑνός ἐγγενοῦς νεοελληνικοῦ αὐταρχισμοῦ, πού χαρακτηρίζει τήν ἀντικοινωνικότητα ὅλων ἀνεξαιρέτως τῶν ἐξουσιαστικῶν ἑστιῶν, ἐξυπηρετοῦσε τήν ἐσωτερική κατοχή καί τήν ἀνεξέλεγκτη λεηλασία τῆς κοινωνικῆς ζωῆς. Παράλληλα, ὁ ἀντικομμουνισμός προτεινόταν καί ἐδικαιολογεῖτο ὡς εὐθυγράμμιση πρός τήν «διεθνῆ» κατάσταση, δηλαδή ὡς εὐθυγράμμιση μέ τήν στρατηγική τοῦ ψυχροῦ πολέμου (πού ἐξέφραζε ἡ συνθηματολογία καί ἡ θεωρία γιά τόν *«ἀπό βορρᾶ κίνδυνο»*). Τό παλάτι πίστευε στήν ἐξασφαλισμένη παντοδυναμία του, ἀφοῦ δέν ὑπῆρχε σοβαρός ἀντίπαλος. Οἱ συνταγματάρχες πίστευαν ἀκράδαντα ὅτι ἐκτελοῦσαν ὄντως ἐθνικό ἔργο καί ἐθνική ἀποστολή. Οἱ ἴδιοι ἦταν ἀδιανόητο νά κατανοήσουν καί νά δοῦν τό ὁλοφάνερο γεγονός ὅτι γιά τίς Ἡνωμένες Πολιτεῖες δέν ἦταν τίποτα περισσότερο ἀπό πράκτορες καί ἁπλά ὄργανα. Οἱ ἴδιοι θεωροῦσαν τόν ἑαυτό τους πιστό σύμμαχο τῶν ΗΠΑ καί, ὅσο τούς ἀφοροῦσε, προσδιόριζαν ἑαυτούς γνησίους ἐκπροσώπους τοῦ ἔθνους καί ὑπερασπιστές τῆς πατρίδος, ἐκφραστές τοῦ *«ἐλεύθερου κόσμου»*, ἄποψη πού ἐνίσχυε ἡ νίκη τους στήν ἐμφύλια σύρραξη καί ἡ παντοδυναμία τους κατά τήν ἐξεταζομένη περίοδο.

Καί ἄς ἐπανέλθουμε στό μή-παρακάμψιμο ἐρώτημα. Ποῦ ἔγινε τό «λάθος»; Πῶς δικαιολογοῦσαν καί, κυρίως, πῶς κατανοοῦσαν οἱ ἐπιτελεῖς ἀμφοτέρων τῶν πλευρῶν τήν δημιουργία ἔκτροπης συνταγματικά συμπεριφορᾶς αὐτοῦ τοῦ μεγέθους; Παραμένει μιά ἄκρως σκοτεινή – ἐννοεῖται, πολιτικά καί λογικά– ὑπόθεση τό πῶς ἐννοοῦσε τό παλάτι τά γεγονότα τοῦ 1965 καί οἱ συνταγματάρχες τό πραξικόπημα ἐν ἀπουσία πραγματικοῦ κινδύνου. Παρακάμπτοντας τήν προπαγάνδα πού ἔθεσαν σέ κυκλοφορία τό παλάτι καί οἱ συνταγματάρχες ὡς δικαιολογία τῶν πράξεών τους, παραμένει ἕνα μεγάλο ἐρωτηματικό γιά τό πῶς περίμεναν νά ἐξελιχθοῦν γεγονότα ὅπως ἐκεῖνα τοῦ ’65 καί τό πραξικόπημα τοῦ ’67. Στήν προοπτική τῶν καταστροφῶν πού ἀκολούθησαν (κατάργηση τοῦ θρόνου καί φυλάκιση τῶν πρωτεργατῶν τοῦ πραξικοπήματος), ἡ συμπεριφορά τοῦ παλατιοῦ καί τῶν συνταγματαρχῶν δέν μπορεῖ παρά νά χαρακτηρισθεῖ ὡς *πολιτικός πρωτογονισμός* χωρίς προηγούμενο. Δέν τηροῦνται οἱ στοιχειώδεις κανόνες ἀνάλυσης καί κριτικῆς. Δέν λαμβάνονται τά ἀπαραίτητα μέτρα αὐτοπροστασίας καί ἄμυνας. Δέν διατυπώνονται καί οἱ πλέον φυσικές ἐπιφυλάξεις γιά τό τί μπορεῖ νά ἀκολουθήσει. Ἡ κατάσταση καθίσταται ἀκόμα πιό περίπλοκη ἄν ληφθεῖ ὑπ’ ὄψιν ὅτι ἡ ἐκτροπή προετοιμαζόταν ἤδη ἀπό τήν προηγουμένη δεκαετία (γεγονότα τῆς Ἀεροπορίας, γεγονότα τῆς Κύπρου κ.λπ.) καί κλιμακώθηκε στήν δεκαετία τοῦ 1960 (γεγονότα τοῦ Ἔβρου, ὑπόθεση «Ἀσπίδα», ἀποστασία, ἀποπομπή Γ. Παπανδρέου καί τελικά πραξικόπημα). Τίς «δραστηριότητες» αὐτές δέν μπορεῖ νά ἰσχυρισθεῖ κανείς ὅτι δέν τίς γνώριζαν οἱ συνταγματάρχες καί τό παλάτι, ἀφοῦ ἦταν οἱ ἴδιοι οἱ ὁποῖοι καθοδηγοῦσαν τήν ὀργάνωση καί τήν ἐκτέλεσή τους...

Τό συμπέρασμα ἐξάγεται ἀβίαστα. Μένει ἡ ὑπόθεση ἑνός αἰσθήματος ἀδικαιολόγητης «παντοδυναμίας» σέ συνδυασμό μέ τήν τυφλή *ὑποτέλεια* στόν μεγάλο «σύμμαχο». Τό παλάτι καί οἱ συνταγματάρχες ἦταν ἀνήμποροι νά κάνουν ὁποιαδήποτε πολιτική ἐκτίμηση, ἀκόμα καί ὅταν ἐπρόκειτο γιά τά ἀποκλειστικῶς δικά τους συμφέροντα, χώρια ἀπό τήν πολιτική βαρβαρότητα καί τήν ἀναξιοπρέπεια πού τούς χαρακτήριζαν. Οἱ ἐπιτελεῖς τοῦ παλατιοῦ ἀλλά καί οἱ συνταγματάρχες ἦταν ἀδύνατο νά ἐκτιμήσουν τίς μακροχρόνιες ἐπιπτώσεις «τῶν εἰσηγήσεων καί τῶν σχεδίων» τῆς Ἀμερικῆς. Τό παλάτι καί οἱ ἐλάχιστοι σύμβουλοι πού τοῦ ἀπέμειναν ἀπό τήν στιγμή πού *ὑποχρεώθηκαν νά καλέσουν τίς «συμμαχικές» δυνάμεις νά τούς βοηθήσουν στόν ἐμφύλιο* καί νά «ἀναδιοργανώσουν» τίς Ἔνοπλες Δυνάμεις καί τόν κρατικό μηχανισμό, ὅποιες ἐπιφυλάξεις, ἀντιρρήσεις ἤ φόβους ἄν εἶχαν, ἦταν ἀδύνατον νά διαχωρίσουν τά συμφέροντά τους ἀπό τά συμφέροντα τῆς μητρόπολης. Δέν μποροῦσαν παρά νά ἐνεργοῦν ὡς ἀποδέκτες ἐντολῶν. *Ἡ χούντα τῶν συνταγματαρχῶν δέν ἦταν ἡ ἐξαίρεση, ἡ μοναδική παρακρατική ὀργάνωση τῶν μυστικῶν ὑπηρεσιῶν τῆς Ἀμερικῆς, ἀλλά ἡ κορυφή ἑνός δικτύου παρακρατικῶν μηχανισμῶν διεσπαρμένων σ' ὁλόκληρο τόν κοινωνικό ἱστό.* Ἀπό τήν πλευρά τῆς Ἀμερικῆς ἐξεταζόμενο τό θέμα, ἡ ἀπάντηση εἶναι ἁπλή. Τά στρατηγικά συμφέροντα τῆς μητρόπολης εἶχαν –ὅπως ἄλλωστε συμβαίνει σέ ὅλες τίς ἀνάλογες περιπτώσεις καί σ' ὅλες τίς ἐποχές– ἀπόλυτη προτεραιότητα ἔναντι τῆς τύχης τοῦ μονάρχη καί τῶν συνταγματαρχῶν. Ἡ τύχη τους ἦταν ἁπλή λεπτομέρεια μέ τούς ὅρους πού καθόριζε ἡ στρατηγική τῆς ἄμεσης ἐπέμβασης στά ἐσωτερικά τῶν μικρῶν χωρῶν. Τά μητροπολιτικά συμφέροντα τῆς περιοχῆς, στόν βωμό τῶν ὁποίων θυσιάστηκαν ὁ μονάρχης καί οἱ συνταγματάρχες, τά γνώριζε ὁλόκληρος ὁ κόσμος ἐκτός ἀπό τούς «ἡγέτες» τῆς Ἑλλάδος καί τά ὄργανά τους: *ἦταν ὁ ἔλεγχος τῆς κρίσιμης γεωπολιτικῆς περιοχῆς τῆς Μέσης Ἀνατολῆς καί ἡ ἀσφάλεια τοῦ Ἰσραήλ.* Σ' αὐτό τό μεταπολεμικό σχέδιο ὀφείλεται ἡ «ἀναβάθμιση» τοῦ ρόλου τῆς Τουρκίας σέ βάρος τῆς Ἑλλάδος (καί τῆς Εὐρώπης). Λίγους μῆνες μετά τό πραξικόπημα, ξεσπᾶ ὁ ἀραβοϊσραηλινός πόλεμος, πού θά ἀλλάξει τόν χάρτη τῆς Μέσης Ἀνατολῆς καί θά ἀποκαλύψει αὐτό πού ὑποψιάζονταν ὅλοι. Ἡ πολιτική παγίδα τοῦ ἱστορικοῦ παιγνίου (ὁ ψυχρός πόλεμος) στόν ὁποῖο ἐνεπλάκησαν –παλάτι καί συνταγματάρχες– δέν ὑπερέβαινε ἁπλῶς τίς τοπικές ἡγετικές ὁμάδες, ἀλλά ὅπως ἀποδείχθηκε ἐν συνεχεία ὑπερέβαινε καί τήν ἴδια τήν τέως εὐρωπαϊκή μητρόπολη. Ὁ ἡττημένος καί ὁ ὑπό ἐπιτροπεία τοῦ Δευτέρου Παγκοσμίου Πολέμου δέν ἦταν μόνο ἡ μεταναζιστική Γερμανία, ἀλλά ὁλόκληρη ἡ

Εὐρώπη. Τό Ἀτλαντικό Σύμφωνο δέν ὑπεράσπιζε τόν «ἐλεύθερο κόσμο» ἀπό τήν ρωσική ἀπειλή (γι᾽ αὐτό καί δέν διαλύθηκε μετασοβιετικῶς), ἀλλά βεβαίωνε τήν ἔμμεση κατοχή τῆς Εὐρώπης. Ὑπόθεση πού ἐνισχύεται, ἄλλωστε, καί μέ τίς ἀμερικάνικες ἀπειλές στήν μείζονα πετρελαϊκή κρίση τοῦ 1973. Τά ἀποτελέσματα τῆς ἀνεπιφύλακτης ἀποδοχῆς τῶν μητροπολιτικῶν σχεδίων εἶναι γνωστά. Ἡ στρατιωτική ἧττα, ἡ εἰσβολή καί κατοχή τῆς μισῆς Κύπρου ἀπό τά τουρκικά στρατεύματα ὑπῆρξε ἡ διάλυση τῆς αὐταπάτης, ἡ διάψευση τοῦ ἐθνικοπατριωτικοῦ μύθου πού νομιμοποιοῦσε ὅλες τίς ἀνομίες τῆς στρατιωτικῆς χούντας (ἀλλά καί τοῦ παλατιοῦ). Ἡ κατοχή τῆς Κύπρου ὑπῆρξε τό τέλος ἑνός ψεύδους πού καλλιεργεῖτο συστηματικά ἀπό τό τέλος τοῦ ἐμφυλίου. Εἶναι αὐτή ἡ διάψευση, αὐτή ἡ κατά πρόσωπο προσβολή καί ἀμφισβήτηση τῶν συνταγματαρχῶν ὡς ὑπερασπιστῶν τῆς πατρίδας καί ὑπερμάχων τῶν «*ἱερῶν καί ὁσίων*», μετά τήν εἰσβολή καί κατοχή τῆς Κύπρου, πού τούς ὑποχρέωσε νά παραδώσουν ἄνευ ὅρων, ταπεινωμένοι καί χωρίς οὐσιαστική ἔξωθεν ἤ ἔσωθεν ἐπέμβαση, τήν ἡγεσία τοῦ τόπου. Ἡ ἄποψη πού διατυπώθηκε στήν Μεταπολίτευση ὅτι ἡ Κύπρος θυσιάστηκε γιά τήν «ἀπελευθέρωση» τῆς Ἑλλάδος, δέν ἔχει κανένα ἐπιχείρημα ὑπέρ αὐτῆς. Ἡ καταστροφή τῆς Κύπρου καί ἡ κατοχή τῆς Ἑλλάδος ἀπό τούς πραξικοπηματίες ἀποτελοῦν ἑνιαῖο ἱστορικό γεγονός.

Ὁ βασιλιάς ἔχασε τόν θρόνο καί οἱ ὑπερεθνικόφρονες πραξικοπηματίες ἔχασαν τήν Κύπρο καταλήγοντας καί οἱ ἴδιοι στήν φυλακή, μέ γενικό εἰσαγγελέα τούς νεκραναστημένους ἀντιπάλους τοῦ ἐμφυλίου! Οἱ συνταγματάρχες «ἐπρόδωσαν» τόν βασιλιά καί οἱ ἴδιοι «προδόθηκαν» ἀπό τήν προστάτιδα μητρόπολη (ΗΠΑ), ἡ ὁποία «ἐπρόδωσε» καί τούς δύο ἐξίσου. Καί στήν μιά καί στήν ἄλλη περίπτωση, ἡ πολιτική ἀνεπάρκεια, ἡ ἐθνική μειοδοσία καί ἡ ἱστορική ἄγνοια εἶναι κάτι περισσότερο ἀπό ἐμφανεῖς, εἶναι ἡ δεσπόζουσα πολιτική τους συνείδηση. Εἶναι ἀμφίβολο ἄν ὑπῆρξε ἔστω καί ἕνας στενός συνεργάτης καί σύμβουλος (παλατιοῦ καί συνταγματαρχῶν) πού νά εἶχε προβλέψει τήν κατάληξη τῶν παλατιανῶν ἐπιλογῶν ἀπό τό 1965 καί μετά, παρ' ὅλο πού ἡ μοιραία πορεία πρός τήν διπλή καταστροφή (ἐσωτερική καί ἐξωτερική) δέν ἦταν ἁπλῶς ἔκδηλη, ἀλλά κραυγαλέα.

Τό ἐρώτημα ἄν μποροῦσε νά ἀποφευχθεῖ ἡ κρίση στερεῖται νοήματος, δεδομένου ὅτι τά κοινωνικά καί ἱστορικά συμβάντα εἶναι μή-ἀντιστρεπτά φαινόμενα: *«τίς γὰρ ἂν γένοιτο μηχανὴ μὴ γεγενῆσθαι τὰ πεπραγμένα;»* ὅπως θά ἀποροῦσε καί ὁ μέγας Βασίλειος. Ἀπομένει τό δίδαγμα. Καί τό δίδαγμα εἶναι ὅτι στήν δεκαετία τοῦ '40 ὁ Β΄ Παγκόσμιος Πόλεμος καί ὁ δεκαετής ἐμφύλιος ὁλοκλήρωσαν τήν ἐρήμωση (πνευματική καί ὑλική) τῆς νεωτέρας Ἑλλάδος. Ὁ ἐμφύλιος θά καταστρέψει τόν δομικό ἱστό τῆς ἑλληνικῆς κοινωνίας καί θά ἐμποδίσει τήν φυσιολογική συνέχιση παραγωγῆς πνευματικῶν ἀνθρώπων καί στελεχῶν –καί ὄχι μόνο στίς Ἔνοπλες Δυνάμεις– πού νά ἀνταποκρίνονται στίς ἀπαιτήσεις τοῦ ρόλου τους, δηλαδή, νά σκέφτονται μέ ὅρους ἐθνικοῦ συμφέροντος. Κυρίως *διέλυσαν τίς Ἔνοπλες Δυνάμεις ὡς ἐγγυητή τῆς ἀσφαλείας τοῦ ἔθνους*. Κατέστησαν τίς Ἔνοπλες Δυνάμεις ὄργανο τοῦ θρόνου καί τῶν «συμμάχων» χωρίς αἴσθηση τῆς ἀποστολῆς ὡς ἐγγυητῆ τῶν συμφερόντων τοῦ ἔθνους.

Ἡ κατάργηση τοῦ θρόνου ἀποτελεῖ τήν ἀδιάψευστη ἀπόδειξη ὅτι ὁ θρόνος βρισκόταν ἐκτός ἐθνικῆς καί ἱστορικῆς συνειδήσεως καί ἐκτός τῶν ὅρων τῆς συγκρότησης αὐτῶν τῶν μορφῶν συνείδησης. Ἀποδεικνύει ὅτι *τό παλάτι καί οἱ ἡγετικές ὁμάδες πού τό στήριζαν βρίσκονταν ἐκτός πολιτισμοῦ*. Ἡ παρατήρηση γιά τήν ὕπαρξη ἐθνικῆς συνειδήσεως καί τήν ἀνυπαρξία ἱκανῶν στελεχῶν ἀποκτᾶ νόημα ὅσο ἀναγνωρίζεται ὅτι ὁ γνωστός καί δεσπόζων μῦθος τῆς μητροπολιτικῆς παντοδυναμίας, ὅπως καί τά περί ἱστορικῶν νομοτελειῶν, εἶναι ἁπλή προπαγάνδα. Ἡ μητρόπολη ἔχει πολλούς τρόπους νά ἐπιβάλλει τήν θέλησή της. Ἀλλά δέν τά μπορεῖ ὅλα. Καί 'κεῖ, ὅπως καί στήν ἐπαρχία, οἱ ἐπιτελικοί ἐγκέφαλοι δέν εἶναι παντογνῶστες, οὔτε παντοδύναμοι. Κάνουν κι αὐτοί λάθη, καί μάλιστα μοιραῖα. Παράδειγμα, ἡ νικηφόρος ἔκβαση τῆς ἑλληνικῆς ἐπαναστάσεως πού ἄλλαξε τόν διπλωματικό χάρτη τοῦ προηγουμένου αἰῶνα διαλύοντας τήν αὐτοκρατορία καί τόν μῦθο τῆς ὀθωμανικῆς παντοδυναμίας. Ἀπόδειξη, ἡ μεγίστη ἀποτυχία τῆς ἀμερικανικῆς διπλωματίας στήν περίπτωση τῆς Περσίας (πτώση τοῦ Σάχη τό '78), ὅπου ἡ Ἀμερική ἐπεχείρησε νά ἐπαναλάβει τό «ἑλληνικό μοντέλο» τοῦ '67, ἀποδεικνύοντας πόσο λίγο γνώριζε τόν ἀραβικό πολιτισμό. Καί τέλος, ὁ πόλεμος τοῦ Βιετνάμ, πού ταπείνωσε πολεμικά καί ἠθικά σέ σημεῖο καθολικῆς παράλυσης τόν νικητή τοῦ Δευτέρου Παγκοσμίου Πολέμου, *κλείνοντας τόν μεγάλο ἱστορικό κύκλο τῆς ἀποικιοκρατικῆς συμπεριφορᾶς τῆς Δύσης*, πού ἄρχισε πρίν ἐννέα αἰῶνες μέ τίς Σταυροφορίες. Ἡ ἱστορία, παρά τήν διαβεβαίωση τοῦ Ἔγελου καί τῶν κακῶν μαθητῶν του, ἀνήκει στήν Ἄτροπο καί δέν εἶναι ἰδιοκτησία κανενός, ὥστε νά μπορεῖ νά ἀποφεύγει τά λάθη.

Χωρίς καμιά πρόθεση νά ἐπαναφέρω τό πρόβλημα τοῦ «*Κυριεύοντος*»[4], τό πραξικόπημα τῆς ὁμάδας τῶν συνταγματαρχῶν ὡς συνέχεια τοῦ ἐμφυλίου καί ἡ κατάργηση τῆς βασιλείας ὡς ἡ κατάληξή του δέν ἦταν ὑποχρεωτικά, οὔτε ἀναπόφευκτα ἱστορικά (κι ἀκόμα λιγότερο ἀναγκαῖα) συμβάντα τῆς νεωτέρας μας ἱστορίας: ἦταν λάθη μιᾶς κοινωνίας καί μιᾶς ἡγετικῆς ὁμάδας γιά τήν ὁποία κάθε χαρακτηρισμός εἶναι λίγος. Καί ἐν πάση περιπτώσει, μεταξύ νίκης καί ὁλοκληρωτικῆς καταστροφῆς ὑπάρχουν καί ἄλλες διαβαθμίσεις. *Ἡ ἱστορία καί ἡ ζωή δέν διαμορφώνονται μέ ρήξεις καί «ἅλματα», ἀλλά κυρίως μέ διορθωτικές κινήσεις καί ἐπιλογές. Δηλαδή, μέ κυβερνητική καί κυρίως ἠθική συμπεριφορά.* Τό ἔργο τοῦ πνεύματος, ὡς αἰτιότητα, δέν εἶναι «ἐποικοδόμημα», μιά καί οἱ ἴδιες οἱ ἀνθρώπινες πράξεις ἀνήκουν στόν πολιτισμό. Ἡ πνευματική περιοχή (καί τά ἔργα της) συνδέεται μέ τήν «πραγματικότητα» διατηρώντας τήν ἴδια στιγμή τήν ἀνεξαρτησία της: *ἡ σχέση τοῦ Λόγου μέ τόν κόσμο εἶναι νοηματική (ἑρμηνευτική), εἶναι ἕνα σημαίνειν καί ὄχι αἰτιακή.*

Ἡ ἀνάλυση τῆς συμπεριφορᾶς τῶν συνταγματαρχῶν καθιστᾶ σαφές ὅτι ἡ ἱστορική ἄγνοια καί ἡ πολιτική ἀνωριμότητα δέν περιορίζεται στούς «κακούς» συνταγματάρχες, ἀλλά χαρακτηρίζει ὁλόκληρο τό πολιτικό φάσμα. Ὁ χαρακτηρισμός τῶν Ἐνόπλων Δυνάμεων ὡς «ἀντιδραστικῶν», ἀφήνοντας νά νοηθεῖ ὅτι οἱ ὑπόλοιπες πολιτικές δυνάμεις διέθεταν τήν ἀναγκαία πολιτική ὡριμότητα καί ὑπευθυνότητα, εἶναι ἡ ἐπιβεβαίωση τῆς γενικευμένης ἀδυναμίας. Οἱ μυθολογικές ταυτίσεις τοῦ τύπου πολιτικοί=«καλοί», στρατιωτικοί=«κακοί», πού σημαίνει «φασιστικές Ἔνοπλες Δυνάμεις», εἶναι ὁ τρόπος τῆς πολιτικῆς δημαγωγίας μέ τόν ὁποῖο παρακάμφθηκε μεταπολιτευτικά τό πολιτικό ἀδιέξοδο καί ἐξασφαλίστηκαν τά πιστοποιητικά ἐπαρκείας γιά τίς «προοδευτικές δυνάμεις». Ἐπικίνδυνοι καί ἀνεπαρκεῖς πράκτορες ὑπάρχουν δυνάμει σέ ὅλες τίς χῶρες καί σέ ὅλες τίς πολιτικές περιοχές, ἀλλά οἱ χῶρες τους δέν τούς ἐπιτρέπουν νά παίρνουν ἀποφάσεις μείζονος σημασίας γιά τά συμφεροντά τους καί οὔτε τούς χρησιμοποιοῦν ὡς ἄλλοθι γιά νά μεταθέτουν σέ ἄλλους τίς δικές τους εὐθῦνες. Τό ἐρώτημα δέν μπορεῖ νά παρακαμφθεῖ: οἱ συνταγματάρχες ἐνήργησαν πράγματι ὡς ἐχθροί τῆς δημοκρατίας καί τῆς νομιμότητας. Ἀλλά πῶς δικαιολογεῖται οἱ θεωρούμενοι ὥριμοι καί δημοκρατικοί θεσμοί νά ἐπιτρέψουν τήν ἀνάπτυξη καί διατήρηση «φασιστικῶν καί ἀντιδραστικῶν» Ἐνόπλων Δυνάμεων; Δέν ἀποτελεῖ αὐτό παραλογισμό καί ἀντίφαση πρώτου βαθμοῦ; Μόνο στά ἐγχειρίδια τοῦ λαϊκισμοῦ γίνονται ἀποδεκτές τέτοιες λογικές καί ὁλοφάνερες ἀσυνέπειες. Τό ἐπίπεδο ὡριμότητας καί ἱστορικῆς συνείδησης δέν μπορεῖ παρά νά εἶναι κοινό γιά ὅλους τούς θεσμούς.

Ἡ «ἀντιχουντική» ἑρμηνεία τῆς Μεταπολίτευσης καί τό «ἐπαναστατικό» μένος πού καλλιεργήθηκε συνειδητά καί παραπλανητικά μετά τό 1974 ἀποτελοῦν ἀδιαμφισβήτητη ἀπόδειξη αὐτῆς τῆς πολιτικῆς ἀνωριμότητας. Ὁ δομημένος καί καθοδηγούμενος λαϊκισμός μετέθεσε τό κύριο βάρος ἀπό τήν ἱστορική γνώση στήν μυθοποίησή της, ἐξασφαλίζοντας ὅλες τίς προϋποθέσεις γιά τήν ἐπανάληψή τους. Ἀναγνώρισε δημοσίως τό ἱστορικό ἄλλοθι (τήν «ἀντίσταση») ὡς ἱστορική πράξη. Οἱ πολιτικές δυνάμεις πρίν ἀναγνωρίσουν δημοσίως, μέ θάρρος καί τιμιότητα, τίς δικές τους εὐθῦνες, δέν νομιμοποιοῦνται νά στραφοῦν ἐνάντια στίς Ἔνοπλες Δυνάμεις καί στά Σώματα Ἀσφαλείας, μέ τό πρόσχημα ὅτι διώκουν τούς συνταγματάρχες. Αὐτή ἡ γενναία πολιτική πράξη τῶν κάθε εἴδους πολιτικῶν ἀνδρῶν ἀπουσίασε προκλητικά. Ὅταν τελείωσε ὁ ἱσπανικός ἐμφύλιος, οἱ ὑπεύθυνοι τοῦ κινήματος ζήτησαν δημοσίως συγγνώμη γιά τά λάθη τους[5]. Μετά τό τέλος τοῦ Β΄ Παγκοσμίου Πολέμου, ἡ Γερμανία (παρόλο πού δέν ἦταν ὑποχρεωτικό) εἶχε τό θάρρος νά ζητήσει δημοσίως συγγνώμη γιά τά σφάλματα τοῦ ναζιστικοῦ καθεστῶτος. Ἐδῶ, χουντικοί, προοδευτικοί, βασιλικοί καί δημοκρατικοί πράκτορες καί δολοφόνοι ζητοῦν ἀναγνώριση τῶν πράξεών τους καί ὑπερασπίζονται μέ πάθος καί διακηρύξεις τό «δίκαιό» τους.

Ἐν πάσῃ περιπτώσει, ἡ εἰλικρίνεια ἀπέναντι στήν ἱστορία καί τά γεγονότα μᾶς ὑποχρεώνει νά ἀναγνωρίσουμε ὅτι μόνο οἱ συνταγματάρχες θά μποροῦσαν νά ἀναλάβουν καί νά φέρουν σέ πέρας τήν ἐπιχείρηση τῆς κατάργησης τῆς μοναρχίας καί νά ἀπαλλάξουν τόν τόπο ἀπ᾽ αὐτή τήν ἐπικίνδυνη καί κληρονομική μορφή ἐξουσίας. Τό μεταπολιτευτικό δημοψήφισμα τοῦ Κ. Καραμανλῆ, παρά τήν σπουδαιότητά του γιά τήν τύχη τοῦ θρόνου καί τήν πολιτική ἱστορία τῆς χώρας, παρά τήν κρισιμότητα καί τούς κινδύνους ἐπίσης τῶν συνθηκῶν διεξαγωγῆς του, ἀπό τήν πλευρά τῆς οὐσίας ἐξεταζόμενο, δηλαδή τῶν ἱστορικῶν του δυνατοτήτων, ὑπῆρξε μιά ἁπλή ἐπικύρωση τῆς ἀπόφασης τῶν συνταγματαρχῶν νά καταργήσουν τόν θρόνο. Οὐδείς θά μποροῦσε μεταπολιτευτικά νά θέσει ζήτημα πολιτεύματος, ἄν δέν εἶχε προηγηθεῖ ἡ ἀπομάκρυνση τοῦ μονάρχη ἀπό τούς συνταγματάρχες. Τό πραξικόπημα τοῦ 1967 δέν ἀνέστειλε μόνο τό Σύνταγμα, ἐπί μιά ἑπταετία, ἀλλά κυρίως ἄλλαξε τόν πολιτικό χάρτη τῆς χώρας.

Ἡ ρήξη παλατιοῦ-συνταγματαρχῶν ἐμφανίζεται ὡς ἀποτέλεσμα τοῦ «πολιτικοῦ» ἀδιεξόδου ἑνός ἀδικαιολόγητου πραξικοπήματος. Αὐτό δέν σημαίνει ὅτι εἶναι ἀπολύτως βέβαιο πώς τό «σενάριο» τοῦ πραξικοπήματος δέν περιελάμβανε καί τήν κατάργηση τοῦ θρόνου. Παραμένει, ὅμως, σίγουρο ὅτι οἱ συνταγματάρχες θά ἦταν δύσκολο νά πάρουν καί νά διεκπεραιώσουν τήν ἀπόφασή τους, ἄν δέν εἶχαν τή ἔγκριση τῶν ΗΠΑ. Εἶναι δύσκολο νά φαντασθεῖ κανείς μιά τέτοια ἀπόφαση μέ ἀντίθετη τήν βούληση τῆς Ἀμερικῆς. Αὐτό ὁδηγεῖ στήν σκέψη ὅτι τό «σχέδιο» τοῦ πραξικοπήματος περιελάμβανε ὡς «μᾶλλον πιθανή» τήν κατάργηση τοῦ θρόνου, καί φυσικά ἐρήμην τῆς γνώμης τῶν συνταγματαρχῶν. Χωρίς νά εἶναι γνωστό σέ ποιό ἐπίπεδο καί πότε πάρθηκε ἡ ἀπόφαση, ἡ κατάργηση εἶχε τήν ἔγκριση τῆς ἀμερικανικῆς διπλωματίας, ἤ τουλάχιστον τοῦ «σκληροῦ» πυρῆνος της (δέν εἶναι τυχαῖο ὅτι ἡ ἀποπομπή πραγματοποιεῖται στήν κρισιμότερη φάση κλιμάκωσης τοῦ βιετναμικοῦ πολέμου, τό 1968). Ἡ ἔγκριση δόθηκε μέ βάση δυό ἀναμφισβήτητα γεγονότα: τό φιλοναζιστικό καί ἀντισημιτικό παρελθόν τῆς Φρειδερίκης καί τήν διασπάθιση τοῦ σχεδίου Μάρσαλ ἀπό τό παλάτι καί τήν οἰκονομική «ὀλιγαρχία». Μόνο ἔτσι κατέστη δυνατή ἡ ὑλοποίησή της ἀπό τούς συνταγματάρχες. Οὐδέν κακόν, κ.λπ.

Ἀλλά δέν πρόκειται περί αὐτοῦ. Ἡ ἀπόφαση γιά τήν κατάργηση τοῦ ἑλληνικοῦ θρόνου θέτει μείζονα προβλήματα πού ὑπερβαίνουν τήν συμπεριφορά τῆς βασίλισσας καί τά ἀδιέξοδα τῶν συνταγματαρχῶν. Θέτει ἐρωτήματα πού σχετίζονται μέ τήν ἴδια τήν ἀμερικάνικη στρατηγική στήν περιοχή, τά ὁποῖα καλύφθηκαν μέσα στόν θόρυβο τῆς Μεταπολίτευσης. Μετά τόν ἐμφύλιο, ὅπως ἤδη σημειώθηκε, ἡ Ἑλλάδα βρισκόταν κάτω ἀπό τόν πλήρη ἔλεγχο τῆς Ἀμερικῆς σέ σημεῖο πού μποροῦμε νά μιλᾶμε, χωρίς καμιά δόση ὑπερβολῆς, γιά ἄνευ ὅρων ὑποτέλεια. Τό κύριο ἐκτελεστικό ὄργανο τῶν ἐντολῶν ἦταν πρωτίστως τό παλάτι καί δευτερευόντως οἱ μηχανισμοί του. Συνεπῶς, *ἡ Ἀμερική καταργώντας τόν θρόνο καταργεῖ αὐτοδικαίως τόν κύριο δίαυλο ὑποτέλειας. Μπορεῖ ὅμως νά δεχθεῖ κανείς ὅτι οἱ ΗΠΑ παραιτήθησαν ἀπό τά συμφέροντα στήν περιοχή, καί μάλιστα μέ δική τους πρωτοβουλία;* Εἶναι πέραν πάσης ἀμφιβολίας βέβαιον ὅτι ἡ κατάργηση τοῦ θρόνου δέν ἐσήμαινε παραίτηση τῶν ΗΠΑ ἀπό τήν προνομιακή θέση πού κατεῖχαν. Δέν μπορεῖ νά δεχθεῖ κανείς ὅτι οἱ ΗΠΑ ἐγκατέλειψαν τόσο εὔκολα τά ζωτικά τους συμφέροντα στήν περιοχή, οὔτε ἦταν δυνατόν νά πάρουν ἀποφάσεις ἐνάντια σ' αὐτά, ἀκόμα καί ὅταν ὁ θρόνος εἶναι «ἀντιπαθής» ἤ «ἀνεπαρκής». Ἐπίσης, εἶναι δύσκολο νά βεβαιώσει κανείς ὅτι ἡ ἀμερικανική διπλωματία ἤλπιζε στήν διαιώνιση τῆς χούντας (εἰς ἀντικατάσταση τοῦ θρόνου) γιά τήν ἐξυπηρέτηση τῶν συμφερόντων της, ἄν ληφθεῖ ὑπ' ὄψιν ὅτι ἡ ἴδια τήν παρέσυρε στήν καταδίκη της μέ τήν κυπριακή περιπέτεια. Ἄν ἀποκλεισθεῖ ἡ περίπτωση τοῦ πολιτικοῦ σφάλματος ἀπό τήν πλευρά τῆς Ἀμερικῆς –ὅλες οἱ ἐνδείξεις συνηγοροῦν περί τοῦ ἀντιθέτου– ἡ κατάρρευση τῶν συνταγματαρχῶν δέν μπορεῖ νά θεωρηθεῖ μιά διπλωματική ἧττα τῆς μητροπολιτικῆς στρατηγικῆς στήν περιοχή, ὅπως ὑποστήριξε σχεδόν ὁλόκληρο τό φάσμα τοῦ πολιτικοῦ κόσμου. Ἐν προκειμένω, *τό μεῖζον ἐρώτημα γιά τόν βαθύτερο χαρακτῆρα τῆς Μεταπολίτευσης εἶναι νά διαπιστωθεῖ γιατί καί μέ τί ἀντικατέστησε ἡ μητρόπολη τόν παλατιανό δίαυλο «ἐπικοινωνίας», τόν φορέα τῆς ἑλληνικῆς ἐξάρτησης.*

Ἡ Μεταπολίτευση πρέπει νά ἰδωθεῖ ὡς μιά περίοδος μετασχηματισμῶν (στό συμβολικό σύστημα) καί «πολιτικῶν» συμβάντων (στό ἐπίπεδο τῆς δράσης) μέ κεντρικό θέμα τήν μετάπτωση *ἀπό τήν διαδικασία ἄμεσου ἐλέγχου τῆς χώρας μέσω τοῦ παλατιοῦ, στήν διαδικασία ἐμμέσου ἐλέγχου μιᾶς τυπικῆς κοινοβουλευτικῆς δημοκρατίας.* Τό ἐγχείρημα δέν ἀποτελεῖ ἁπλῶς μιά ἱστορική πρόκληση, ἀλλά κατ' ἐξοχήν μιά πνευματική ἄσκηση στό χῶρο τῶν συμβολικῶν καί ἱστορικο-κοινωνικῶν μετασχηματισμῶν.

Ἐν ὄψει αὐτῶν τῶν διαπιστώσεων καί ἀνεξάρτητα ἀπό τίς εὐθῦνες συνταγματαρχῶν καί βασιλέως γιά τό γεγονός τῆς κατάργησης τῆς μοναρχίας, τό ἑπόμενο σημαντικό ζήτημα πού τίθεται γιά τήν ἑρμηνεία τῶν ἐπιλογῶν καί τήν κατανόηση τῆς Μεταπολίτευσης εἶναι νά δοθοῦν ἀπαντήσεις στά παραπάνω ἐρωτήματα. Αὐτό σημαίνει νά προσδιορισθεῖ ὁ βαθμός συνείδησης τοῦ προβλήματος ἀπό τίς ἡγετικές ὁμάδες (πολιτικές καί ἄλλες), καί ἰδιαίτερα ἐκεῖνο πού ἀφορᾶ στήν ὑποτέλεια τῆς χώρας. Νά προσδιορισθεῖ ποιές ὁμάδες καί σέ τί βαθμό κατανόησαν τά προβλήματα πού προέκυπταν ἀπό τήν μεταβολή τοῦ «ἀνωτάτου ἄρχοντα» καί τά αἰτήματα πού ἔθετε ἡ θεμελιώδης μετατόπιση τοῦ ἐξουσιαστικοῦ κέντρου, ἀφοῦ ἦταν αὐτές (οἱ νέες σέ σύγκρουση μέ τίς παλαιές) πού θά κληθοῦν *νά καλύψουν τό θεσμικό κενό* τοῦ καταργηθέντος ἐξουσιαστικοῦ ὀργάνου. Τό πρόβλημα καθίσταται οὐσιαστικότερο, ἄν ληφθεῖ ὑπ᾽ ὄψιν ὅτι ἡ κατάργηση τοῦ θρόνου συμπαρέσυρε στήν πτώση του ὁλόκληρη κοινωνική ὁμάδα, ἄν ὄχι ὁλόκληρη τάξη, ἡ ὁποία κάθε ἄλλο παρά ἀδύναμη ἦταν καί κυρίως διατεθειμένη νά ἀποδεχθεῖ χωρίς ἀντίσταση αὐτή τήν ἀλλαγή τῶν ρόλων.

Ἡ μακριά πορεία μέσα στήν νύχτα

Ἀπό τίς συνθῆκες ὑπό τίς ὁποῖες ἔγινε τό πραξικόπημα, ἀλλά καί ἀπό ὅσα ἀκολούθησαν, εὔκολα συνάγεται τό συμπέρασμα ὅτι τά γεγονότα κατέλαβαν ἐξαπίνης τήν ἑλληνική κοινωνία στό σύνολό της καί τήν βρῆκε ἀπροετοίμαστη, ἀπό τήν μιά μεριά νά ἀντιδράσει, καί ἀπό τήν ἄλλη νά πάρει τίς ἀπαραίτητες ἀποφάσεις. Τόσο τό πραξικόπημα ὅσο καί ἡ κατάργηση τῆς βασιλείας συνάντησαν ἀνάμεικτα αἰσθήματα καί ἀντιδράσεις, πού κυμάνθηκαν ἀνάμεσα στήν ἀμηχανία, τήν ἀδιαφορία καί τήν ἀπορία. Εἴτε τό κατανοοῦσαν, εἴτε τό διαισθάνονταν, οἱ Ἕλληνες στή μεγάλη τους πλειοψηφία ἀντιμετώπιζαν τά γεγονότα ὡς καθαρή ἴντριγκα τῆς «κορυφῆς». Αὐτός εἶναι ὁ ἕνας ἀπό τούς λόγους πού δέν ὑπῆρξαν οὐσιαστικές κινητοποιήσεις «ἐπαναστατικοῦ» χαρακτῆρα. Ὁ κόσμος παρακολουθοῦσε μᾶλλον ὡς ἁπλός θεατής τά φαινόμενα καί τίς ἀπρόβλεπτες ἐξελίξεις. Τό κυριότερο, ὅμως, εἶναι ὅτι μετά τήν λήξη τοῦ ἐμφυλίου δέν ὑπῆρχαν ἀντιπολιτευτικές (δηλαδή, ἀντιμοναρχικές) δυνάμεις, ἐκτός ἀπό μιά γενική δυσαρέσκεια καί δυσφορία, ἡ ὁποία ἐκδηλωνόταν σέ ὁλόκληρη τήν κοινωνία. Οἱ πραγματικές δυνάμεις οἱ ὁποῖες θά μποροῦσαν νά ἀντιτάξουν μιά ὄντως δημοκρατική ἀντίσταση –καί ἐνδεχομένως νά ἐμποδίσουν ἤ νά προλάβουν τό πραξικόπημα– διαλύθηκαν ἤ ἐξοντώθηκαν στήν διάρκεια τοῦ δεκαετοῦς ἐμφυλίου. Μετά τόν ἐμφύλιο δέν ἀπουσίαζαν ἁπλῶς οἱ ἐλεύθερες δυνάμεις, δέν ὑπῆρχε κἄν πολιτική ζωή. Στά γεγονότα πρό τοῦ πραξικοπήματος ὁ θόρυβος –ὅπως συνήθως– ἦταν ὑποκινούμενος καί ἀποκλειστικά δημοσιογραφικός. Κατά τήν διάρκεια τῆς ἑφτάχρονης ἐκτροπῆς ἡ ἀντίδραση ἦταν ἀκόμη πιό ὑποτονική. Παρά τήν αὐξανόμενη δυσφορία, κυρίως πρός τό τέλος τῆς ἑπταετίας, τά περί *«καθολικῆς ἀντιστάσεως τοῦ ἑλληνικοῦ λαοῦ»* εἶναι σύνδρομο τῆς μεταπολιτευτικῆς συνθηματολογίας, σύνδρομο τοῦ λαϊκισμοῦ, πού μετέθεσε τήν ἱστορική ἑρμηνεία στήν «μαρτυρολογία», μέ τήν ὁποία οἱ «εὐρύτερες προοδευτικές δυνάμεις» ἑδραίωσαν τήν θέση τους.

Οἱ *«ἀντιχουντικές καί ἀντιστασιακές δυνάμεις»*, ἐκτός ἀπό τίς περιορισμένης ἔκτασης καί ἀποτελεσματικότητας φοιτητικές διαμαρτυρίες πού κατέληγαν συνήθως σέ μικροεπεισόδια, πρωτοεμφανίζονται δυναμικά καί δροῦν στά γεγονότα *τοῦ «Πολυτεχνείου», τό ὁποῖο τυπικά μεταβάλλεται σέ ἄλλοθι καί ἀποδεικτικό στοιχεῖο πού νομιμοποιεῖ τήν μεταπολιτευτική ἀντιστασιολογία καί μαρτυρολογία*, ἀπό τήν ὁποία ἀντλεῖ καί τήν ἑρμηνεία της ὁλόκληρη ἡ περίοδος τῆς Μεταπολίτευσης. Εἶναι τό κορυφαῖο γεγονός μέ τό ὁποῖο μυθοποιεῖται καί μυστικοποιεῖται ἡ σχέση τῆς ἑλληνικῆς κοινωνίας μέ τήν χούντα καί τήν Μεταπολίτευση.

Τό «Πολυτεχνεῖο» εἶναι τό ὁρόσημο τῆς νεωτέρας πολιτικῆς μας ζωῆς. Καί θά διακινδύνευε κανείς νά τό χαρακτηρίσει ἐξίσου σημαντικό μέ τήν 21η Ἀπριλίου 1967. Μέ τά γεγονότα τῆς δεκάτης ἑβδόμης τοῦ ἑνδεκάτου μηνός τοῦ σωτηρίου ἔτους 1973 ἀνατρέπεται ὁ Γ. Παπαδόπουλος, ὁ ὁποῖος εἶχε ἐπιφυλάξεις καί ἀντιρρήσεις γιά τήν «ἐφαρμογή τοῦ εὐρύτερου προγράμματος», ὅπως ἀποκαλύπτεται στά ὅσα ἀκολούθησαν. Ἡ «ἐπανάσταση» τοῦ Πολυτεχνείου βοηθᾶ στήν πραγματοποίηση τῆς δευτέρας φάσεως τοῦ πραξικοπήματος, μέ τό ὁποῖο ἀναρριχᾶται στήν κορυφή ὁ Ἰωαννίδης, ὁ ὁποῖος προχωρεῖ ἀμέσως στήν ἐφαρμογή τῶν «σχεδίων»[6]. Δηλαδή, τήν ἐκτέλεση πραξικοπήματος, στήν Κύπρο πλέον, καί τήν δολοφονική ἀπόπειρα κατά τοῦ Μακαρίου. Γεγονότα πού ὁδηγοῦν στήν καταστροφή τῆς Κύπρου μέ τήν εἰσβολή καί τήν κατοχή της ἀπό τά τουρκικά στρατεύματα καί τούς *γκρίζους λύκους* τοῦ Τουρκές καί τοῦ Ντενκτάς.

Αὐτή ὑπῆρξε ἡ κατάληξη τοῦ «ἐπαναστατικοῦ» καί «ἀντιδικτατορικοῦ» ἀγῶνος τοῦ «Πολυτεχνείου».

Ἡ κρατοῦσα ἑρμηνεία εἶναι ὅτι ὁ Ἰωαννίδης ἐκμεταλλεύθηκε τόν «ἀγῶνα» καί ἐπέτυχε τά σχέδιά του. Ἀφήνω κατά μέρος τό ἀναπάντητο ἐρώτημα γιατί οἱ «ἀντιστασιακές» δυνάμεις ἐπέτρεψαν νά χρησιμοποιηθοῦν μέ τόσο ἄτεχνο τρόπο σέ μιά παρόμοια συμπαιγνία καί γιατί δέν ἀντέδρασαν μόλις διαφάνηκαν οἱ προθέσεις τῆς χούντας. Ἀλλά τό οὐσιαστικό δέν βρίσκεται ἐκεῖ. Ἡ συντονισμένη καί ἄμεση ἀξιοποίηση τῆς κινητοποίησης ἀπό τήν ὁμάδα τοῦ Ἰωαννίδη δέν ἀφήνει περιθώρια γιά παρεξηγήσεις. Μιά μικρή, ἀρχικά, φοιτητική διαμαρτυρία (ἀνάλογη μέ τά γεγονότα τῆς Νομικῆς) δέν καταλήγει, ὅπως συνέβη, σέ ἐσωτερική, ἐνδοπραξικοπηματική διαμάχη, πού ἀφορᾶ στήν ἐξωτερική πολιτική. Μιά ἁπλή κινητοποίηση διαφωνούντων, ἡ καταστολή τῆς ὁποίας ἦταν ζήτημα λίγων ὡρῶν, δέν μποροῦσε νά μετατραπεῖ σέ μεῖζον θέμα ρήξης τῶν πραξικοπηματιῶν. Ἡ διαφορά τῶν συνταγματαρχῶν δέν ἦταν ἡ «ἐξέγερση τοῦ Πολυτεχνείου». Δέν ἦταν ἄν θά κατέστελλαν καί μέ ποιό τρόπο τήν «ἐξέγερση». Ἡ διαμάχη δέν ἀφοροῦσε τίς πολιτικές ἐλευθερίες στήν Ἑλλάδα. Ἡ σύγκρουση τῶν ὁμάδων Ἰωαννίδη-Παπαδόπουλου δέν ἦταν διαφωνίες γιά τήν ἀντιμετώπιση τῶν δυσαρεστημένων Ἑλλήνων. Δέν ἀφοροῦσαν στήν στρατηγική ἀντιμετώπιση μιᾶς ἐνδεχομένης στρατιωτικῆς ἀπειλῆς ἤ πιθανῆς εἰσβολῆς ἀπό ἐχθρική χώρα. Ἐπίσης, πρᾶγμα πού εἶναι πολύ σημαντικό, ἡ διαφωνία δέν ἀφοροῦσε ἐξουσιαστικές διαμάχες: ὁ Ἰωαννίδης δέν διεκδίκησε οὐδεμία θέση καί παρέμεινε μέχρι τό τέλος στό σκοτεινό παρασκήνιο ἀπό τό ὁποῖο ἀναδύθηκε γιά λίγο καί στό ὁποῖο ἐπανῆλθε. Ὅπως ἔδειξαν τά γεγονότα, ἡ μόνη διαφωνία στούς κόλπους τῶν συνταγματαρχῶν ἦταν ἄν θά γινόταν πραξικόπημα ἤ ὄχι σέ ἕνα ἀνεξάρτητο, κυρίαρχο καί ἐκτός συνόρων τῆς Ἑλλάδος κράτος. *Τό ἀντικείμενο τῆς ἐνδοπραξικοπηματικῆς διαμάχης ἦταν ἄν θά γινόταν ἤ ὄχι τό πραξικόπημα στήν Κύπρο,* τῆς ὁποίας ἡ Ἑλλάδα ἀποτελοῦσε μιά ἀπό τίς ἐγγυήτριες δυνάμεις. Μέ ἄλλα λόγια, ἡ μόνη διαφωνία ἦταν ἄν θά ἐκτελοῦσαν οἱ συνταγματάρχες τίς ἐντολές τῶν μυστικῶν ὑπηρεσιῶν πού ἐπείγονταν νά ἀνατρέψουν τόν Μακάριο καί νά ἐγκαταστήσουν τούς Τούρκους στήν Κύπρο. Ἀλλά αὐτό δέν μπορεῖ νά συνδεθεῖ μέ καμιά λογική μέ τήν εὐκαιριακή «ἐξέγερση» τοῦ Πολυτεχνείου. Ἡ διαφωνία γιά τήν ἐπέμβαση στήν Κύπρο δέν παρουσιάσθηκε τήν ἑβδομάδα τοῦ «Πολυτεχνείου». Ἡ διαφωνία ἀφοροῦσε τήν ἐπέμβαση στήν Κύπρο ὡς μόνιμο πρόβλημα πού σοβοῦσε στούς κόλπους τῶν συνταγματαρχῶν ἀπό πολύ καιρό, καί γιά τήν ὁποία ὁ Γ. Παπαδόπουλος εἶχε σοβαρές ἐπιφυλάξεις (παρ' ὅτι συμφώνησε γιά τήν ἀνάκληση τῆς ἑλληνικῆς μεραρχίας ἀπό τήν Κύπρο). Ἡ πίεση πρός τήν χούντα γιά τήν ἀνάκληση της μεραρχίας ἀπό τήν Κύπρο ἀποκαλύπτει τόν μακροχρόνιο σχεδιασμό τῆς καταστροφῆς. Κατά συνέπεια, δέν μπορεῖ νά ὑποστηριχθεῖ ὁ ἰσχυρισμός ὅτι ὁ Ἰωαννίδης ἐκμεταλλεύθηκε τυχαίως καί εὐκαιριακά τό «Πολυτεχνεῖο». Ἀντίθετα, ἡ μόνη λογική ἐξήγηση εἶναι ὅτι τό «Πολυτεχνεῖο» δημιουργήθηκε γιά νά ἐπισπευσθοῦν τά γεγονότα. Ὁ χρόνος ἐπίεζε: ἡ λήξη (ἧττα) τοῦ βιετναμικοῦ πολέμου καί ἡ πετρελαϊκή κρίση τοῦ 1973 δέν ἐπέτρεπαν πλέον τήν παράταση τῆς ἑλληνικῆς χούντας. Ὅ,τι ἴσχυε τό 1967 δέν ἴσχυε τό 1973. Τό παγκόσμιο σκηνικό εἶχε ἀνατραπεῖ ἐκ βάθρων. Ἡ ἐποχή τῶν πραξικοπημάτων, τῶν στρατιωτικῶν παρεμβάσεων καί ἐπεμβάσεων θάφτηκε στίς ζοῦγκλες τοῦ Βιετνάμ. Ὁ ἀγέρωχος νικητής τοῦ Β΄ Παγκοσμίου Πολέμου προσπαθοῦσε ταπεινωμένος νά ἀνασυντάξει τίς δυνάμεις του, νά κλείσει τίς ἀνοιχτές πληγές καί νά ἀναθεωρήσει τήν στρατηγική του. Ἡ ἐπίσημη ἀμερικανική κυβέρνηση (Νίξον) εἶχε χάσει τόν ἔλεγχο, ἀφήνοντας μεγαλύτερη εὐχέρεια ἑλιγμῶν στά ὄργανα τοῦ «σκληροῦ» πυρῆνα (ὁμάδα Χ. Κίσσινγκερ) μέσα στήν γενική σύγχυση. Ἡ ἑλληνική χούντα ἀνῆκε σ᾿ αὐτόν τόν κόσμο πού εἶχε καταρρεύσει συμπαρασύροντας ἀναπόφευκτα καί τήν ἴδια. Ἄν, λοιπόν, δέν γινόταν ἡ ἀνατροπή τοῦ «διστακτικοῦ» Γ. Παπαδόπουλου, ὑπῆρχε πιθανότητα νά χαθεῖ γιά πάντα ἡ εὐκαιρία διχοτόμησης τῆς Κύπρου καί ἡ ἐνίσχυση τῶν τουρκοϊσραηλινῶν θέσεων. Ἡ ἄποψη ἐνισχύεται ἀπό τό γεγονός ὅτι ἡ λύση Σπ. Μαρκεζίνη, ἐντελῶς ἄκριτα, ἄν ὄχι ὕποπτα, ὑπονομεύθηκε ἀπό ὅλα τά πολιτικά κόμματα καί ἰδίως ἀπό τίς «προοδευτικές» δυνάμεις, ὥστε νά ἀποκλεισθεῖ ἡ ὁμαλή μετάβαση καί νά ὁδηγηθοῦμε ὑποχρεωτικά στήν λύση Ἰωαννίδη: στήν μυθοποιημένη «ἡρωική» ἀντίσταση κατά τῆς χούντας καί στήν μαρτυρολογία τῆς «ἐπανάστασης». Τό «Πολυτεχνεῖο», ἀνεξάρτητα ἀπό τίς προθέσεις ὁποιωνδήποτε συμμετεῖχαν, ἦταν ἕνα σχεδιασμένο ἄλλοθι, γιά νά μήν πῶ ἕνα χοντροκομμένο πρόσχημα. Τά ἐπιχειρήματα γιά τήν «ἀντίσταση» τοῦ Πολυτεχνείου θυμίζουν ἐκεῖνα τῆς δολοφονίας τοῦ Καποδίστρια, ὁ ὁποῖος κατηγορήθηκε ἀπό τούς «προοδευτικούς» τῆς ἐποχῆς του ὡς *θεμελιωτής τοῦ φασισμοῦ καί τοῦ χαφιεδισμοῦ* στήν Ἑλλάδα[7], γιά νά σπεύσουν ἀμέσως μετά τήν δολοφονία του νά καλέσουν τούς Βαυαρούς καί τόν Ὄθωνα νά προασπίσει τίς δημοκρατικές ἐλευθερίες... Παρά τήν ἀναμφισβήτητη διαδήλωση τῶν δημοκρατικῶν αἰσθημάτων μεγάλου μέρους τῶν φοιτητῶν καί τήν αὐθόρμητη συρροή κόσμου στό χῶρο τοῦ Πολυτεχνείου, ἐφόσον τό ἀποτέλεσμα ὑπῆρξε ἡ ἄνοδος τοῦ Ἰωαννίδη καί ἡ καταστροφή τῆς Κύπρου, θά ἔπρεπε οἱ κρίσεις, οἱ ἀναλύσεις καί κυρίως οἱ ἀντιδράσεις νά εἶναι περισσότερο αὐστηρές. Ὅλως ἀντιθέτως καί σκοπίμως, ἐπελέγη ἡ λύση τῆς θριαμβολογίας: μετατράπηκε στό κατ᾽ ἐξοχήν γεγονός ἐκφετιχισμοῦ καί μυθοποίησης μιᾶς ὑποτονικῆς, ἄν ὄχι ἀνύπαρκτης ἀντίστασης.

Τό «Πολυτεχνεῖο» ὑποκινήθηκε καί συντηρήθηκε ὅσο ἀρκοῦσε νά ἐπιτευχθοῦν οἱ ἐπιδιωκόμενοι στόχοι. Αὐτό πού ἔγινε τήν Παρασκευή θά μποροῦσε νά γίνει ἀπό τήν πρώτη μέρα, ἄν ὄχι ἀπό τήν πρώτη στιγμή, χωρίς καμιά ἀπό τίς ἐπιπτώσεις πού εἶχε ἡ παράτασή του. Αὐτός εἶναι ὁ λόγος πού μιά ἁπλή διαμαρτυρία μεταβλήθηκε σέ μακριά πορεία μέσα στήν νύχτα. Στό «Πολυτεχνεῖο» δέν συγκρούστηκε ὁ λαός μέ τήν χούντα, ἀλλά οἱ δύο φατρίες τῆς χούντας. *Αὐτός εἶναι ὁ λόγος πού ἀντί γιά τήν ἀστυνομία κατέβηκαν ξανά τά τάνκς.* Ὅλες οἱ ἐνδείξεις συγκλίνουν στό γεγονός πώς ἡ μόνη λογική καί ἀποδεκτή ἐξήγηση τῶν γεγονότων τῆς μοιραίας ἑβδομάδος εἶναι ὅτι τόν «ἀντιχουντικό ἀγῶνα» τοῦ Πολυτεχνείου τόν ἀνέλαβαν οἱ ἴδιες παρακρατικές δυνάμεις πού δημιούργησαν τήν χούντα. Οἱ δυνάμεις αὐτές δέν εἶχαν καμιά δυσκολία νά οἰκειοποιηθοῦν τά ἀριστερά καί ἐπαναστατικά συνθήματα (ἀπεναντίας τούς ἐξυπηρετοῦσαν) μιᾶς μερίδας ἐξεγερμένων πού δέν εἶχαν καμιά σχέση μέ τούς στόχους καί τά σχέδια τοῦ Ἰωαννίδη. Ἡ ἀλήθεια τῶν προθέσεων τῆς ὁμάδας Ἰωαννίδη δέν ἀποδεικνύεται (καί οὔτε ἐμποδίζεται) ἀπό τά συνθήματα πού χρησιμοποίησε, ἀλλά ἀπό τά ἔργα καί τά ἀποτελέσματά τους. Παρενθετικά: ὁ ἀναγνώστης δέν πρέπει νά διαβάσει ἐδῶ τήν ἐφαρμογή τῆς θεωρίας τῆς συνωμοσίας στά ἱστορικά φαινόμενα, ἀλλά τήν πλήρη ἀνικανότητα τῆς νεοελληνικῆς κοινωνίας νά ἀντισταθεῖ σέ ὁποιαδήποτε μορφή «συνωμοσίας», δηλαδή ἐπεμβάσεων.

Οἱ διαδηλώσεις τοῦ ἄδολου ἐνθουσιασμοῦ μαθητῶν καί φοιτητῶν δέν εἶναι ἐπαρκεῖς γιά τήν ἀπόκτηση τῆς ἐλευθερίας. Θά ἔλεγε κανείς ὅτι αὐτή ἡ «ἀντίσταση» ἑορτάζεται κάθε χρόνο, πυρπολώντας ἀνελλιπῶς ἐπί εἴκοσι χρόνια τό Πολυτεχνεῖο ὡς πνευματικό ἵδρυμα, σύμφωνα μέ τό βαθύτερο «πνεῦμα» τῆς ἀσώματης κεφαλῆς τοῦ προαυλίου, πού ἀντικατέστησε τούς ἀγαθούς ἥρωες τοῦ 1821 καί τίς εὐγενικές μορφές τῶν εὐεργετῶν (πού τόσο συκοφαντήθηκαν ἀπό τούς «προοδευτικούς» ἱστορικούς καί κοινωνιολόγους μετά τόν ἐμφύλιο).

*

Ἡ ἱστορική σημαντικότητα τῆς κατοχῆς τῆς Κύπρου γιά τήν μεταπολιτευτική πολιτική σκέψη σταματᾶ στό ὅτι ὑπῆρξε ἡ κύρια αἰτία ἐπίσπευσης τῆς κατάρρευσης τῶν συνταγματαρχῶν. Ἡ ἀνάλυση ἐξαντλήθηκε στήν «θυσία» τῆς Κύπρου γιά τήν «ἀπελευθέρωση» τῆς Ἑλλάδος ἀπό τήν μιά καί στήν τουρκική «θηριωδία» ἀπό τήν ἄλλη. Δηλαδή, πλήρης ἀντιστροφή γεγονότων καί ἑρμηνειῶν. Τό ἄν θά ἐπιχειροῦσε ποτέ ἡ Τουρκία τήν εἰσβολή χωρίς τήν ἔγκριση τῆς Μ. Βρετανίας καί κυρίως τῶν ΗΠΑ, καί γιατί δόθηκε ἡ ἔγκριση γιά τήν εἰσβολή καί τήν κατοχή τῆς Κύπρου, δέν ἐξετάσθηκε κἄν.

Ἀπό στρατηγικῆς πλευρᾶς ἐξεταζομένη, ἡ σκοπιμότητα εἰσβολῆς καί κατοχῆς τοῦ 40% τῆς Κύπρου ἀπό τά τουρκικά στρατεύματα μπορεῖ νά ἀποδοθεῖ ἐν μέρει στήν «ἀναβάθμιση» τῆς Τουρκίας καί ἐν μέρει στήν ἐνίσχυση τῶν ὅρων ἀσφαλείας τοῦ Ἰσραήλ. Οἱ στόχοι αὐτοί, παρ' ὅτι καθαυτοί ἰσχυροί, δέν πρέπει νά θεωρηθοῦν πρωτεύοντες. Κατ' ἀρχάς, ἡ «ἀναβάθμιση» τῆς Τουρκίας δέν ἔγινε τό 1974 ἀλλά μέ τήν εἴσοδό της στό ΝΑΤΟ, ὅπου δέν εἶχε καμιά θέση. Ἀπό τήν ἄλλη πλευρά, οἱ βάσεις τῆς Βρετανίας στήν Κύπρο ἐξασφάλιζαν τίς ἐπιχειρησιακές ἀνάγκες τοῦ Ἰσραήλ καί ἡ κατοχή τῆς μισῆς Κύπρου προσέφερε ἐλάχιστα πλεονεκτήματα στήν Τουρκία καί μᾶλλον τῆς δημιούργησε περισσότερα προβλήματα ἀπ' ὅσα τῆς ἔλυσε. Ἀπ' αὐτή τήν ἄποψη τό Κυπριακό ὑπῆρξε παγίδα καί γιά τήν Τουρκία. *Συνεπῶς, ἡ κατοχή τῆς Κύπρου πρέπει νά θεωρηθεῖ μέρος τῆς στρατηγικῆς κίνησης γιά τόν ἔμμεσο καί μόνιμο ἔλεγχο τῆς Ἑλλάδος.*

Ἡ κατοχή τῆς Κύπρου, κατ' ἀρχάς, ὁλοκλήρωσε τήν ἀπαξίωση τῶν Ἐνόπλων Δυνάμεων καί τίς ἔθεσε ἐκτός ἰστορικοῦ παιγνίου. Ἕνα τέταρτο τοῦ αἰῶνα μετά οἱ Ἔνοπλες Δυνάμεις ἐξακολουθοῦν νά βρίσκονται στό περιθώριο ὅπου τίς ἔστειλε ἡ εἰσβολή. Ἡ σημαντικότερη δύναμη στήν Ἑλλάδα, τό κύριο στήριγμα τοῦ παλατιοῦ ἀλλά καί ὁ κύριος μοχλός ὅλων τῶν ἱστορικῶν μεταβολῶν ἀπό τήν ἵδρυση τοῦ νεοελληνικοῦ ἔθνους μέχρι τό 1974, ἀχρηστεύεται καί τίθεται ὑπό αὐστηρή ἐπιτήρηση, σέ σημεῖο πού δέν εἶχε γίνει ποτέ κατά τό παρελθόν. Τό κύριο βάρος τῆς Μεταπολίτευσης ρίχνεται ἀκριβῶς σ᾽ αὐτόν τόν στόχο. Ἡ ἀπαξίωση τῶν Ἐνόπλων Δυνάμεων γίνεται σέ ὅλα τά ἐπίπεδα: ἐπιχειρησιακό, ὀργανωτικό, ἐκπαιδευτικό, οἰκονομικό, ἐλέγχου, ἀσφαλείας, κρίσεων, εἰσόδου στελεχῶν, προαγωγῶν κ.λπ. Τήν ἴδια στιγμή ἡ συντονισμένη «πολιτική» ἀντιμετώπισή τους δέν παύει, ἀπό τήν πρώτη μέρα τῆς Μεταπολίτευσης, νά ἐπιτίθεται μέ καλυμμένες ἕως ἀπροκάλυπτες προσβολές καί ὑπονοούμενα, ὥστε νά χαθεῖ κάθε αἴσθηση αὐτοσεβασμοῦ, ἀποστολῆς, κύρους καί ἀξιοπρεπείας, τόσο στήν συνείδηση τῶν πολιτῶν ὅσο καί στά ἴδια τά στελέχη γιά τόν ἐθνικό τους ρόλο καί τήν ἀποστολή τους. Στίς ἀρχές τῆς δεκαετίας τοῦ ᾽80 τό κῦρος τῶν Ἐνόπλων Δυνάμεων ἦταν κατώτερο ἀπό τό ἀντίστοιχο τῶν μεταναστῶν. Στήν συνείδηση τοῦ μέσου Ἕλληνα, ὁ «στρατός» ταυτιζόταν μέ τόν «χουντικό», τόν «φασίστα» καί τήν «ἐπικίνδυνη ἐσωτερική ἀντίδραση». Ἄν εἶχε ἐπικρατήσει ἡ λύση Σπ. Μαρκεζίνη (πού θά ἐμπόδιζε τά γεγονότα τῆς κυπριακῆς τραγωδίας), αὐτή ἡ γενικευμένη ἀπαξίωση τῶν Ἐνόπλων Δυνάμεων θά ἦταν ἀδύνατη, παρά τήν ἀναπόφευκτη σύνδεση χουντικῶν καί Ἐνόπλων Δυνάμεων. Ἡ καταστροφή τῆς Κύπρου, πού χρεώνεται ἀποκλειστικά στίς Ἔνοπλες Δυνάμεις, ἀπέκλεισε κάθε τέτοια δυνατότητα. *Οἱ Ἔνοπλες Δυνάμεις γιά πρώτη φορά στήν ἱστορία τοῦ νεοελληνικοῦ ἔθνους τίθενται ἐκτός πολιτικοῦ παιγνίου καί ἀκυρώνονται ὡς ὑπολογίσιμη δύναμη, ὡς ρυθμιστικός παράγοντας τῆς πολιτικῆς ζωῆς.* Εἶναι πλέον ἀνίκανες νά παίξουν ὁποιοδήποτε ρόλο καί κυρίως νά συνειδητοποιήσουν, ὡς ἰσχυρή κοινωνική ὁμάδα, τό ἱστορικό καί πολιτικό πρόβλημα τῆς Ἑλλάδος καί ὡς ἐκ τούτου νά συνδράμουν θετικά στήν ἐπίλυσή του. Οἱ Ἔνοπλες Δυνάμεις, τό κύριο στήριγμα τοῦ ἔθνους (παρά τά λάθη τους) μέ τήν μεγάλη τους δημοκρατική παράδοση, καί γιά τίς ὁποῖες ἡ Ἐθνοσυνέλευση τῆς 3ης Σεπτεμβρίου 1843 ψηφίζει: «*Περιφανὴς ἔπαινος καὶ εὐγνωμοσύνη ἀπονέμεται καὶ ἀνεξάληπτος μένει πρὸς τοὺς στρατιωτικούς*», μπαίνουν στό περιθώριο καί δυσφημοῦνται.

Φυσικά, μέ ὅσα ἐκτέθησαν παραπάνω δέν ὑποστηρίζεται ἡ ἐνεργός «ἀνάμειξη» τῶν Ἐνόπλων Δυνάμεων στά κοινά. Ἰσχυρές καί σεβαστές Ἔνοπλες Δυνάμεις δέν σημαίνει πολιτειακές παρεμβάσεις, πραξικοπήματα καί τυραννίες, καί οὔτε ἡ ἱστορία τους δικαιώνει ἕνα τέτοιο ἰσχυρισμό: ἡ παλιγγενεσία τοῦ ἔθνους, τό κίνημα τῆς 3ης Σεπτεμβρίου 1843 ἀπό τό ὁποῖο προέκυψε τό Σύνταγμα τοῦ 1844, τό κίνημα τοῦ 1909, οἱ Βαλκανικοί πόλεμοι που ὁλοκλήρωσαν τήν ἐπανάσταση τοῦ '21 καί τό ἔπος τοῦ '40 –τό ὁποῖο ἀκόμα καί σήμερα ἡ «ἀριστερά» τό ἀποδίδει χωρίς ἴχνος ντροπῆς στήν ἐπιστολή Ζαχαριάδη!– εἶναι ἔργα τῶν Ἐνόπλων Δυνάμεων. Τό δημοκρατικό θεσμικό πλαίσιο καί οἱ ἀτομικές ἐλευθερίες εἶναι κενός λόγος χωρίς τά μέσα (Ἔνοπλες Δυνάμεις καί Σώματα Ἀσφαλείας) γιά τόν σεβασμό τους. Ἡ φωτισμένη, ἀξιοπρεπής καί μέ ἱστορική συνείδηση ἡγεσία τῶν Ἐνόπλων Δυνάμεων δέν εἶναι ἁπλῶς ἀναγκαία προϋπόθεση γιά τήν θεσμική ἰσχύ, ἀλλά βεβαιώνει τήν δύναμη στήν ὁποία βασίζεται ἡ ἐλευθερία καί ἡ ὑπερηφάνεια τοῦ ἔθνους. Οἱ χῶρες δέν δαπανοῦν τό μεγαλύτερο ποσοστό τοῦ ΑΕΠ στόν ἀμυντικό τομέα γιατί τό ἐπιθυμοῦν οἱ «στρατοκράτες», σύμφωνα μέ τήν σταλινική προπαγάνδα, ἤ ἁπλῶς καί μόνο γιά νά ἔχουν τήν εὐχαρίστηση νά τόν λοιδοροῦν.

Σ' ἕνα δεύτερο ἐπίπεδο, τό ἴδιο ἰσχύει καί γιά τά Σώματα Ἀσφαλείας, παρόλο πού ὁ ρόλος τους ἐν σχέσει μέ τίς Ἔνοπλες Δυνάμεις εἶναι κατώτερος. Καί 'δῶ ἡ συντονισμένη ἀπαξιώσή τους εἶναι περισσότερο ἀπό ἔκδηλη, εἶναι προκλητική. Ἡ ὀργανωμένη δυσφήμιση δέν ἀφορᾶ τά πραγματικά «σφάλματα» τῶν Σωμάτων Ἀσφαλείας, ἀλλά τήν ἑνιαία ἀπαξίωση ὁλοκλήρου τοῦ πλέγματος ἀμύνης τῆς χώρας (θέτω τήν λέξη «σφάλματα» ἐντός εἰσαγωγικῶν, γιατί καί 'δῶ ἡ εὐθύνη τῶν πράξεων δέν εἶναι δική τους). Ἡ ἀπαξίωση τῶν Ἐνόπλων Δυνάμεων ἀντανακλᾶ στά Σώματα Ἀσφαλείας καί ἀνάπαλιν. Ἡ λογική πού ἀπαγορεύει στίς δυνάμεις ἀσφαλείας νά ἐμποδίσουν τήν τακτική ἐτήσια πυρπόληση τοῦ Πολυτεχνείου, μέ τό αἰτιολογικό τῆς «*ἀποφυγῆς παραβίασης τοῦ πανεπιστημιακοῦ ἀσύλου καί ἐκτρόπων ἀπό ἐξτρεμιστικά στοιχεῖα τῆς Ἀστυνομίας*», ὅταν ὁλόκληρη ἡ ἱεραρχία ἐλέγχεται πλήρως ἀπό τήν κυβέρνηση, ἤ στέλνει σέ ἀντικατάστασή τους «οἰκοδόμους» νά περιφρουρήσουν τό Πολυτεχνεῖο, δύσκολα μπορεῖ νά χαρακτηρισθεῖ ἐρασιτεχνισμός τῆς ἐξουσίας, καί σίγουρα συντείνει στήν ἀπαξίωση τῶν μηχανισμῶν ἄμυνας τῆς χώρας. Ὁ μεταπολιτευτικός λαϊκισμός πού «καταγγέλλει» τήν «τυραννία τῆς χούντας» μέ ὅλους τούς τόνους σχεδόν ἐπί ἕνα τέταρτο τοῦ αἰῶνα δέν ἀνήκει στήν σφαῖρα τῆς πολιτικῆς ἀνεπάρκειας, ἀλλά συνιστᾶ ἐπιλογή προσβολῆς τῶν θεσμῶν (κυρίως ἄμυνας, ἀσφαλείας, δικαιοσύνης) καί σύγχυσης ὁλόκληρης τῆς κοινωνίας.

Τό δεύτερο στρατηγικό σημεῖο τῆς κυπριακῆς καταστροφῆς εἶναι ὁ ἀπόλυτος ἔλεγχος τῆς πολιτικῆς καί οἰκονομικῆς ζωῆς τῆς χώρας μέσω τῶν πιέσεων στό Κυπριακό. Οἱ δαπάνες στήν Κύπρο καί οἱ δαπάνες τῆς ἑλληνικῆς πολεμικῆς ἑτοιμότητας γιά τήν Κύπρο ἀφαιροῦν κάθε δυνατότητα ἀνάπτυξης. Ἀπό τήν ἄλλη, ἡ σύνδεση τῆς Κύπρου μέ τήν ἐθνική εὐαισθησία καθιστᾶ τά πολιτικά κόμματα, κυβερνήσεις καί ἐξωτερική πολιτική ὁμήρους τοῦ «κυπριακοῦ» προβλήματος. Οὐδείς πολιτικός («συντηρητικός» ἤ «προοδευτικός») καί κανένα κόμμα δέν μπορεῖ νά ἀποσυνδέσει τήν τύχη του ἀπό τό Κυπριακό, ἤδη ἀπό τήν δεκαετία τοῦ '50, ἐποχή κατά τήν ὁποία ἡ χώρα «ἐνεπλάκη» σ' ἕνα ἱστορικό παίγνιο πού τήν ὑπερβαίνει στρατηγικά.

Πρίν τήν κατάρρευση τῆς Σοβιετικῆς Ἕνωσης, ἐλάχιστοι –ἄν ὑπῆρχαν– φαντάζονταν τά ἐπερχόμενα κατακλυσμιαῖα γεγονότα. Γιά τήν ἐποχή ἐκείνη ἡ εἰσβολή καί ἡ κατοχή τῆς Κύπρου ὑπῆρξε κύρια στρατηγική κίνηση ἐλέγχου τῆς Ἑλλάδος. Μετά τήν κατάρρευση, μέ τήν ἀλλαγή ὁλόκληρου τοῦ σκηνικοῦ, οἱ τρόποι πιέσεων πρός τήν Ἑλλάδα πολλαπλασιάσθηκαν: Μακεδονικό, Ἀλβανικό, Αἰγαῖο, οἰκονομία κ.λπ. Παρ' ὅλα αὐτά, τό Κυπριακό δέν ἔχασε τίποτε ἀπό τήν σπουδαιότητά του. Καί γι' αὐτό παραμένει ἕνα ἀπό τά λίγα «περιφερειακά» προβλήματα πού ἔμεινε ἄλυτο μετά τήν σοβιετική κατάρρευση (καί γιά τό ὁποῖο δέν διαφαίνεται λύση στό ἐγγύς μέλλον).

*

Μετά τήν καταδίκη καί ἀπομόνωση τῶν Ἐνόπλων Δυνάμεων ἀπομένει νά ἐξετασθεῖ ὁ ρόλος καί ἡ συμπεριφορά τῶν ὑπολοίπων πολιτικῶν καί κοινωνικῶν δυνάμεων στήν διαμόρφωση τῆς μεταπολιτευτικῆς δημοκρατίας.

Ἡ Ν.Δ. ὡς πολιτικό σῶμα (μέ ἐξαίρεση τόν ἡγέτη του) ἐνήργησε σάν νά μήν εἶχε κατανοήσει τόν στρατηγικό στόχο καί δέν ἐκδήλωσε ἔμπρακτα τήν διάθεση νά συνδράμει στό νέο ρόλο πού ἐκλήθη νά παίξει, παρ' ὅτι εἰσηγήθηκε καί μεγάλο τμῆμα της συντάχθηκε θετικά στό δημοψήφισμα κατάργησης τῆς βασιλείας. Οἱ ἀντιδράσεις τῆς καλούμενης «συντηρητικῆς» παράταξης ἀπέναντι στό κεφαλαιώδους σημασίας πολιτειακό ζήτημα, δηλαδή στούς λόγους καί στήν ἀναγκαιότητα τῆς κατάργησης τῆς μοναρχίας, κυμάνθηκαν μεταξύ μιᾶς *ἔνοχης σιωπῆς* καί χλιαρῆς ἀποδοχῆς, ἐνῶ δέν ἔλειψαν οἱ δημόσιοι ὑποστηρικτές τῆς μοναρχίας. *Ἐξέχοντα στελέχη (καί μεγάλο μέρος της) ἐνήργησαν καί ἀντέδρασαν ὡσάν πράγματι ἡ Ν.Δ. νά ταυτιζόταν μέ τό παλάτι.* Οἱ γενναῖες καί ἐπιβαλλόμενες καταγγελίες τοῦ ἄκρως ἀρνητικοῦ ρόλου καί τοῦ ἀντιδημοκρατικοῦ παρεμβατισμοῦ τῆς βασιλείας, ὅπως καί τῶν ἐγκληματικῶν ἱστορικῶν λαθῶν τοῦ θρόνου, ἀπουσιάζουν ἐντελῶς. Οἱ ἀναγκαῖες πρωτοβουλίες γιά τόν καθορισμό τῶν κανόνων πού θά ἔπρεπε νά διέπουν πλέον τό πολιτικό παιχνίδι δέν ἀναλαμβάνονται. Ἡ μεγάλη πολιτική ἀναμέτρηση μέ τό πολιτικό παρόν καί παρελθόν τῆς χώρας, μέ βάση τήν ὁποία θά καθοριζόταν τό πολιτικό μέλλον, δέν πραγματοποιεῖται. Τά ἀναγκαῖα ἱστορικά καί πολιτικά συμπεράσματα πού ἔπρεπε νά ἐξαχθοῦν, ἀπό τήν μεγίστη πολιτειακή ἀπόφαση, γιά τό μέλλον τῆς ἑλληνικῆς κοινωνίας καί τόν νέο ρόλο τῆς πολιτικῆς ἐκπροσώπησης, ἀπουσιάζουν. Ὁ Καραμανλῆς ἐνδεχομένως κατανοοῦσε τό κενό, ἀλλά οἱ δυνάμεις μέ τίς ὁποῖες ἐπέλεξε ἤ μέ τίς ὁποῖες ὑποχρεώθηκε νά συνεργασθεῖ σίγουρα δέν μποροῦσαν νά τό πληρώσουν. Ἡ ἀδυναμία καθίσταται ἔκδηλη, ἄν ἐξετασθοῦν οἱ δισταγμοί καί οἱ ἀμφιταλαντεύσεις γιά τόν ρόλο τοῦ Προέδρου τῆς Δημοκρατίας[8].

Γίνεται φανερό ὅτι τά παλαιά ἀστικά κόμματα, ἡ ΕΡΕ καί ἡ Ε.Κ., ἦταν ἀπροετοίμαστα νά δώσουν συνειδητά αὐτή τήν μάχη, ὅπως ἀποδείχθηκε καί πρίν τήν ἐκδήλωση τοῦ πραξικοπήματος τῶν συνταγματαρχῶν, τό ὁποῖο κυριολεκτικά τά «ἔπιασε στόν ὕπνο». Ἰδιαίτερα ἡ Ε.Κ. δέν ἄντεξε τίς προκλήσεις καί διαλύθηκε καί ὡς πολιτικός σχηματισμός, γεγονός πού ἀποδεικνύει τήν πολιτική προχειρότητα τοῦ κόμματος πρίν καί μετά τό 1967. Ἡ συμπεριφορά τῶν πολιτικῶν ἐκπροσώπων στό κρίσιμο συμβούλιο τοῦ θέρους τοῦ ’74 –ὑπό τόν στρατηγό Φ. Γκιζίκη– εἶναι ἐνδεικτική αὐτῆς τῆς πολιτικῆς ἀβουλίας. Συγκεκριμένα: Τά κόμματα (οἱ πολιτικοί ἡγέτες) ὅταν ἐκλήθησαν νά σχηματίσουν κυβέρνηση, ἔψαχναν γιά καθοδήγηση, ὅπως εἶχαν μάθει νά ἐνεργοῦν μέχρι τότε. Γι᾽ αὐτό καί πρωταγωνιστικό ρόλο στήν Μεταπολίτευση ἔπαιξαν οἱ ἀπουσιάζοντες Κ. Καραμανλῆς καί Ἀ. Παπανδρέου... Ὁ Σπ. Μαρκεζίνης ἀποδείχθηκε ταυτόχρονα καί ἄτυχος. Ἀνέλαβε νά συνεργασθεῖ μέ τόν Γ. Παπαδόπουλο καί νά γίνει ἡ πολιτική γέφυρα γιά τήν εἰρηνική (καί καθ᾽ ὅλα θεμιτή) μετάβαση ἀπό τό καθεστώς τῶν συνταγματαρχῶν στήν ὁμαλή λειτουργία τῆς πολιτικῆς ζωῆς, τήν ὥρα πού τά πάντα κατέρρεαν. Ὅπως σημείωσα πιό πάνω, ἡ λύση Μαρκεζίνη συνάντησε τήν συντονισμένη ἀποδοκιμασία τοῦ πολιτικοῦ κόσμου. Σέ ποιό βαθμό κατανοοῦσαν ἤ γνώριζαν, ὅσοι ἀντιδροῦσαν στήν λύση Μαρκεζίνη, ὅτι ἐπρόκειτο γιά τήν τελευταία φάση τοῦ «σχεδίου», γιά τήν τελευταία πράξη τοῦ δράματος, δηλ. τήν καταστροφή τῆς Κύπρου καί τήν θεμελίωση τοῦ μεταπολιτευτικοῦ λαϊκισμοῦ, εἶναι δύσκολο νά εἰπωθεῖ. Τό βέβαιον εἶναι πώς μετά τά γεγονότα, μπορεῖ νά ὑποστηριχθεῖ βάσιμα ὅτι ἦταν *μιά ὀργανωμένη προσπάθεια νά ἀποφευχθεῖ πάση θυσία ἡ πολιτική λύση καί νά ὁδηγηθοῦμε στήν πραξικοπηματική λύση Ἰωαννίδη.* Ὅποιος τολμοῦσε νά στηρίξει τήν λύση Μαρκεζίνη χαρακτηριζόταν *«συνομιλητής»* (ἐν. τοῦ Γ. Παπαδόπουλου). Δέν εἶναι τυχαῖο ὅτι τόσο ὁ Σπ. Μαρκεζίνης ὅσο καί οἱ ὑπόλοιποι «συνομιλητές» (πλήν τοῦ Εὐαγ. Ἀβέρωφ), ἐξαφανίσθηκαν ἀπό τό πολιτικό προσκήνιο μεταπολιτευτικά ὡς «χουντικοί».

Ἡ σύντομη ἱστορία τῆς *«παραδοσιακῆς» (σταλινικῆς)*

ἀριστερᾶς φανερώνει ὅτι εἶναι ἕνας φανατικός καί πολιτικά ἀνώριμος ὀπαδός, προσηλωμένος μέ θρησκευτική πίστη στό «ἐπαναστατικό» ἰδεολόγημα, τοῦ ὁποίου δέν γνώριζε τούς ἱστορικούς οὔτε τούς ἐννοιολογικούς ὅρους τῆς διατύπωσής του. Ἡ ἑλληνική ἀριστερά ὑπῆρξε μιά ἐπικίνδυνη πολιτική δύναμη τῆς νεωτέρας Ἑλλάδος, χωρίς οὐσιαστική σχέση μέ τήν εὐρωπαϊκή παράδοση τοῦ κινήματος, τῶν ἐννοιῶν καί τῶν ἱστορικῶν του προϋποθέσεων πού ὑποτίθεται ὅτι ἐκπροσωπεῖ. Βρισκόταν σέ πλήρη σύγχυση ὡς πρός τήν σχέση της μέ τό «ἰδεολόγημα» πού διακινοῦσε, καί πού δέν ἦταν τίποτε ἄλλο ἀπό τήν μητροπολιτική (σοβιετική) στρατηγική καί προπαγάνδα. Ἡ ἑλληνική ἀριστερά –ἐξ ὁρισμοῦ– κατανοοῦσε καί κατανοεῖ τόν πολιτικό λόγο ὡς συνωμοτική συμπεριφορά καί ἀπορρίπτει τήν ἰδέα τοῦ ἔθνους-κράτους. Συμπεριφορά πού τηρεῖται καθ' ὅλη τήν διάρκεια τῆς Μεταπολίτευσης. Μέ βάση αὐτή τήν ἀντίληψη ἐνεργοῦσε ὡς ἰδεοληπτική μειοψηφία, θεωρώντας τήν ἑλληνική κοινωνία ἐχθρικό περιβάλλον. Δέν ἀποδέχεται οὔτε μπορεῖ νά κατανοήσει τήν ἀποστολή της καί τήν ἱστορική της εὐθύνη ὡς πολιτικοῦ ὀργανισμοῦ μιᾶς δημοκρατικῆς πολιτείας. Ἀκόμα καί σήμερα τό ΚΚ περιλαμβάνει στό πολιτικό του πρόγραμμα τά περί δικτατορίας τοῦ προλεταριάτου «*ὡς ὑπερτάτη μορφή δημοκρατίας*», καταλαμβάνοντας ἕδρανα στό Κοινοβούλιο τό ὁποῖο θέλει νά καταργήσει: «*Τό 1949 τά ρωσικά τάνκς ἔπρεπε νά εἰσβάλουν στήν Ἑλλάδα γιά νά ἀποκατασταθεῖ ἡ Δημοκρατία στήν χώρα μας*», δήλωνε ἐκπρόσωπός του[9]. Ὡς τέτοια ἡ ἑλληνική «ἀριστερά» ἀνήκει στίς τυπικές, ὑπηρετικές δυνάμεις πού μποροῦσε νά τίς χρησιμοποιήσει ἡ σοσιαλιστική μητρόπολη (Σοβιετική Ἕνωση) ὁποτεδήποτε καί γιά ὁποιουσδήποτε ἐπιθυμοῦσε σκοπούς...

Ἀλλά πέρα ἀπό τόν γενικότερο πνευματικό της προσανατολισμό, πού τήν θέτει ἐκτός τοῦ ἐξεταζομένου πλαισίου, τό σημαντικό εἶναι ὅτι, παρά τήν ἐμμονή στούς ἀγῶνες καί τήν ἱστορική της ἀποστολή, ἱστορικά ἡ «ἀριστερά» εἶχε ἡττηθεῖ κατά κράτος στόν αἱματηρό ἐμφύλιο καί συνεπῶς εἶναι λάθος νά μιλᾶ κανείς γιά «ἀριστερές» δυνάμεις. Ὁ ἑλληνικός ἐμφύλιος εἶχε τέτοια διάρκεια καί τέτοια σφοδρότητα, ὥστε εἶναι ἱστορική πλάνη νά μιλᾶμε γιά «ἀριστερές δυνάμεις» μετά τό τέλος του. Ἡ «ἀριστερά» ἔκλεισε τό κύκλο της καί τήν παρουσία της στήν ἑλληνική κοινωνία, καί καμιά δύναμη δέν μποροῦσε νά τήν ἀναστήσει. Ὅ,τι εἶχε ἀπομείνει (κάτι λιγότερο ἀπό τό προβλεπόμενο 5% τοῦ διακανονισμοῦ τῆς Γιάλτας) μετά τήν ὁλοκληρωτική ἧττα ἦταν ἕνα ἱστορικό φάντασμα, τό ὁποῖο δέν ἦταν σέ θέση νά κατανοήσει καί, πόσο μᾶλλον, νά συνδράμει στήν ἐπίλυση τοῦ πολιτικοῦ προβλήματος τῆς μεταπολιτευτικῆς Ἑλλάδος. Οἱ καθοδηγητές τοῦ «ἐξωτερικοῦ», παγιδευμένοι στήν σταλινική στρατηγική, στά ἐμφυλιοπολεμικά τραύματα καί στά συμπλέγματα, ἀπό τά ὁποῖα δέν γιατρεύθηκαν ποτέ, δέν εἶχαν συνείδηση τοῦ προβλήματος. Μετά τήν κατάρρευση τῆς Σοβιετικῆς Ἕνωσης, ἡ κατάσταση τῆς σταλινικῆς[10] «ἀριστερᾶς» δέν εἶναι ἁπλῶς προβληματική, ἀλλά συνιστᾶ τήν πολιτική ἐκδοχή τῶν μαρτύρων τοῦ Ἰεχωβᾶ.

Ἡ «ἀριστερά» ἦταν καί εἶναι τό πλέον ἀνώριμο πολιτικά τμῆμα τῆς πολιτικῆς μας ζωῆς, μία ἀπό τίς πολλές ἀνά τόν κόσμο, ἄν ὄχι ἡ πλέον ἐθελόδουλη κομματική ὀργάνωση, πού ἤλεγχαν ἀπόλυτα οἱ σοβιετικές μυστικές ὑπηρεσίες. Ὅπως οἱ συνταγματάρχες δέν μποροῦσαν νά δοῦν τόν πρακτορευόμενο χαρακτῆρα τῆς σχέσης τους μέ τίς ὑπηρεσίες τῶν ΗΠΑ, τό ἴδιο καί τά ὄργανα τῆς «ἀριστερᾶς» δέν μποροῦσαν νά ἀναγνωρίσουν τήν ὑπηρετική τους σχέση μέ τις μυστικές ὑπηρεσίες τῆς Ρωσίας: πίστευαν ὅτι ἦταν στρατευμένοι στόν «κοινό σκοπό» καί ὄχι πράκτορες καί ὄργανα[11]. Ἀπό τήν ἄποψη τῆς σχέσης της μέ τήν ἱστορική πραγματικότητα ἡ ἀριστερά ἀνήκει περισσότερο στόν μεσαιωνικό πολιτικό μεσσιανισμό, παρά στήν δυτική πολιτική παράδοση, μεγεθύνοντας τά ἀρνητικά χαρακτηριστικά τοῦ καθοδηγητικοῦ ρωσικοῦ προτύπου. Ἡ ἐντολή τοῦ τέως γενικοῦ γραμματέα τοῦ κόμματος, μετά τήν κατάρρευση τοῦ ρωσικοῦ κομμουνισμοῦ, *«νά μήν πειράξουν τά εἰκονίσματα»*, ἐννοώντας τούς Λένιν καί Στάλιν, εἶναι ἐνδεικτική τοῦ «ὀρθολογικοῦ» χαρακτῆρα τοῦ ἰδεολογήματος τῆς ἑλληνικῆς «ἀριστερᾶς» *«πού καθόρισε ἐπιστημονικά τόν δρόμο πού πρέπει νά βαδίσει»*[12].

Τέλος, ἡ ἀπουσία κοινωνικῆς ὁμάδας τῆς ὁποίας ἡ οἰκονομική δύναμη νά σχετίζεται μέ τήν παραγωγή, ὅπως νοεῖται στήν Δύση, καί ὄχι μέ τήν ἰδιοκτησία ἀκινήτων, τίς εἰσαγωγές, τήν τοκογλυφία, τό λαθρεμπόριο ἤ τήν εὔνοια τῶν καιρῶν καθιστᾶ περιττή κάθε ἔρευνα γιά τήν κατανόηση τῆς νέας πολιτικῆς καί πολιτειακῆς συνθήκης καί τήν ἐκδήλωση ἀντίστασης ἤ ἀντίδρασης πρίν καί μετά τήν Μεταπολίτευση. Οἱ ἰσχυρές μεταπολεμικά *οἰκο-*

νομικές ἑστίες καί οἰκογένειες ὑπῆρξαν κατά κανόνα ἐχθρικές πρός κάθε μορφή παραγωγῆς καί θερμοί ὑποστηρικτές τοῦ προκλητικοῦ καί χυδαίου, ἀντιπαραγωγικοῦ μεταπρατισμοῦ. Ἀπό πολιτικῆς σκοπιᾶς, συντάχθηκαν μέ τίς παλατιανές δυνάμεις καί σπανίως διετύπωσαν πολιτικά αἰτήματα ὁποιασδήποτε μορφῆς. Ἰδιαίτερα οἱ ἐφοπλιστές καί οἱ λίγες ἰσχυρές οἰκονομικές ἑστίες, κατανοοῦσαν τήν σχέση τους μέ τήν χώρα μᾶλλον ὡς προκλητικοί καταναλωτές καί μεταθανάτιοι δωρητές. Οὐδείς διανοήθηκε ὅτι οἱ σχέσεις τους πρέπει νά εἶναι πνευματικές, πολιτικές, ἱστορικές καί θεσμικές[13]. Μεταπολεμικά, ἡ συμπεριφορά αὐτῆς τῆς πανίσχυρης οἰκονομικῆς κοινότητας ἀποτελεῖ ἕνα ἀπό τά πλέον ἀξιοπερίεργα καί ἀντιπροσωπευτικά φαινόμενα τῆς νεοελληνικῆς ζωῆς. Στήν μεγάλη τους πλειοψηφία πρόκειται γιά μιά ἀντιδραστική καί ἀνιστόρητη ὁμάδα. Ἐκτός τοῦ ὅτι ἡ πολιτική της παρουσία ὑπῆρξε ἀνύπαρκτη, στηρίζοντας κατά κανόνα τίς παλατιανές ἐπιλογές, ἡ μεγαλύτερη ἐφοπλιστική οἰκογένεια τῆς ὑφηλίου δέν διαθέτει οὔτε ἕνα ἔντυπο νά προωθήσει τίς θέσεις της. Μεταπολιτευτικά, ἔφθασαν στο σημεῖο νά ἐκλιπαροῦν ἔντυπα καί ἐφημερίδες νά διατυπώσουν ἁπλές ἀπόψεις. Βέβαια, ἡ σύνδεση τῆς μεταπολεμικῆς, ἐφοπλιστικῆς οἰκογένειας μέ τό παλάτι δέν εἶναι τυχαία. Τά «Λίμπερτις» πού ἀποτελοῦν τόν πυρῆνα τοῦ νεώτερου, μετά τήν χρεοκοπία τοῦ προατμοπλοϊκοῦ, ἐφοπλιστικοῦ στόλου προέρχονται ἀπ᾽ εὐθείας ἀπό τίς σχέσεις καί τίς ἐχθρότητες τοῦ παλατιοῦ μέ τήν νέα ὑπερδύναμη, τίς Ἡνωμένες Πολιτεῖες. Οἱ ἐφοπλιστές εἶναι ἡ κατ᾽ ἐξοχήν ἑλληνική τάξη πού ἀκολούθησε τήν πολιτική τύχη τοῦ μονάρχη.

Ἀλλά καί ἐκτός τοῦ ἐφοπλιστικοῦ περιβάλλοντος, ἡ κατάσταση δέν εἶναι καλλίτερη. Ἐδῶ δέν ἀπουσιάζει ἐντελῶς ἡ ἱστορική, ἀλλά καί ἡ στοιχειώδης συνείδηση τῆς διαδικασίας παραγωγῆς, ἡ ὁποία θά τούς ἐπέτρεπε νά διατυπώσουν ὁποιαδήποτε αἰτήματα. Εἴτε στόν δημόσιο τομέα ἀναφερόμεθα (τίς δημόσιες ἐπιχειρήσεις, τίς περιβόητες ΔΕΚΟ) εἴτε στόν ἰδιωτικό (ἐννοῶ τόν καλούμενο βιομηχανικό), τό ἀποτέλεσμα εἶναι τό ἴδιο: ἡ «παραγωγή» βασίζεται στήν μονοπωλιακή ἐνίσχυση μέσω τῶν εἰδικῶν ρυθμίσεων, τῶν «δανείων», τῶν φοροαπαλλαγῶν, τῶν ἐνισχύσεων, ἐπιδοτήσεων κ.λπ. (Στό ἐπίπεδο τῶν «μικρομεσαίων», ἡ κατάσταση εἶναι τραγική: ἐδῶ ἀπουσιάζει κάθε μορφή σκέψης καί κάθε φωνή).

Ἐν προκειμένω, κατανοεῖ κανείς τήν «σοσιαλιστική» οἰκονομική ἀντίληψη. Ἀλλά εἶναι δημόσιο ψεῦδος νά μιλᾶμε γιά «φιλελεύθερο» πνεῦμα καί φιλελεύθερη οἰκονομία, σέ μιά χώρα ὅπου *ἡ παραγωγή καί ἡ δημιουργία βρίσκονται θεσμικά ὑπό διωγμό. Σέ μιά χώρα πού δέν ὑπάρχει ἐπεξεργασμένη ἄποψη γιά τήν παραγωγή,* καί ἀγνοεῖ προκλητικά ὅτι αὐτή συνδέεται μέ τήν πειθαρχία, τήν ἠθική καί τήν γνώση. *Πειθαρχία,* μέ τήν ἔννοια ὅτι ὑπακούει σέ αὐστηρούς ὀρθολογικούς κανόνες. *Ἠθική,* μέ τήν ἔννοια ὅτι ἡ ἐργασία εἶναι ὀντολογικά ἡ ὑψηλότερη μορφή κοινωνικῆς ἀλληλεγγύης (καί ὄχι πεδίο ἀνταγωνισμοῦ), ἀφοῦ προϋποθέτει ἀπαραίτητα τόν σεβασμό τῶν ἄλλων ὡς συνεργατῶν καί συμπαραγωγῶν. Καί *γνώση,* στήν βάση τῆς στενῆς συνεργασίας μεταξύ τῶν δυνάμεων τῆς παραγωγῆς, τῆς παιδείας καί τῆς πανεπιστημιακῆς ἔρευνας (παραγωγή τῆς γνώσης). Οἱ περισσότερες κρίσιμες ἐπιλογές στόν τομέα τῆς παραγωγῆς τῶν τελευταίων πενήντα ἐτῶν ὁδήγησαν στήν κυριαρχία τῶν δυνάμεων τῆς νύχτας. Καί αὐτό, ὅταν δέν δηλώνεται ἀφελῶς[14], ἀποκρύβεται ἐπιμελῶς ἀπό τήν «προοδευτική» ἤ τήν «φιλελεύθερη» ρητορεία. Πρέπει νά τονισθεῖ ὅτι θά ἦταν μέγα μεθοδολογικό λάθος νά ἑρμηνευθεῖ ἡ συμπεριφορά καί τό «πνεῦμα» τῶν ἡγετικῶν ὁμάδων ὡς «ἐποικοδόμημα» τῆς οἰκονομικῆς τους συμπεριφορᾶς. Συμβαίνει ἀκριβῶς τό ἀντίθετο. Πρόκειται γιά τό «πνεῦμα» μιᾶς συγκεκριμένης ἱστορικῆς μορφῆς, γιά μιά ἰδιότυπη, βυζαντινο-οθωμανικοῦ φεουδαρχισμοῦ ἄρχουσα τάξη (τῆς καθ' ἡμᾶς Ἀνατολῆς), ἡ ὁποία εἶναι ἀνελεύθερη, ἀντιπνευματική, ἀντιδημοκρατική καί χωρίς γνήσια θρησκευτικότητα. Μιά τάξη πού ἐννοεῖ ἑαυτήν ἐπιστάτη τῶν ξένων δυνάμεων καί «εἰσοδηματία» (ἀκινήτων, εἰσφορῶν, τοκογλυφίας, λαθρεμπορίου, φόρων, δανείων, κληροδοτημάτων κ.λπ.).

Παρενθετικά: Ἀποτελεῖ μεγίστη πολιτική αὐταπάτη νά πιστεύει κανείς, μετά τήν ἐμπειρία τῆς σοβιετικῆς κατάρρευσης, ὅτι ἡ οἰκονομική καταστροφή καί ἡ ἐξαθλίωση ἑκατομμυρίων στήν Ρωσία καί στίς ὑποτελεῖς χῶρες της εἶναι κάτι πού δέν μᾶς ἀφορᾶ. Ὅτι εἶναι κάτι πού συνέβη σέ «ἄλλους» καί δέν πρόκειται νά συμβεῖ σέ μᾶς. Ἀντίθετα, πρόκειται γιά μέγιστο ἱστορικό καί οἰκονομικό δίδαγμα, πού προειδοποιεῖ ὅτι ἡ κατάσταση αὐτή μπορεῖ νά συμβεῖ σέ ὁποιονδήποτε κωφεύει στά μαθήματα τῆς ἱστορίας ἤ κλείνει προκλητικά τά μάτια μπροστά στήν καταστροφή τῆς λογικῆς καί τήν πρωτοφανῆ πνευματική ἐρήμωση. (Ἡ Ἑλλάδα γλίτωσε τήν γενική οἰκονομική καταστροφή ἀπό τόν «σοσιαλιστικό» παραλογισμό μόνο χάρη στήν εὐρωπαϊκή παρέμβαση).

*

Ἡ μόνη «πολιτική» ἑστία πού ἔδωσε συνειδητά τήν μάχη καί εἶχε πλήρη ἐπίγνωση τοῦ νέου ρόλου πού ἐκαλοῦντο νά παίξουν τά πολιτικά κόμματα ἦταν ὁ Ἀ. Παπανδρέου καί, πιθανῶς, ὁ στενός ἐπιτελικός του πυρῆνας. Ἡ μεγάλη πλειοψηφία τῶν στελεχῶν τοῦ κινήματος ἀπό πολιτικῆς ἀπόψεως βρισκόταν –καί βρίσκεται– σέ χειρότερο ἐπίπεδο ἀπό τήν παραδοσιακή ἀριστερά (ἀφοῦ θεωροῦν τό Κ.Κ.Ε. ἰδεολογικό σημεῖο ἀναφορᾶς). Ἡ διάσταση αὐτή δικαιολογεῖται ἀπό τό γεγονός ὅτι οὐσιαστικά ὁ Ἀ. Παπανδρέου δέν ἀναγνώρισε τά στελέχη καί τούς ὀπαδούς του ὡς πολιτική ὀντότητα, ἁπλῶς τούς χρησιμοποίησε ὡς ἀναγκαία (καί μᾶλλον ἀνώριμη) πολιτική δύναμη γιά τούς δικούς του σκοπούς, ὅπως ἄλλωστε χρησιμοποίησε καί ὁλόκληρη τήν ἑλληνική κοινωνία.

Ὁ Ἀ. Παπανδρέου ἦταν ὁ μόνος πού κατανόησε σέ βάθος ὅτι μετά τήν κατάργηση τῆς μοναρχίας καί τήν ἱστορική καταδίκη τῶν Ἐνόπλων Δυνάμεων, ἐξέλιπε κάθε ἑστία ἀντίστασης γιά τήν ἀλλαγή τῶν ἡγετικῶν ὁμάδων: ἀλλαγή τοῦ προσανατολισμοῦ καί ἀντικατάσταση τοῦ παλατιοῦ. Ἦταν ὁ μόνος πού διεῖδε μέ ὀξύτητα καί ἐνήργησε μέ βάση αὐτή τήν διαπίστωση, ὅτι μέ τήν κατάργηση τοῦ θρόνου, τήν ἀπαξίωση τῶν Ἐνόπλων Δυνάμεων καί Σωμάτων Ἀσφαλείας, τήν ἐνοχή τῶν καλουμένων «συντηρητικῶν» τομέων τῆς κοινωνίας, τήν ἀπουσία ὁποιασδήποτε πνευματικῆς συγκρότησης καί τήν χώρα παραδομένη σ᾽ ἕνα παντοδύναμο λαϊκισμό, τό πολιτικό πεδίο ἀνοιγόταν τελείως ἐλεύθερο γιά κάθε εἴδους πρωτοβουλιῶν καί πειραματισμῶν. Γνώριζε ὅτι μποροῦσε νά ἐπιχειρήσει καί νά προωθήσει κάθε εἴδους κοινωνικά πειράματα: ἀπό τήν «*ἐπανάσταση*» καί τήν «*ἀλλαγή*», μέχρι τόν «*τρίτο δρόμο πρός τόν σοσιαλισμό*», πολεμώντας ἕνα ἀνύπαρκτο ἐχθρό – δηλαδή, χρησιμοποιώντας τόν λαϊκισμό ὡς μέσο καί ὡς σκοπό, ὡς μοντέλο τῆς «ἀλλαγῆς» καί ὡς μέσο θεμελίωσης τοῦ πολιτικοῦ λόγου. Ἡ ἱστορική ἄγνοια ἦταν τέτοιου βαθμοῦ, ὥστε οὐδείς ἀντέδρασε ἀκόμα καί στόν ἱστορικό σφετερισμό τοῦ κινήματος τοῦ 1843 ἀπό τήν δική του «*Διακήρυξη τῆς 3ης τοῦ Σεπτέμβρη*».

Τήν ὑποτέλεια τῆς μοναρχίας διαδέχεται ἡ καταστροφή τοῦ πολιτικοῦ λόγου. Διαδέχεται ἡ ὑποταγή τῆς χώρας σ᾽ ἕνα πρωτόγνωρο λαϊκισμό πού ἀφήρεσε κάθε δυνατότητα ἀξιοποίησης τῶν εὐκαιριῶν, οἱ ὁποῖες διανοίγονταν μέ τήν κατάργηση της μοναρχίας, τήν εἴσοδο τῆς Ἑλλάδος στήν ΕΟΚ καί τήν κατάρρευση τῆς Σοβιετικῆς Ἕνωσης.

Σημειώσεις

1. «*Πρακτικὰ τῆς ἐν Ἀθήναις τῆς Τρίτης Σεπτεμβρίου Ἐθνικῆς τῶν Ἑλλήνων Συνελεύσεως*». Ἔκδοση βασιλικοῦ τυπογραφείου, ἀρ. ἐφημερίδας Κυβερνήσεως 40, 1844.
2. Εἶναι γνωστός ὁ χαρακτηρισμός τῆς Μακρονήσου, ὁ τόπος ἐξορίας, ὡς «Νέου Παρθενῶνα» καί ἡ ὑποκινούμενη ἀθρόα μετεμφυλιακή μετανάστευση ὡς «εὐλογία Θεοῦ».
3. Ὁ Ἰωαννίδης ἐκμυστηρευόταν στούς συνεργάτες του ὅτι ἡ CIA τόν διαβεβαίωνε ὅτι ἡ Τουρκία δέν θα ἐπέμβει!
4. «*Κυριεύοντος*». Λογικό πρόβλημα, πού σχετίζεται μέ τό «πιθανό» καί τό «ἀναγκαῖο» στά ἱστορικά φαινόμενα.
5. Βλ. Χάνς Μάγκνους Ἀϊζενμπέργκεν: «*Τό σύντομο καλοκαίρι τῆς ἀναρχίας*».
6. Ὁ Φ. Γκιζίκης καί ὁ Μπονάνος βεβαίωναν ἀργότερα, ὅτι δέν ὑπῆρχαν κἄν σχέδια! Οἱ ὁδηγίες γιά τό πραξικόπημα στήν Κύπρο δόθηκαν προφορικά ἀπό τόν Ἰωαννίδη στούς Γεωργίτση καί Κομπόκη, πού τίς ἀποστήθισαν!
7. Γ. Κορδάτος: «*Μεγάλη Ιστορία τῆς Ἑλλάδος*», τόμ. Χ, σελ. 638. Ἐδῶ ὁ «ἱστορικός» μας, ἐνῶ ἀποδέχεται τίς κρίσεις περί «φασισμοῦ» καί «χαφιεδισμοῦ», δέν κάνει τό στοιχειῶδες ἐρώτημα γιά τό πῶς συνέβη νά κληθεῖ ἐπειγόντως ὁ Ὄθωνας καί τί σχέση εἶχε αὐτή ἡ μείζων πολιτική καί ἱστορική ἐπιλογή μέ τήν δημοκρατία. Ὁ ἱστορικοδιαλεκτικός δέν σχολιάζει τήν ἀπαράδεκτη ἐπιλογή τῶν δυνάμεων πού παρέδωσαν τήν ἐπανάσταση στούς Φαναριῶτες, τό Πατριαρχεῖο καί τίς ἐγχώριες δυνάμεις κατοχῆς.
8. Ἡ ἀνάθεση τῆς Προεδρίας στόν Κ. Τσάτσο εἶχε καθαρά συμβολικό χαρακτῆρα. Τήν προεδρία τήν ἀσκοῦσε ὁ ἴδιος ὁ ἀρχηγός τοῦ κόμματος.

9. Δήλωση τοῦ βουλευτῆ ΚΚΕ Μ. Θεοδωράκη στήν Βουλή τό 1982.
10. Ὁ χαρακτηρισμός δέν εἶναι μεταφορικός, ἀλλά κυριολεκτικός. Ἡ ἔκφραση «*ὁ Στάλιν μᾶς διδάσκει*» ἀπαντᾶται ὡς μόνιμος ἀποδεικτικός ὁδηγός στά «Πρακτικά» τοῦ ἀπολογισμοῦ τοῦ ἐμφυλίου. Βλ. «*Δέκα χρόνια πάλης*», εκδ. «Πορεία», 1978.
11. Δήλωση Φαράκου: «*Δέν γνωρίζαμε ὅτι ἤμαστε πράκτορες*». Θεωρῶ ὅτι περιττεύει κάθε ἄλλη ἀναφορά σέ δευτερεύουσες ἀρνητικές ἐπιλογές τῶν ἐπιτελικῶν στελεχῶν, ἐφόσον ἀναγνωρίζεται ἡ εὐθύνη τους στά μείζονα ἱστορικά θέματα τοῦ ἐμφυλίου καί τοῦ «Μακεδονικοῦ»: «*Στίς 29 Αὐγούστου ἔκλεισε ἕνας χρόνος ἀπό τότε πού ὁ Δημοκρατικός Στρατός Ἑλλάδας ἔκανε μιά προσωρινή ὑποχώρηση χωρίς νά ἐπιτύχει τήν ἀπελευθέρωση τῆς πατρίδας μας...*» σελ. 61. «*Τό κόμμα μας... ὀργάνωσε καί καθοδήγησε στά τελευταῖα δέκα χρόνια δύο ἐπαναστάσεις... ἡ Συνδιάσκεψη πρέπει νά δώσει ἀπάντηση στό ἐρώτημα γιατί χάσαμε δύο ἔνοπλους ἀγῶνες*». «*Δέκα χρόνια πάλης*»... σελ. 162.
Ἀπόφαση τῆς Κομμουνιστικῆς Διεθνοῦς, 25 Φεβρ. 1934, γιά τό «Μακεδονικό»: «*Ὁ ἀγῶνας γιά τήν ἑνωμένη καί ἀνεξάρτητη μακεδονική δημοκρατία τῶν ἐργαζομένων δέν εἶναι μόνο ὑπόθεση τῶν ἐργαζομένων μαζῶν τῆς Μακεδονίας, ἀλλά καί τῆς ἀγωνιζόμενης ἐργατικῆς τάξης καί ἀγροτιᾶς ὑπό τήν ἡγεσία τῶν κομμουνιστικῶν κομμάτων Βουλγαρίας, Γιουγκοσλαβίας καί Ἑλλάδος*».
12. Βλ. τίς εἰσηγήσεις Ν. Ζαχαριάδη, Β. Μπαρτζώκα, Δ. Βλαντᾶ, Γ. Γούσια καί τήν ἀπόφαση τῆς 3ης Συνδιάσκεψης 1950 τοῦ ΚΚΕ γιά τήν ἐκτίμηση καί τόν «ἀπολογισμό» τοῦ ἑλληνικοῦ ἐμφυλίου. «*Δέκα χρόνια πάλης*».
13. Ὁ ἀναγνώστης παραπέμπεται στά ἔργα καί τίς ἡμέρες τοῦ «Ἱδρύματος Βουδούρη» (Βλ. «Βῆμα» 14 Σεπτ. 1994) καί τά ἀ-

ντίστοιχα τοῦ «Ἱδρύματος Ὠνάση» (Βλ. «Βῆμα» 10 Νοεμ. 1997).

14. Στήν δεκαετία τοῦ '50, ὁ Σπ. Μαρκεζίνης ἐκμυστηρευόταν στόν φίλο του καί ἐκδότη Μπότση, *«θά μεταβάλω ὅλη αὐτή τήν ἔκταση ἀπό τήν Καστέλλα ἕως τό Σούνιο σέ Κυανή Ἀκτή, ὅπου μυριάδες ξένοι θά ἀφήνουν στά καζίνα 500 ἑκ. δολάρια τόν χρόνο»*. Τήν ἴδια ἐποχή, ὁ «μεγάλος σοσιαλιστής» οἰκονομολόγος Α. Ἀγγελλόπουλος ὀνειρευόταν, ὅπως ὁ ποιητής, ὑψικαμίνους. Καθένας μέ τά φουγάρα του...

Propaganda Fide

«Ἑρμῆς καὶ τὸ ἑρμηνεία εἶναι
καὶ τὸ ἄγγελον καὶ τὸ κλοπικόν τε καὶ τὸ
ἀπατηλὸν ἐν λόγοις καὶ τὸ ἀγοραστικὸν περὶ λόγου
δύναμιν ἐστὶν πᾶσα αὕτη ἡ πραγματεία»[1]
Πλάτων: «*Κρατύλος*»

«*Καί ἀπιθώντας τά χέρια μου*
στό φιλιατρό τοῦ πηγαδιοῦ
ἔσκυψα νά ἰδῶ ἄν ἤτουν πολύ νερό.»
Δ. Σολωμός: «*Ἡ Γυναίκα τῆς Ζάκυνθος*»

Ἡ βαθιά ἔλλειψη πνευματικῶν καί ἱστορικῶν προϋποθέσεων τῶν ἡγετικῶν ὁμάδων πού ἐπισημάνθηκε στά προηγούμενα καί ἡ ὁποία διευκόλυνε τήν στρατηγική ἐπίθεση ἐλέγχου τῆς μεταπολιτευτικῆς Δημοκρατίας, ἀποκαλύπτεται μέ τόν πλέον δραματικό τρόπο στίς περιοχές ὅπου διαμορφώνονται οἱ μορφές τῆς ἐθνικῆς συνείδησης καί τῆς ἱδρυματικῆς σκέψης. Εἶναι αὐτή ἡ ἔλλειψη οὐσιαστικῶν σχέσεων μέ τόν πολιτισμό, τόν σύγχρονο κόσμο καί τήν ἱστορία πού ἐξηγεῖ τήν ἀπουσία ἀντίστασης καί δικαιολογεῖ τήν εὐκολία μέ τήν ὁποία ἁλώθηκαν οἱ θεσμοί καί ὅλες οἱ πνευματικές περιοχές.

Ἡ ἐκπαίδευση, πρίν τήν Μεταπολίτευση, συνιστοῦσε ἕνα ἄκρως ἰδιότυπο θεσμικό σύστημα τῆς μετεμφυλιακῆς

Ἑλλάδος. Τό πρῶτο της σκέλος, ἡ κατωτέρα καί μέση, ἀνῆκε στήν ἁρμοδιότητα τῶν θεολόγων. Τό δεύτερο, ἡ ἀνωτέρα καί κυρίως ἡ ἀνωτάτη, ἀνῆκε σέ πανεπιστημιακά «τζάκια» (ἐξίσου θεολογικοῦ προσανατολισμοῦ), τά ὁποῖα τήν παρελάμβαναν καί τήν παρέδιδαν κληρονομικά. Στήν κατώτερη καί μέση ἐκπαίδευση εἶναι περιττό νά μιλᾶ κανείς γιά προβλήματα συνείδησης, ἱστορικῶν ρόλων καί ἀποστολῆς ἤ γιά συμπεριφορές πού σχετίζονται μέ τήν εὐθύνη ἡγετικῶν ὁμάδων. Ἡ ἐκπαιδευτική κοινότητα ἐλεγχόταν πλήρως, τόσο στό ἐπίπεδο τῶν ἀτομικῶν συμπεριφορῶν, ὅσο καί σέ κεῖνο τῶν πνευματικῶν ἐπιλογῶν καί προτιμήσεων, ἀπό τό θεολογικό δίκτυο, τό ὁποῖο δέν παρεμπόδιζε ἁπλῶς τήν διαμόρφωση ἱστορικῆς συνείδησης καί κριτικῆς, ἀλλά καί τήν διάδοση τῆς τυπικῆς γνώσης γιά τήν ὁποία ὑποτίθεται ὅτι συστήθηκε ἡ δημοσία ἐκπαίδευση. Αὐτός εἶναι ὁ λόγος τῆς ἀθρόας (μητροπολιτικῶν μεγεθῶν) παραγωγῆς «θεολόγων», καί τῆς σύνδεσης τῶν δύο ὑπουργείων κάτω ἀπό τόν κοινό τίτλο «Ὑπουργεῖον Παιδείας καί Θρησκευμάτων» (ἕνα εἶδος σύγχρονου Congregatio de Propaganda Fide[2]), τοῦ ὁποίου ἡ κυρία «πνευματική» συνεισφορά εἶναι ἡ διάδοση τοῦ μύθου τῶν «κρυφῶν σχολειῶν», ἡ «ἱερά κατήχηση», ἡ ἐθνοκαπηλεία, ὁ ρητορικός μεγαλοϊδεατισμός καί ἡ κατασυκοφάντηση τῆς ἀρχαιοελληνικῆς παιδείας ὡς εἰδωλολατρείας. Στήν ἀνωτάτη ἐκπαίδευση, ἡ ἡγεσία της οὔτε μποροῦσε οὔτε ἐπιθυμοῦσε νά προβάλει ὁποιαδήποτε «πνευματική» ἀντίσταση, δεδομένου ὅτι κατανοοῦσε τόν ρόλο της ὡς ἰδιοκτήτη καί διακινητῆ εἰσαγομένης γνώσεως καί ὄχι δημιουργικά, δηλ. πνευματικά ἤ ἱστορικά. Ἡ ἀποστολή τους δέν ἦταν ἡ παραγωγή τῆς γνώσης, ἀλλά ἡ κοινωνική ἄνοδος τῶν τέκνων τῆς «ἀνωτέρας» τάξης *σύμφωνα μέ τίς προσδοκίες τοῦ πολιτισμένου κόσμου.*

Ἡ ἐκπαίδευση εἶναι ἤδη ἕτοιμη νά δεχθεῖ τον *«Νόμο-Πλαίσιο» (1268/1982)* πού ἀναθέτει *«τήν ἀξιολόγηση τῆς διδακτικῆς ἱκανότητας τοῦ Διδακτικοῦ-Ἐρευνητικοῦ Προσωπικοῦ (ΔΕΠ) στούς φοιτητές»* (ἄρθ. 15, 5α). Μέ τόν νόμο αὐτό τά πανεπιστήμια, ἀπό χῶρος παραγωγῆς τῆς γνώσης καί βῆμα ἐλευθέρου διαλόγου, ὡς ὄφειλαν νά εἶναι, μετασχηματίζονται σέ ἀνελεύθερο ἐργαστήριο παραγωγῆς ἄβουλων κομματικῶν ὀργάνων. Μέ τόν νόμο αὐτό δίδεται τό σύνθημα γιά τόν μετασχηματισμό τῆς ἐκπαίδευσης ὅλων τῶν βαθμίδων καί ὅλων τῶν τομέων, ἀπό τά μαθηματικά μέχρι τήν ἱστορία καί τήν κοινωνιολογία, σέ φυτώριο κομματικῆς προπαγάνδας. Ἡ ἐκπαίδευση περιέρχεται στήν ἁρμοδιότητα τῶν κομματικῶν ἐπιτελείων, πού καθοδηγοῦνται ἀπό κομισάριους κατά κανόνα σταλινικῶν προδιαγραφῶν. Μέ τόν νόμο ἁλώνεται καί συντρίβεται πλήρως ὁ πνευματικός πυρῆνας τοῦ ἔθνους. Ἀπό τήν ἀμεριμνησία καί τήν ἰδεοληψία τῶν θεολόγων, ἡ παιδεία εἰσέρχεται στήν τρομοκρατία καί τόν γενιτσαρισμό τῶν κομματικῶν ὀργανώσεων. Στήν μέση ἐκπαίδευση οἱ καθηγητές προπαγανδίζουν φανερά πλέον στά νήπια τίς «ἐπαναστατικές» καταλήψεις τῶν γυμνασίων καί λυκείων, ὡς ἐκδήλωση *«προοδευτικῆς ἀμφισβήτησης τοῦ κατεστημένου καί τοῦ μικροαστικοῦ πνεύματος»*. Ἡ γνώση διώκεται ὡς ἀστική ἐνῶ ἀκόμα καί οἱ ἐλάχιστοι καθηγητές πανεπιστημίου πού θά ἤθελαν ἤ θά μποροῦσαν νά προβάλουν κάποια ἀντίσταση στήν γενική ἔκπτωση βρίσκουν ὅλες τίς πόρτες κλειστές. Ὅσοι δέν ὑποχρεώνονται σέ φυγή κάτω ἀπό τήν τρομοκρατία τῆς «ἐπαναστατικῆς» παρέμβασης τῶν κομμάτων, καταλήγουν στήν σιωπή μέσα στό ἐχθρικό κλῖμα τοῦ «φοιτητικοῦ» κινήματος καί τῆς κομματικῆς πρυτανείας. Μέ τίς συνθῆκες αὐτές, εἶναι περιττό νά ἀναφερθεῖ κανείς στήν συμβολή τῶν ἑλληνικῶν πανεπιστημίων στήν σύγχρονη γνώση. Μεταπολιτευτικά, τά πανεπιστήμια (κυρίως τῶν καλουμένων «ἐπιστημῶν τοῦ ἀνθρώπου») κατέστησαν ἀκένωτη πηγή ἀνανέωσης καί τροφοδότησης τῆς νεολαϊκίστικης ἀγορᾶς μέ στελέχη τριτοκοσμικῶν (σταλινικῶν) ὅλων τῶν κατηγοριῶν, ἀπό κοινωνιολόγους-συνταγματολόγους καί φιλοσόφους-θεολόγους, ἕως σημειολόγους-ψυχαναλυτές. Ἡ πανεπιστημιακή αὐτή ὁμάδα καί τό ἔργο της ἐνισχύεται ἀφ᾽ ἑνός μέν μέ τούς σπουδαγμένους στά «πανεπιστήμια διά μετανάστας» τῶν προαστίων καί περιχώρων τοῦ Παρισίου, ἔνθα χορηγοῦνται πτυχία μαρξιστοῦ, καί ἀφ᾽ ἑτέρου μέ τούς φωτεινούς καθοδηγητικούς ἀστέρες τούς ἀφιχθέντας ἐκ τῆς σοβιετίας μετά τήν κατάρρευση. Εἶναι τό νέο εἶδος «διανοουμένου» πού συμπλήρωσε τίς στρατιές τῶν ἡμιμαθῶν καί ἐμπαθῶν θεολόγων πού παρήγαγε τό θρησκευτικο-στρατιωτικό ἰδεολόγημα.

*

Συνδέοντας τό πρόβλημα τῆς ἐκπαίδευσης καί τῆς ἱστορικῆς συνείδησης μέ τούς θεολόγους, ὑποχρεωτικά ὁδηγούμεθα στήν *Ἐκκλησία* (καί στό καλούμενο *ἐκκλησια-*

στικό ζήτημα), παρ' ὅλο πού μιά διεξοδική μελέτη τοῦ θέματος εἶναι ἀδύνατο νά πραγματοποιηθεῖ ἐδῶ.

Ἡ Ἐκκλησία εἶναι ἡ ἰσχυρότερη καί ἀρχαιότερη θεσμική ἑστία μετά τίς Ἔνοπλες Δυνάμεις. Εἶναι ὁ θεμελιώδης ἠθικός καί ὁ κατ' ἐξοχήν πνευματικός ὁδηγός τῆς νεωτέρας Ἑλλάδος. Ὡστόσο, ἡ ἱστορική ταύτισή της μέ τήν «αὐτοκρατορία»[3] καί ἡ ἀδικαιολόγητη ὑπηρετική σχέση μέ τό παλάτι ἦταν ἀδύνατο νά τήν προσανατολίσει πολιτικά ἀπέναντι στίς συντελούμενες κατακλυσμιαῖες μεταβολές. Οἱ ἱεράρχες της, παρ' ὅτι ἀσκοῦν ἀσφυκτικότατο ἐξουσιαστικό (καί οἰκονομικό[4]) ἔλεγχο (ἀπό τήν παιδεία ἕως τίς ἐκλογές), εἶναι ἡ κυρία ἡγετική ὁμάδα πού δέν γνωρίζει τί σημαίνει ἐξουσία καί ἐξουσιαστικός Λόγος[5], σέ σημεῖο πού νά συγχέουν τόν κανονισμό τοῦ μοναστικοῦ βίου μέ τήν δημόσια ζωή. Λόγω βυζαντινῆς καταγωγῆς, ἡ Ἐκκλησία συμπεριφέρεται ὡς φορέας ἐξουσίας καί δέν ἔχει καμιά σχέση μέ τό τί πράγματι εἶναι ἡ ἐξουσία στόν σημερινό κόσμο καί στήν συγκεκριμένη περιοχή. Ἡ ἱεραρχία τῆς Ἐκκλησίας, παρά τόν λαϊκό χαρακτῆρα τοῦ κηρύγματος, σέ μεγάλο βαθμό δέν ἀποδέχθηκε –καί οὔτε κατανόησε– τήν σπουδαιότητα τῆς δημοκρατικῆς τάξης. Μετά τήν μεγάλη ἀνατροπή, τήν «ἐπέμβαση» τῶν συνταγματαρχῶν στόν θρόνο, τήν μόνη «πολιτική» ἡγεσία πού ἀναγνώριζαν καί κατανοοῦσαν, οἱ ἱεράρχες κυριολεκτικά τἄχαν χαμένα. Ἡ μεγάλη πλειοψηφία συντάσσεται μέ τήν χούντα. Ὅσοι θεώρησαν ἑαυτούς ἀνάμεσα στούς «προδομένους» ἀναζήτησαν καταφύγιο στό Πατριαρχεῖο, πού ἐλέγχεται ἀπό τό τουρκικό ὑπουργεῖο προπαγάνδας. Ἄλλοι ἐστράφησαν στό πνεῦμα «τοῦ σοσιαλισμοῦ»: σκέπτονται καί ἐπιχειρηματολογοῦν σταλινικά καί μαρξιστικά[6].

Ἡ *Ἐκκλησία* εἶναι ὁ μοναδικός θεσμός πού ἀσκεῖ καθοριστική ἐπίδραση στήν διαμόρφωση πνευματικῶν συμπεριφορῶν καί ἐπιλογῶν καί οὐσιαστικά παραμένει ἔξω ἀπό κάθε κριτική, ἰδιαίτερα στήν μετεμφυλιακή περίοδο. Πίσω ἀπό ἕνα κάλυμμα θρησκευτικῆς ψευδοευσέβειας πού κατόρθωσε νά ὑψώσει ἀνάμεσα σ᾽ αὐτήν καί τήν κριτική, κρύβεται μιά βαθιά ἀποστροφή καί ἐχθρότητα πρός ὅλες τίς μορφές τοῦ πολιτικοῦ λόγου καί τῆς κριτικῆς πού βρίσκονται ἔξω ἀπό τήν ρητορεία της. Δηλώνεται μιά βαθιά ἀποστροφή σέ κάθε προσπάθεια ἐλέγχου *τῆς Ἐκκλησίας ὡς κοινωνικοῦ καί ἱστορικοῦ θεσμοῦ*, ἡ δράση τοῦ ὁποίου δέν μπορεῖ νά συγχέεται μέ τήν ἀποκαλυπτική ἀλήθεια ἤ νά καθαγιάζεται στό ὄνομά της. Κάθε κριτική ἀντιμετωπίζεται ὡς ἱεροσυλία καί ἔγκλημα καθοσιώσεως, ἀκόμα καί ὅταν πρόκειται γιά ζητήματα πού βλάπτουν τά συμφέροντα τῆς χώρας καί τήν διανοητική ἰσορροπία τῶν πιστῶν. Αὐτή ἡ κατάσταση δέν εἶναι μόνο ἀπαράδεκτη, ἀλλά ἄκρως ἐπικίνδυνη γιά τήν πνευματική ὑγεία τῶν πολιτῶν καί τήν θρησκευτικότητά τους, πού σημαίνει ἐπικίνδυνη γιά τήν ἴδια τήν ἐκκλησία. Ἡ Ἐκκλησία εἶναι πρωτίστως ἕνας ἱστορικός καί κοινωνικός θεσμός καί ὡς τέτοιος δέν μπορεῖ νά ἐξαιρεθεῖ ἀπό τήν κριτική καί τόν ἔλεγχο πού ἀσκεῖται σέ ὅλους τούς θεσμούς. Δέν ὑπάρχει καμιά δικαιολογία γιά τήν ἀσυλία ἐλέγχου καί κριτικῆς πού ἀπολαμβάνει ἡ Ἐκκλησία, ὅταν ἡ παρέμβασή της στήν συλλογική ζωή ξεπερνᾶ τήν θρησκευτική σφαῖρα καί ἀναμειγνύεται, καί μάλιστα μέ ἀπαγορευτικό τρόπο, σέ θέματα παιδείας, τέχνης, ἐσωτερικῆς καί ἐξωτερικῆς πολιτικῆς, δικαίου, οἰκονομίας κ.λπ. Ἡ Ἐκκλησία εἶναι μέν διαμεσολαβητική ὀντότητα πρός τό θεῖο, πρωτίστως ὅμως εἶναι ἱστορικός θεσμός. Ὡς ἐγκόσμιος θεσμός, ὑπόκειται σέ ἀνοικτή καί συνεχῆ κριτική, ὅπως συμβαίνει μέ ὅλους τούς ὑπολοίπους, καί δέν μπορεῖ νά ὀχυρώνεται πίσω ἀπό τούς ἀπαραβίαστους συνοδικούς καί ἄλλους «κανόνες». Ἡ ἐκκλησία εἶναι ἕνας ἀπό τούς κύριους παράγοντες τῆς πνευματικῆς ἀσφυξίας (γκέτο) τῆς νεοελληνικῆς κοινωνίας.

Γιά τήν κατάσταση αὐτή τῆς Ἐκκλησίας τήν κύρια εὐθύνη ἔχει ἡ «βυζαντινή παράδοση», τήν ὁποία ἐκπροσωπεῖ τό Πατριαρχεῖο Κωνσταντινουπόλεως. Τό Φανάρι συνειδητά ὑπονόμευσε καί ὑπονομεύει τίς προσπάθειες οἰκοδόμησης τῆς ἑλληνικῆς πολιτείας καί ἐκκλησίας ἤδη ἀπό τήν ἐποχή τῆς Ἐπανάστασης τοῦ 1821, ἐξυπηρετώντας προκλητικά τά συμφέροντα τῆς «οἰκουμενικότητας» τῆς Ὀρθοδοξίας, τά ὁποῖα κάτω ἀπό τίς συγκεκριμένες συνθῆκες ταυτίζονται μ᾽ ἐκεῖνα τῆς Τουρκίας. *Τό πατριαρχεῖο δέν εἶναι ἐλεύθερη θρησκευτική ἕδρα, ὅπως τό Βατικανό, ἀλλά ἐλεγχόμενος τουρκικός θεσμός.* Ὅταν δέν βρίσκεται συνειδητά στήν ὑπηρεσία τῆς τουρκικῆς προπαγάνδας, δέν μπορεῖ κατ᾽ οὐδένα τρόπο –ἀκόμα καί ἄν τό ἤθελε– νά ἐνεργήσει ὑπέρ τῶν ἑλληνικῶν συμφερόντων καί σίγουρα ὄχι ἀντίθετα πρός τά τουρκικά. Αὐτή ἡ ἀλήθεια ἔπρεπε νά εἶναι ὁ ὁδηγός γιά κάθε σχέση μέ τό πατριαρχεῖο. Οἱ ἀξιώσεις του περί «*πρωτοπραξίας*» σέ θέματα πού σχετίζονται μέ τά συμφέροντα τοῦ ἑλληνισμοῦ δέν εἶναι ἁπλῶς παράλογες, ἀλλά ἀνεπίτρεπτες (ὅταν δέν εἶναι προκλητικές). Οἱ ἀντιδράσεις τοῦ πατριαρχείου στήν ἵδρυση «Παγκοσμίου Συμβουλίου τοῦ Ἑλληνισμοῦ» καί τήν πρόσφατη (1996) ἀντικατάσταση τοῦ Ἀρχιεπισκόπου Ἀμερικῆς, εἶναι ἐνδεικτικές τῶν προθέσεων καί τῶν δυνατοτήτων τοῦ πατριαρχείου. Ἀπό τήν ἄλλη, κάθε φορά πού ὑπάρχουν λόγοι γιά νά ἀσκηθεῖ αὐστηρή κριτική γιά ἐνέργειες μέ σαφῶς ἀνθελληνική πρόθεση, «συμπτωματικά» οἱ «φανατικοί μουσουλμάνοι» βάζουν βόμβες στό πατριαρχεῖο, μεταθέτοντας τό ἐνδιαφέρον ἀπό τά συγκεκριμένα γεγονότα στόν οἶκτο γιά τό «μαρτυρικό» φάρο τῆς Ὀρθοδοξίας. Ἡ τακτική θυμίζει τήν συμπεριφορά καί τήν τακτική τῶν σιωνιστῶν, πού ὅταν τό Ἰσραήλ βομβαρδίζει νοσοκομεῖα τοῦ ΟΗΕ, βάζουν τόν χορό τῶν ΜΜΕ νά ψέλνει τά περί ὁλοκαυτώματος καί ὑποθέσεως Ντρέϋφους. Ἡ ἀπαράδεκτη –γιά νά ποῦμε τό λιγότερο– συμπεριφορά τοῦ Φαναρίου καί ἡ ἀδυναμία ἀντιδράσεως ἀποκαλύπτει τό μέγεθος τῆς νεοελληνικῆς κρίσης.

Οἱ ἱστορικές ἐπιλογές τοῦ πατριαρχείου, ἡ στάση του καί ἡ ἕδρα του (ἡ Πόλη) ἀποτελοῦν μιά ἀπό τίς κύριες ἑστίες ἔντασης τῆς ἑλληνικῆς ἐκκλησίας καί ζωῆς. Ἀναφέρω ἐνδεικτικά τά περιλαμβανόμενα στό ἄρθρο 3 τοῦ Συντάγματος τοῦ 1985 πού ἀναπαράγει πιστά τά διαλαμβανόμενα στό Σύνταγμα τοῦ 1844 (*«ἀναποσπάστως καὶ ἀσυγχύστως ἑνωμένη δογματικῶς μετὰ τῆς ἐν Κωνσταντινουπόλει μεγάλης ἐκκλησίας»*) καί τό ἀπαράδεκτο *«Κλῖμα τοῦ Πατριαρχείου»* τοῦ 1928, μέ τό ὁποῖο ἡ μισή Ἑλλάδα ἀποκαλεῖται *«Νέες Χῶρες»*! Εἶναι φανερό ὅτι *παρόμοιες συνταγματικές δεσμεύσεις ἀκυρώνουν τήν Ἐπανάσταση τοῦ 1821 καί τήν ἐλευθερία τῆς Ἑλλάδος!* Οἱ καλοπροαίρετοι Ἕλληνες ἱεράρχες οὐδόλως κατανοοῦν τά προβλήματα τῆς παραγωγῆς καί τῆς ἐξωτερικῆς πολιτικῆς. Τό ὑποδουλωμένο Φανάρι καί ὁ πατριάρχης ὑπάγονται στό ὑπουργεῖο προπαγάνδας καί ἐξωτερικῶν τῆς Τουρκίας καί δέν εἶναι μέ κανένα τρόπο *φάρος τῆς Ὀρθοδοξίας, ἤ θεματοφύλακας καί προστάτης τῶν συμφερόντων τοῦ γένους,* ὅπως φαντάζονται ἤ διαδίδουν ὁρισμένοι[7]. Ὑπάρχουν, βέβαια, καί πολλοί ἱεράρχες πού προτείνουν νά καταργηθεῖ τό αὐτοκέφαλο τῆς Ἐκκλησίας καί νά ὑπαχθεῖ στό τουρκικό Φανάρι! Μωραίνει Κύριος, κ.λπ.

Μετά τήν μεγάλη κρίση τῶν εἰκονομαχιῶν, πρίν δώδεκα αἰῶνες, δέν ἔγινε κανένας σοβαρός διάλογος καί κριτική στήν Ὀρθοδοξία ὅπως στήν Δύση, γιά νά ρυθμισθοῦν οἱ σχέσεις της μέ τήν πολιτεία. Ἡ Ἐκκλησία βλέπει τόν δυτικό κόσμο μέσα από τά γεγονότα τοῦ Σχίσματος καί τοῦ Fillioque. Ἡ Ἐκκλησία εἶναι προσκολλημένη σέ ἀναχρονιστικές ἀπόψεις καί συμπεριφορές, πού τήν ὁδήγησαν καί τήν ὁδηγοῦν μακριά ἀπό τά ἀληθινά προβλήματα καί τήν εὐσέβεια τῶν πολιτῶν καί τήν κατέστησαν ὑπηρετικό ὄργανο τοῦ παλατιοῦ καί τοῦ Φαναρίου. Κατανοεῖ τούς πιστούς ὡς θρησκευτικό γκέτο θρησκόληπτων καί ἰδεοληπτικῶν, ἐνῶ ἡ ἴδια βρίσκεται ἔξω ἀπό κάθε κατανόηση τοῦ κόσμου. Μετά τό παλάτι, εἶναι ὁ δεύτερος ἰσχυρός θεσμός, πού θεωρεῖ τούς πιστούς ὑπηρέτες, παραπέμποντας στό *«δοῦλοι ἡμεῖς ἐσόμεθά σοι»* τῆς Παλαιᾶς Διαθήκης (Ἱερ. 3.22). Ἡ ἑλληνική Ἐκκλησία παραβλέπει ὅτι δέν κατάγεται ἀπό τόν Σχολάριο ἤ Γεννάδιο ἤ Κουρτέση (τόν πρῶτο πατριάρχη τῆς ὑποτέλειας καί τῆς συνεργασίας μέ τόν κατακτητή καί πολέμιο τῆς Δύσης). Ἡ Ἐκκλησία τῆς Ἑλλάδος προέρχεται ἀπό τόν κλῆρο πού ταύτισε τήν ἀνάσταση τοῦ Χριστοῦ μέ τήν παλιγγενεσία καί πολέμησε δίπλα στούς ἀγωνιστές γιά τήν ἐλευθερία τό 1821. Μόνο σ' αὐτό τό πλαίσιο ἔχει νόημα καί νομιμοποιεῖται ὁ πολιτικός λόγος τῆς Ἐκκλησίας. *Ἀφετηρία τῆς νέας Ἑλλάδας καί τῆς Ἐκκλησίας της εἶναι ἡ Ἐπανάσταση τοῦ 1821,* ἀφετηρία τῆς νέας Ἐκκλησίας εἶναι ὁ Ἱερομόναχος Διονύσιος τοῦ ποιητῆ τῆς «*Γυναίκας τῆς Ζάκυνθος*», πού τόν ἀπασχολοῦν «*κάτι ὑπόθεσες ψυχικές*» καί ὄχι ἡ σύνοδος τῶν ἀρχιερέων πού ἀποκήρυξε καί ἀφόρισε «*ἐπί τοῦ ἱεροῦ θυσιαστηρίου*» τήν ἑλληνική ἐπανάσταση (ἄραγε, ἰσχύει ἀκόμα ὁ ἀφορισμός;).

Ἡ Ἐκκλησία εἶναι ὁ κύριος πόλος τῆς ἀντιδυτικῆς συμπεριφορᾶς καί τῆς ἐχθρότητας πρός τήν ἀρχαία ἑλληνική παράδοση, τήν ὁποία ταυτίζει μέ τήν εἰδωλολατρεία. Πῶς νοεῖται ἡ σύζευξη «Ὑπουργείου Παιδείας καί Θρησκευμάτων»; Πῶς μπορεῖ νά συμβιβασθεῖ ἡ σύγχρονη παιδεία μέ τήν ρητή ἀπόρριψη τῆς γνώσης ἀπό τήν Ἐκκλησία; (Βλ. τό «*Συνοδικό τῆς Ὀρθοδοξίας*»: «*ἀνάθεμα σέ ὅλους ὅσους ἀσχολοῦνται μέ τά ἑλληνικά μαθήματα*», σύμφωνα μέ τό «*ματαία ἔσται ἡ ἰσχὺς τοῦ πνεύματος ὑμῶν*» Ἠσ. 33,11). Ποιά σχέση ἔχει ἡ ἑλληνική παιδεία μέ μιά ἐκκλησία ἡ ὁποία *πολέμησε λυσσαλέα τήν ἐπιστήμη καί τήν πολιτική,* δηλ. τίς δύο κύριες προσπάθειες ἐπίλυσης τῶν προβλημάτων στίς μέρες μας; Πῶς εἶναι νοητό καί ἀνεκτό νά χαρακτηρίζεται ὁ ἑλληνισμός *«σατανικός γέλωτας»* (Ι. Χρυσόστομος) καί *«ἐγκλήματα τῆς ἑλληνικῆς φρενοβλαβείας»* (Κύριλλος Ἀλεξανδρείας) καί ἀπό τήν ἄλλη νά μιλᾶμε γιά συνέχεια τοῦ ἑλληνισμοῦ; Ποιόν ἑλληνισμό ἔχει κατά νοῦ ἡ ἐκκλησία; Στά ἁπλά αὐτά ἐρωτήματα δέν ὑπάρχουν ἀπαντήσεις, γιατί ποτέ δέν ἐξετάσθηκαν τά οὐσιαστικά ζητήματα στά ὁποῖα ἀναφέρονται.

Ἡ Ἐκκλησία ἀσκεῖ καί σήμερα μεγαλύτερη ἐπιρροή ἀπ᾽ ὅ,τι συνήθως ἀναγνωρίζεται. Ἡ ἐπίδραση καί ὁ ρόλος τῆς Ἐκκλησίας εἶναι περισσότερο καθοριστικός ἀπ᾽ ὅ,τι ἀφήνει νά ἐννοηθεῖ ἡ ἐκκωφαντική ἀερολογία κομμάτων καί «διανοουμένων». Μετά τήν κατάργηση τοῦ θρόνου καί τήν ἀπαξίωση τῶν Ἐνόπλων Δυνάμεων, θά ἔλεγε κανείς *ὅτι ὁ ὅρος «δεξιά» ἔχει ἐφαρμογή κυρίως στήν Ἐκκλησία καί τό σῶμα πού συνδέεται μαζί της.* Ἡ Ἐκκλησία εἶναι αὐτή τήν στιγμή ἑστία συντηρήσεως τοῦ «πνεύματος» τῆς δεξιᾶς. Εἶναι ἡ κύρια πηγή ἰδεῶν καί στελεχῶν, τά ὁποῖα πολιτικά προπαγανδίζουν τήν ἐπιστροφή τοῦ κομματάρχη-βασιλιᾶ, τήν ἀντιευρωπαϊκή στάση καί τήν ὑποταγή στό Φανάρι. Μεταπολιτευτικά, γύρω ἀπό τό πατριαρχεῖο συσπειρώνονται οἱ δυνάμεις τοῦ παλατιοῦ καί ἑνός κύκλου ἐφοπλιστῶν πού συμπλέουν μέ τά τουρκικά συμφέροντα. Ἡ Ἐκκλησία ὑπηρέτησε τήν χούντα μέ τόν ἴδιο ζῆλο πού ὑπηρέτησε καί τό παλάτι. Στό λόγο τῆς Ἀνατολικῆς Ὀρθόδοξης Ἐκκλησίας μποροῦν νά ἀνιχνευθοῦν τά κυριότερα στοιχεῖα (θετικά καί, κυρίως, ἀρνητικά) τοῦ νεοελληνικοῦ λόγου. Περιορίζομαι στά πλέον χαρακτηριστικά παραδείγματα:

ή μαρτυρολογία καί ὁ ἀπομονωτισμός πού ὑποστηρίζει μέ πάθος ή «ἀριστερά» εἶναι στενά συνδεδεμένη μέ τόν λόγο τῆς νεορθοδόξου ὑποτέλειας πού προωθεῖ ή ὀρθόδοξη ἐκκλησία καί τό Φανάρι. Ὁ «σοσιαλιστικός» ἤ «προλεταριακός διεθνισμός» καί ή «ὀρθόδοξη οἰκουμενικότητα» (δηλαδή, ή ἄρνηση τοῦ ἔθνους) ἔχουν στενές συγγένειες. Ἡ ἀντιδυτική στάση τῆς «ἀριστερᾶς» συνδέεται εὐθέως μέ τήν ἀντιδυτική συμπεριφορά τῆς Ὀρθοδοξίας. Ἡ ἀπόρριψη καί ἀπαγόρευση κάθε κριτικῆς συνδέεται στενά μέ την ἀπόρριψη τῆς κριτικῆς ἀπό τήν Ἐκκλησία. Ὁ ραγιαδισμός καί ὁ ἐγχώριος φασισμός «ἀριστερῶν» καί «δεξιῶν» καθοδηγητῶν συνδέεται στενά μέ τήν ἀξίωση τυφλῆς ὑποταγῆς στά «ἱερά» κείμενα, δηλ. τίς στρατηγικές σκοπιμότητες (σέ διάφορες φάσεις τοῦ Βυζαντίου) τῶν συνοδικῶν ἀποφάσεων καί τίς ἀσυναρτησίες τοπικῶν ἐπισκόπων. Ἄν ή Ἐκκλησία δέν εἶχε προετοιμάσει τό «πνευματικό» ἔδαφος, θἆταν ἀδύνατο ὄχι νά ἑδραιωθοῦν, ἀλλά καί νά ἐκφωνηθοῦν δημοσίως οἱ «ἐθνικοφρονικές» καί οἱ «σοσιαλιστικές» συνθηματολογίες.

Ἡ ἐσωτερική κατοχή πού ἐπέβαλε ή Ὀρθόδοξη Ἐκκλησία καθοδηγούμενη ἀπό τό Φανάρι, τό παλάτι καί μιά συγκεκριμένη τοκογλυφική καί ἀντιπαραγωγική οἰκονομική ὀλιγαρχία, ὑπῆρξε τόσο καθοριστική πού ἔθεσε ὑπό διωγμό κάθε δημιουργική ἑστία καί κάθε ἑστία μέ κριτική διάθεση. Ἡ ἑλληνική ζωή καταδυναστεύθηκε κατά τόν προκλητικότερο τρόπο ἀπό τό παλάτι, τό Φανάρι, τήν Ἐκκλησία καί ἀπό μιά τυχοδιωκτική ἄρχουσα τάξη, σέ βαθμό πού μποροῦμε νά μιλᾶμε γιά μόνιμη πνευματική ἀναπηρία καί ἐθνικό ἔγκλημα.

*

Τά ἀποτελέσματα τῆς πνευματικῆς ἐρήμωσης καί ἀναπηρίας πού ἑδραίωσε ὁ μεταφυσικός διαμεσολαβητής –ἡ ἐκκλησία– ἐμφανίζονται σαφέστερα στόν ἐγκόσμιο: στόν μεταπολιτευτικό Τύπο.

Ὁ Τύπος εἶναι ἐξ ὁρισμοῦ ὁ σημαντικότερος συμβολικός διαμεσολαβητής μεταξύ ἡγετικῶν ἤ κυβερνητικῶν ὁμάδων (ἐξουσίας) καί πολιτῶν. Εἶναι ἐπίσης τό μέσο «ἐπικοινωνίας», τό μέσο μετάδοσης εἰδήσεων καί πληροφοριῶν σέ ὅλα τά ἐπίπεδα καί σέ ὅλες τίς σφαῖρες τῆς κοινωνικῆς ζωῆς. Ἡ σπουδαιότητά του καθίσταται ἀκόμα μεγαλύτερη καί οὐσιαστικότερη, ἄν ληφθεῖ ὑπ᾽ ὄψιν ὅτι ὁ Τύπος εἶναι τό βῆμα τοῦ δημοσίου διαλόγου, τῆς δημοσίας κριτικῆς, εἶναι φορέας κύρους καί συνεπῶς φορέας ἐξουσίας. Εἶναι τό μέσο προβολῆς ἀνθρώπων, προϊόντων, ἔργων καί ἀξιῶν, ἀλλά καί τό κατ᾽ ἐξοχήν ὄργανο δημοσιοποίησης στρατηγικῶν ἐπιλογῶν, ἐξωτερικῆς πολιτικῆς, καί ἐν τέλει εἶναι ὁ ζωντανός θεσμός πού ἐκφράζει τήν ἐθνική συνείδηση[8]. Θά μποροῦσε νά εἰπωθεῖ ὅτι μετά τήν δημόσια ἐκπαίδευση καί τήν θρησκευτική ἀγωγή, ὁ Τύπος ἔρχεται πρῶτος στήν σειρά ὡς παράγοντας συγκρότησης τῆς πολιτικῆς καί κοινωνικῆς συνείδησης. Ἡ παρουσία του εἶναι μόνιμη καί συνεχής καί ἀποτελεῖ τόν κύριο συμβολικό θεσμό μέ τόν ὁποῖο τό μεγαλύτερο μέρος τῆς κοινωνίας ἔρχεται σέ καθημερινή ἐπαφή. Τό Σύνταγμα, τά θρησκευτικά κείμενα, ἡ νομοθεσία, ἡ λογοτεχνική παραγωγή, τά καλλιτεχνικά ἔργα, ἡ ἱστορία, ἡ παράδοση καί ἡ ἐπιστημονική γνώση πού συγκροτοῦν τό πνευματικό σύμπαν παραμένουν γιά τόν μέσο πολίτη –μετά τή ἐγκύκλια ἐκπαίδευση– ἕνας ἄγνωστος κόσμος. Ἡ «ἐμπειρική πραγματικότητα» μέ τήν ὁποία εἶναι ἐξοικειωμένος ὁ μέσος πολίτης καί μέ τήν ὁποία ἔχει καθημερινή ἐπαφή εἶναι ὁ Τύπος (στόν ὅρο συμπεριλαμβάνονται καί τά λεγόμενα ὀπτικο-ακουστικά ΜΜΕ). *Δέν θἆταν ὑπερβολικό νά πεῖ κανείς ὅτι ἡ συνείδηση (ἱστορική, πολιτική, κοινωνική κ.λπ.) τοῦ μέσου ἀνθρώπου καθορίζεται ἀπό μιά «ἐμπειρική πραγματικότητα» ὅπως περιγράφεται ἀπό τόν καθημερινό Τύπο καί τά ΜΜΕ.*

Ἡ ζωή σέ ὅλα τά ἐπίπεδα διαμεσολαβεῖται συμβολικά. Μεγάλο μέρος αὐτῆς τῆς διαμεσολάβησης καλύπτει ὁ Τύπος. Ἡ διαμεσολαβητική του σπουδαιότητα αὐξάνει δεδομένου ὅτι ὁ χαρακτῆρας του δέν προκύπτει ἀποκλειστικά ἀπό τό ποιός εἶναι ὁ ἰδιοκτήτης καί «τί γράφει», ἀλλά σέ ποιόν ἀπευθύνεται. Εἶναι ἀποκαλυπτικός τῶν προτιμήσεων, τῶν ἐπιθυμιῶν καί τῶν ἐπιλογῶν μεγάλων κοινωνικῶν στρωμάτων, τά ὁποῖα οὐσιαστικά ἐπιβάλλουν ὡς «κτήτορες» (μέ τήν βυζαντινή ἑρμηνεία τοῦ ὅρου) τήν ἄποψή τους καί τό ἐπίπεδο τῆς ἐφημερίδας, καί ἀπό τήν ἄλλη γίνονται τό ὄργανο χειρισμοῦ τῆς «κοινῆς γνώμης». Ἡ σχέση Τύπου-κοινοῦ εἶναι ἡ πλέον ἐμφανής καί δημοσία σχέση ἀμφίδρομης ἀλληλεπίδρασης καί ἀλληλοεπηρεασμοῦ.

Αὐτή ἡ ἰδιάζουσα θέση, ὁ ρόλος καί ἡ δύναμη τοῦ Τύπου τοποθετεῖ τόν ἑλληνικό Τύπο –κυρίως τόν ἀθηναϊκό– σέ ἐντελῶς ξεχωριστή κατηγορία καί ἀξιώνει ἰδιαίτερη μελέτη. Ἐδῶ μόνο συνοπτικά μποροῦμε νά παρατηρήσουμε, ὅτι ὁ μεταπολεμικός ἑλληνικός Τύπος δέν ἀποτελεῖ τυπικό δεῖγμα τοῦ εἴδους του, ὅπως λειτουργεῖ καί τόν κατανοεῖ ἱστορικά ἡ Δύση, δηλαδή ὡς φορέας τῆς ἐθνικῆς συνείδησης καί ὡς οὐσιαστικό βῆμα τοῦ δημοσίου κριτικοῦ διαλόγου τῶν ἡγετικῶν ὁμάδων. Ὁ μεταπολιτευτικός Τύπος δέν ἀνήκει καί οὔτε μπορεῖ νά συγκαταλεγεῖ στίς μορφές συνείδησης τοῦ ἔθνους ἤ τῶν συγκεκριμένων κοινωνικῶν στρωμάτων, ὅπως συμβαίνει μέ τόν ἀνάλογο τῆς Εὐρώπης ἤ ἀκόμα καί τόν ἑλληνικό στήν ἐποχή τῆς ἵδρυσης τοῦ νεοελληνικοῦ ἔθνους. Ὄχι μόνο δέν μπορεῖ νά ἀναγνωρίσει κανείς σ᾽ αὐτόν τούς κανόνες σύστασης καί λειτουργίας τοῦ ἐν γένει συμβολικοῦ συστήματος στό ὁποῖο ἀνήκει, ἀλλά οὔτε κἄν τούς στοιχειώδεις κανόνες τῆς ἠθικῆς τῆς δημοσιογραφίας (αὐτό πού συνήθως ὀνομάζουν μέ τήν βαρύγδουπη λέξη «δεοντολογία»).

Ὅλως ἀντιθέτως, ὁ ἑλληνικός Τύπος ἀποτελεῖ μιά ἐγχώρια μορφή παραπληροφόρησης, ἀπόκρυψης, ἐκβιασμῶν, χυδαιότητας, φανατισμοῦ καί ἄγνοιας *ἡ ὁποία καθοδηγεῖ ὅλες τίς μορφές τῆς ἀσφυκτικῆς ἀπομόνωσης (τοῦ γκέτο) καί τῆς κοινωνικῆς σύγκρουσης στήν μετεμφυλιακή Ἑλλάδα.* Συνδυάζει τήν ὀρθόδοξη μισαλλοδοξία καί τήν βυζαντινή ρητορεία, στήν ὁποία ὁ λόγος δέν ἔχει καμιά σχέση μέ τόν κόσμο καί τά φαινόμενα πού περιγράφει. Ἀπαιτεῖται εἰδική ἀποκρυπτογραφική δεξιοσύνη γιά νά γίνουν κατανοητές οἱ κωδικές σημασίες πού ἀπέκτησαν μεταπολιτευτικά παλιές ἔννοιες καί κοινές ἀλήθειες. Στόν μεταπολιτευτικό Τύπο «πολιτική» σημαίνει ἀπροκάλυπτη προπαγάνδα κομμάτων καί ὁμάδων. «Ἐνημέρωση», πληρωμένη διαφήμιση ἤ κατευθυνόμενη προβολή. «Εἰδήσεις», μαύρη δημοσιογραφία (ἐγκλήματα, ἐκβιασμοί, σκάνδαλα, ἡ ζωή τῆς νύχτας, κ.λπ.). «Διεθνεῖς εἰδήσεις», περιδιάβαση σέ λειμῶνες ἀξιοπερίεργων συμβάντων, χωρίς στρατηγική, χωρίς σκοπό καί χωρίς ὄργανο κατανόησης τοῦ κόσμου, ἤ –ὅπερ καί τό συνηθέστερο– ἀνέξοδη προώθηση τῆς διεθνοῦς προπαγάνδας. «Διάλογος» σημαίνει ἀλληλοεκβιασμός γιά τήν συμμετοχή στήν λεηλασία τοῦ δημοσίου χρήματος. «Δικαίωμα στήν ἐλευθεροτυπία», ἀχαλίνωτος λαϊκισμός μέ τήν συμπαράσταση «διανοουμένων». Μέ τούς ὅρους «παιδεία» καί «πολιτισμός» νοεῖται ἡ κομματική προπαγάνδα, τά εἰσαγόμενα συνθήματα καί οἱ «καλλιτέχνες» τῆς νύχτας. Ἰδιοκτῆτες ἐφημερίδων καί δημοσιογράφοι κατανοοῦν τόν ρόλο τους ὡς ὑποκατάστατο τῆς ἀστυνομίας καί τῆς δικαιοσύνης, συγχέοντας τήν αὐθαιρεσία μέ τήν ἀναζήτηση τῆς ἀληθείας καί τήν ἀδιακρισία μέ τήν κριτική δημοσίων προσώπων καί πράξεων. Ὁ ἑλληνικός Τύπος, ὅταν δέν εἶναι ἁπλῶς «κίτρινος», εἶναι ὁ κατ᾽ ἐξοχήν φορέας τοῦ ἱστορικοῦ ψεύδους, τῆς κοινωνικῆς ἐξαπάτησης καί τῆς αὐτοκοροϊδίας. Ὁ ἐκχυδαϊσμός τοῦ Τύπου δέν περιορίζεται μόνο στόν «λαϊκό», ἀλλά καλύπτει ὁλόκληρη τήν γκάμα: ἀπό τόν «ἀστικό» μέχρι τόν «ἐπαναστατικό» τῶν ἰδιοκτητῶν τῆς «κουλτούρας καί τῆς χειραφέτησης». Ὁ ἑλληνικός Τύπος δέν ἀνήκει στήν λεγομένη τετάρτη ἐξουσία, ἀλλά στήν «παραεξουσία», μέ τήν ἔννοια ὅτι *ἐκφράζει τήν νοοτροπία καί τά συμφέροντα τῶν εὐνοημένων τῶν καιρῶν, πού ὑποδύονται τίς ἡγετικές ὁμάδες.* Ὑπ᾽ αὐτή τήν ἔννοια, στό θέμα τῆς συνειδητοποίησης τοῦ ρόλου πού καλοῦνται νά παίξουν μεταπολιτευτικά ἐν σχέσει πρός τήν ἀλλαγή τοῦ ἀνωτάτου ἄρχοντα, οἱ ἐφημερίδες δέν μποροῦν νά διακριθοῦν ἀπό τήν ἀνάλογη συμπεριφορά (καί τήν τύχη) τῶν ὁμάδων πού ἐκπροσωποῦν.

Ἡ ἱστορία τῶν ἐπιμέρους ἐφημερίδων εἶναι ἀποκαλυπτική αὐτῆς τῆς στάσης. Οἱ ἐφημερίδες πού ἀποσύρθηκαν καί ἐμφανίσθηκαν πρίν καί κατά τήν Μεταπολίτευση ἀνταποκρίνονται ἀκριβῶς σ᾽ αὐτό τό πνεῦμα. Θά σταθῶ σέ δυό χαρακτηριστικά παραδείγματα. Ὁ «*Ἐλεύθερος Κόσμος*» ἔκλεισε σχεδόν τήν ἴδια μέρα πού κατέρρευσε ἡ χούντα. Στήν ἄλλη ἄκρη βρίσκεται ἡ Ἑ. Βλάχου, ἡ ὁποία ἔκλεισε τήν ἐφημερίδα κατά τήν διάρκεια τῆς ἐκτροπῆς καί ἀκολούθησε τόν βασιλιά μέχρι τό Λονδίνο, «προβάλλοντας ἀντίσταση στή χούντα τῶν Συνταγματαρχῶν», τούς ὁποίους μάλιστα ὁρκίστηκε νά κρεμάσει. Ἡ διευθύντρια τῆς ἐφημερίδας δέν κατάλαβε οὔτε γιατί ἔγινε τό πραξικόπημα, οὔτε γιατί «ἔπεσε» ὁ βασιλεύς. Ἡ ἰδιοκτήτριά της, ὅταν πλέον πείσθηκε ὅτι τό παλάτι θά «ἀργοῦσε» νά ἐπιστρέψει (λίγο ἀργοπορημένα διαπιστώθηκε ὅτι οἱ διαβεβαιώσεις τῶν Ἄγγλων «συμβούλων» καί «συμμάχων» δέν ἦταν παρά μιά διπλωματική ἀπάτη), ἀπογοητευμένη παρέδωσε τήν «*Καθημερινή*» στά χέρια τοῦ Γ. Κοσκωτᾶ, ὁ ὁποῖος παρά τήν ἰσχύ τῆς πέμπτης ἐξουσίας πού διέθετε (ἡ τετάρτη εἶναι ἡ Ἐκκλησία), κατέληξε στήν φυλακή. Περιττό, βέβαια, νά μιλήσουμε γιά τά ἀποκλειστικῶς κομματικά ὄργανα, τά παρουσιαζόμενα ὡς «ἐφημερίδες» τίς ὁποῖες διαβάζουν μόνο οἱ «διανοούμενοι» πού τίς γράφουν καί τίς πληρώνουν αὐτοί πού δέν τίς διαβάζουν[9].

Ὁ χαρακτῆρας τοῦ ἑλληνικοῦ Τύπου ἀλλά καί ἡ ἀντίδραση στό ἐξεταζόμενο θέμα ἀποκαλύφθηκαν σέ ὅλο τους τό βάθος μέ τά γεγονότα τοῦ θέρους τοῦ 1989, μέ τά ὁποῖα ἐπιχειρήθηκε ἡ ἀνατροπή τοῦ Ἀ. Παπανδρέου. Ἡ χυδαιότητα, ἡ ψευδολογία, ἡ συκοφαντία, ἡ σκανδαλολογία καί ἡ ρυπαρότητα τῆς «ἐνημέρωσης» τοῦ θέρους τοῦ '89 ξεπέρασε κάθε προηγούμενο, ἀκόμα καί τήν μαύρη δημοσιογραφία ἐπί χούντας μέ τό «νερό τοῦ Καματεροῦ». Τό γεγονός αὐτό δέν ἐνόχλησε κανένα. Ὅταν πιά ἐπετεύχθη ὁ σκοπός, ἡ παραπομπή τοῦ πρωθυπουργοῦ στό «Εἰδικό Δικαστήριο», ὅλα τά κακά ἀποδόθηκαν στόν «αὐριανισμό». Ἡ ἀγανάκτηση καί ἡ ὀργή ξέσπασε συντονισμένα κυρίως ἀπό τόν «προοδευτικό» λαϊκισμό ἐνάντια σέ μιά συγκεκριμένη ἐφημερίδα. Ἡ ντροπή καί ἡ δημόσια ἐξαχρείωση ἐπιχειρήθηκε νά μετατεθεῖ στό «μαῦρο» πρόβατο.

Πρέπει νά τονισθεῖ ὅτι αὐτή τήν στιγμή δέν ὑπάρχει γνησίως ἀντικειμενική καί δημοκρατική ἐφημερίδα, ἐφημερίδα μέ πανελλήνιο κῦρος, πού νά εἶναι φορέας τῆς ἐθνικῆς συνείδησης (δηλαδή, τῆς ἐθνικῆς συνοχῆς). Δέν ὑπάρχει ἔγκυρο δημοκρατικό ἔντυπο πού νά προωθεῖ τόν κριτικό διάλογο καί τά καλῶς νοούμενα συμφέροντα τοῦ ἔθνους καί τῶν πολιτῶν του, ὅπως συμβαίνει σέ ὅλα τά εὐρωπαϊκά ἔθνη. Κι ἀκόμα περισσότερο, δέν ὑπάρχει ἔντυπο πού νά ἐξετάζει μέ σοβαρότητα καί ἐγκυρότητα τά προβλήματα τοῦ σύγχρονου κόσμου –συνεργαζόμενο μέ τόν ἀντίστοιχο δυτικό Τύπο– καί νά ἀναλύει τήν στρατηγική τῶν χωρῶν πού συνδέονται ἄμεσα μέ τά δικά μας συμφέροντα. Δέν ὑπάρχει περιοδικό ὅπου νά μπορεῖ νά ἀσκηθεῖ κριτική στό δεσπόζον σταλινικό μοντέλο (δηλαδή, στήν ἐξεταζομένη κρίση), πού λυμαίνεται ἐπικινδύνως καί χωρίς κριτική τήν ἑλληνική κοινωνία. Αὐτό πού προτείνεται ὡς «κριτική» καί πολιτικός Λόγος δέν εἶναι παρά ἕνας ἀκατάσχετος λαϊκισμός ὅλων τῶν διαβαθμίσεων καί ὅλων τῶν ἀποχρώσεων. Ἡ ὑπεύθυνη, ἀμερόληπτη καί αὐστηρή κριτική, ὅταν δέν ἀποκλείεται ἐκ τῶν συνθηκῶν, ἀντιμετωπίζεται μέ ἄκρα ἐχθρότητα. Ἡ τακτική φίμωσης εἶναι γνωστή ἀπό τά ὁλοκληρωτικά καθεστῶτα καί ἀκολουθεῖται μέ θρησκευτική εὐλάβεια: ἡ ἀλήθεια, ὅταν δέν ἀντιμετωπίζει τήν συντονισμένη ἐχθρότητα, τήν συκοφαντία καί τήν σιωπή, ἐπιχειρεῖται ἡ γελοιοποίησή της. Χαρακτηριστική εἶναι ἡ περίπτωση ἀντιμετώπισης ἀνεξάρτητων ἐκδοτῶν[10] ἀπό τόν ὀργανωμένο «προοοδευτικό» τύπο. Σ' ἕνα κλῖμα ἐπιφανειακῆς ἐλευθερίας τοῦ Τύπου, ἡ ζωή ἀστυνομεύεται, τρομοκρατεῖται καί γελοιοποιεῖται κατά τρόπο πού δέν συνέβαινε οὔτε σέ καιρό κατοχῆς. Τήν ἴδια στιγμή, ἔχοντας ἑδραιώσει ἕνα εἶδος σιωπηρᾶς συμφωνίας, βασισμένης στή συνενοχή, ἀποφεύγεται ὁποιαδήποτε κριτική μεταξύ τῶν διαφόρων ἐντύπων.

Ἡ ἀπουσία ἀληθῶς δημοκρατικοῦ κριτικοῦ πνεύματος καί ἐνημερωτικῶν ἑστιῶν ἐπέβαλε εἰδικό καταμερισμό. Ἡ «ἀριστερά» ἀνέλαβε τά πραγματικά ἤ ὑποτιθέμενα πολιτικά καί πνευματικά ζητήματα σέ ὅλους τούς πνευματικούς χώρους, ἀσκώντας ἀνεμπόδιστα τόν πνευματοκτόνο ρόλο της, ἐνῶ ἡ «δεξιά» ἀσχολεῖται μέ τήν «καλλιτεχνική» ζωή τῆς νύχτας. Δέν ὑπάρχει ἐφημερίδα πού νά σέβεται τίς πνευματικές δυνάμεις τοῦ τόπου. Τά περί πνευματικοῦ κόσμου καί πνευματικῆς δραστηριότητας παραπέμπουν καί ὑπάγονται ἀπ᾽ εὐθείας στήν «πολιτιστική» κίνηση τῶν κομμάτων, δηλαδή στόν θάνατο τῆς πνευματικῆς ζωῆς. Ἀπό τήν ὕλη τῶν ἐφημερίδων καί τῶν περιοδικῶν ἐντύπων ἀπουσιάζει τό βῆμα ἐλευθέρων στοχαστῶν, οἱ στῆλες κριτικῆς τῆς λογοτεχνίας καί τῆς τέχνης, οἱ ἀπόψεις ἐγκύρων σχολιαστῶν καί εἰδικῶν. Οἱ ὑπεύθυνοι «δημοσίων σχέσεων» τῶν διαφόρων εἰσαγομένων πνευματικῶν προϊόντων (ἐκδότες, εἰσαγωγεῖς ταινιῶν, γκαλερίστες, κ.λπ.) παραδίδουν στούς «δημοσιογράφους» καί στούς «κριτικούς», μαζί μέ τό «φακελάκι», καί τό ἐνημερωτικό ὑλικό πρός δημοσίευση, ἐνῶ ὅταν πρόκειται γιά ἐγχώρια παραγωγή (καλλιτεχνική, λογοτεχνική, μουσική κ.λπ.) προηγεῖται ἡ κομματική ἔγκριση. Μιά ἁπλή σύγκριση τῶν θεμάτων καί τοῦ τρόπου πού τά ἐπεξεργάζονται οἱ συντάκτες τῶν προπολεμικῶν φύλλων καί τῶν σημερινῶν ἀποκαλύπτει ἀμέσως τήν διαφορά καί τήν ἔκπτωση. Εἶναι ἡ πρώτη φορά στήν ἱστορία τῆς νεωτέρας Ἑλλάδος, ὅπου οἱ ποιητές ἐπιδεικνύουν τήν κομματική τους ταυτότητα καί ἡ πνευματική ζωή ἐλέγχεται, καθοδηγεῖται καί λογοκρίνεται ἀπ᾽ εὐθείας ἀπό τά κόμματα. Καί αὐτά, στά ἰδιωτικά μέσα ἐνημέρωσης. Στά κρατικά ἡ κατάσταση θυμίζει σταλινική Ρωσία στά χρόνια τοῦ μεσοπολέμου. Αὐτή δέν εἶναι ἁπλῶς μία ἀνάμεσα στίς ἄλλες ἀδυναμίες. Πρόκειται γιά μείζονα πνευματική ἀναπηρία, πού χαρακτηρίζει τήν ἑλληνική κοινωνία ώς γκέτο. Εἶναι δηλωτική τῶν καταστροφικῶν διαδικασιῶν πού ἐτέθησαν σέ κίνηση ἀπό τήν ἐποχή τοῦ ἐμφυλίου.

*

Ἐνδιαφέρον, ὡς ἐξαίρεση, παρουσιάζει ἡ δημοσιογραφική ἑστία, πού φέρεται ὡς ὁ κύριος ἐκπρόσωπος τῆς «φιλελεύθερης» μερίδας, ὅπου ἀποκαλύπτονται ἀνάγλυφα ὅλες οἱ ἀντιφάσεις τῆς νεοελληνικῆς κοινωνίας, ἡ πνευματική ἐμπλοκή, ἡ σύγχυση καί ἡ ἐκτρωματική σχέση μέ τήν Δύση. Ὁ Τύπος αὐτῆς τῆς περιοχῆς προτείνεται ρητά ὡς φορέας τῆς ἀστικῆς συνείδησης καί *ρητή φιλοδυτική ἑστία.* Ἕνα εἶδος ἀπάντησης τῶν κληρονόμων τοῦ Διαφωτισμοῦ στούς ὑποστηρικτές τῆς «καθ' ἡμᾶς Ἀνατολῆς», χωρίς ὡστόσο νά διευκρινίζεται σέ ποιά «Δύση» γίνεται ἡ παραπομπή. Οἱ λόγοι αὐτῆς τῆς διαφοροποίησης εἶναι πολύ συγκεκριμένοι καί μποροῦν νά ἀνιχνευθοῦν τόσο στήν ἐσωτερική κατάσταση ὅσο καί στήν σχέση τῆς Ἑλλάδος μέ τήν Δύση. Θά σταθοῦμε ἐν τάχει στά βασικά σημεῖα.

Πρέπει νά σημειωθεῖ ὅτι ἡ *φιλοδυτική* μερίδα τῆς νεοελληνικῆς κοινωνίας δέν ἔπαψε ποτέ νά ὑπάρχει στήν Ἑλλάδα ἀπό τήν ἐποχή τοῦ Πλήθωνα τοῦ Γεμιστοῦ, τοῦ Βησσαρίωνα[11] καί τοῦ τελευταίου Παλαιολόγου. Ἡ μερίδα αὐτή διαθέτει ἱκανή δύναμη, παρά τήν ἀντίδραση τῆς ἰσχυρότατης πτέρυγας τοῦ θρησκευτικο-στρατιωτικοῦ ἰδεολογήματος πού τήν κρατᾶ στήν ἀντιπολίτευση. Ὁ ρόλος της ὑπῆρξε καθοριστικός στήν διαμόρφωση τῆς νεωτέρας μας ἱστορίας, συνδεόμενη μέ ὀνόματα ὅπως τοῦ Χ. Τρικούπη καί τοῦ Ἐλ. Βενιζέλου, τοῦ Σολωμοῦ καί τοῦ Κάλβου, κ.λπ. Εἶναι αὐτή ἡ μερίδα πού στηρίζει τόν κύριο δημοσιογραφικό της ἐκπρόσωπο, ἀκόμα καί ὅταν οἱ τρέχουσες ἐπιλογές του ἔρχονται σέ ὁλοφάνερη ἀντίθεση μέ τούς μόνιμους προσανατολισμούς τῆς φιλοδυτικῆς τάξης. Ἀκόμα καί ὅταν ἡ διάσταση ἀνάμεσα στίς πράξεις καί στίς διακηρύξεις εἶναι περισσότερο ἀπό ἔκδηλη, ἡ φιλοδυτική μερίδα στηρίζει καί συσπειρώνεται γύρω του, βλέποντας στήν ἀντιπέρα ὄχθη τόν ἐφιάλτη ἑνός ἱστορικοῦ ὑποκόσμου. Ἡ παράδοση αὐτή δικαιολογεῖ καί τό κῦρος πού διαθέτει. Καί δέν πρόκειται γιά τό νόμιμο κῦρος πού διαθέτουν καί διακινοῦν λίγο ὥς πολύ ὅλα τά μέσα ἐνημέρωσης. Καμιά ἄλλη ἐφημερίδα, κανένα ἄλλο ἔντυπο, καμιά ἄλλη πνευματική ἑστία δέν ἔχει αὐτή τήν δύναμη καί αὐτή τήν ἀποτελεσματικότητα. Δέν θἆταν ὑπερβολή νά πεῖ κανείς ὅτι πολιτικοί, ἀκαδημαϊκοί, καλλιτέχνες, λογοτέχνες, δημοσιογράφοι, κ.λπ. ἀναγνωρίζονται ὡς τέτοιοι μόνο μέσω τοῦ ἐκπροσώπου τῆς ὑποτιθέμενης ἀστικῆς τάξης. Ἰδέες καί κινήματα, νεολογισμοί καί κάθε εἴδους «πρωτοπορίες» καί «ἐπαναστάσεις» εἰσάγονται καί νομιμοποιοῦνται κυρίως ἀπ᾽ αὐτή τήν μερίδα τοῦ Τύπου. Καμιά ἄλλη ἐφημερίδα, καί θά ἔλεγε κανείς οὔτε ὅλες μαζί δέν διαθέτουν τό κῦρος του. Ἡ «καθ᾽ ἡμᾶς Ἀνατολή», παρά τήν δεσπόζουσα θέση της – κι αὐτή εἶναι ἡ μεγίστη νεοελληνική παραδοξολογία– ἀδυνατεῖ νά προσδώσει κῦρος σέ ἄτομα καί ἔργα. Ἐνῶ κομπάζει γιά τήν ἰδιαιτερότητά της καί τήν «ἀνωτερότητα» ἤ τήν «αὐθεντικότητά» της, ἐνῶ διαδηλώνει μέ ὅλους τούς τρόπους τήν ἀποστροφή της γιά τούς δυτικόφερτους τρόπους, εἶναι ἀνίκανη νά ἀξιολογήσει ὁποιοδήποτε ἔργο ἤ πράξη: «*ἄν παραμερίσουμε τό κῦρος τῆς φωνῆς του, ὑπάρχει τάχα τίποτε πιό ξενόφερτο ἀπό τήν τέχνη τοῦ Κάλβου;*», παρατηρεῖ ὁ «ἑλληνοκεντρικός» Σεφέρης[12], ἀποδεικνύοντας τήν ἀνικανότητα αὐτονοηματοδότησης, δηλ. τήν ἀνελευθερία τῶν νεοελλήνων. Τούς τίτλους σπουδαιότητας καί σημαντικότητας ἐκδίδει ἡ Δύση. Ἡ πολυπόθητη «ἀναγνώριση» (πτυχία καί τίτλοι) ἀνθρώπων καί ἔργων ἔρχεται ἀπό τήν Δύση. Ὁ ἰδιόμορφος αὐτός «ἑλληνοκεντρισμός» (δηλαδή ἐπαρχιώτικη ἄγνοια, καί ἀβουλία μετ᾽ αὐταρεσκείας) καί ἡ ταυτόχρονη ἀδυναμία ἀξιολόγησης ὁποιασδήποτε κατηγορίας ἔργου (ἐπιστημονικοῦ, καλλιτεχνικοῦ, λογοτεχνικοῦ, τεχνολογικοῦ, φιλοσοφικοῦ κ.λπ.) συνιστᾶ ἕνα εἶδος ἔμμεσης ἀναγνώρισης τῶν «ἐκπροσώπων» τῆς Δύσης, στούς ὁποίους ἀναθέτει αὐτό τό ἔργο. Εἶναι αὐτή ἡ «μυστική» πηγή, ὅπως θά ἔλεγε καί ὁ ποιητής τῆς «*Στέρνας*», ἀπό τήν ὁποία ἀντλεῖ τήν δύναμή της ἡ φιλοδυτική πτέρυγα τοῦ νεοελληνικοῦ Τύπου.

Ἕνα ἄλλο, ἐξίσου οὐσιαστικό στοιχεῖο, πού ἐξασφαλίζει τήν δεσπόζουσα θέση, ἀλλά καί τό κῦρος του, βρίσκεται στό γεγονός ὅτι ἀπευθύνεται συνειδητά ὄχι στόν μέσο ἀναγνώστη, ἀλλά στίς πραγματικές ἤ ὑποτιθέμενες ἡγετικές ὁμάδες τῆς νεοελληνικῆς κοινωνίας, μέ προεξάρχουσες τίς πολιτικές. Εἶναι ἡ μόνη δημοσιογραφική ἑστία ἡ ὁποία ἔχει ἐπίγνωση ὅτι ὁ Τύπος δέν ἀπευθύνεται στόν καθημερινό ἀναγνώστη (αὐτός εἶναι τό ἄλλοθι), ἀλλά πρωτίστως στίς ἡγετικές ὁμάδες καί κυρίως στούς ἐκπροσώπους τους. Εἶναι τό κατ᾽ ἐξοχήν δημοσιογραφικό κέντρο στήν Ἑλλάδα πού ἐνεργεῖ ἔχοντας πλήρη συνείδηση ὅτι ὁ Τύπος συνδιαλέγεται κατ' ἀρχάς μέ τίς ἡγετικές ὁμάδες καί δευτερευόντως μέ τούς πολῖτες. Καί εἶναι αὐτή ἡ λειτουργία πού προσδίδει στόν Τύπο τήν κοινωνική δύναμη. Ὁ Τύπος εἶναι τό βῆμα διαλόγου καί ἐπικοινωνίας (διαμεσολάβησης) τῶν ἐπιτελικῶν στελεχῶν, εἶναι τό μέσο ὅπου δημοσιοποιοῦνται οἱ κεντρικές ἐπιλογές καί ἡ στρατηγική στά ἐπιμέρους ζητήματα, χωρίς νά χρειάζεται εἰδική ἐπικοινωνία. Πολιτικές, οἰκονομικές, θρησκευτικές, καλλιτεχνικές, ἐξωτερικῆς πολιτικῆς καί λοιπές ἐπιλογές μείζονος σημασίας δημοσιοποιοῦνται καί ἀπευθύνονται στά ἐπιτελικά στελέχη καί ὄχι στόν ἀδιάφορο ἀναγνώστη μέσω τοῦ Τύπου. Ἐν προκειμένω, ἡ φόρμα τοῦ λόγου, ἡ ἐπιλογή καί ἡ ἔμφαση σέ πολιτιστικά θέματα, οἱ συνεργάτες μέ κῦρος, τά τυπογραφικά στοιχεῖα, ἡ διάταξη τῆς ὕλης, ὁ τόνος τῶν ἀπόψεων κ.λπ. εἶναι ἀποκαλυπτικά αὐτοῦ τοῦ συνειδητοῦ καί ἐν ἔργω διαλόγου μέ τίς ἡγετικές ὁμάδες: δηλαδή, *τῆς νοηματοδοτικῆς συμπεριφορᾶς.* Ὅσες ὁμάδες καί ἄτομα ἔχουν ἐπίγνωση τῆς θέσης καί τοῦ ρόλου τους ἀναγνωρίζουν στά κείμενά του τίς ἀποφάσεις καί τίς ἐπιλογές πού τούς ἀφοροῦν ἤ ἀφοροῦν τίς συγγενικές ὁμάδες. Εἶναι αὐτή ἡ στρατηγική θέση καί συμπεριφορά πού προσδίδει τό μεγάλο του κῦρος.

*

Στό ἐξεταζόμενο θέμα τοῦ νέου ρόλου τῶν ἡγετικῶν ὁμάδων, ὁ κατ' ἐξοχήν ἐκπρόσωπος τῆς «φιλοδυτικῆς» ἑστίας εἶναι τό μόνο δημοσιογραφικό ὄργανο τό ὁποῖο ἐνήργησε ὡς ὑπερρυθμιστής τῆς πολιτικῆς ζωῆς καί ὡς «ἀντικαταστάτης» τοῦ ἀνωτάτου ἄρχοντα. Καί πρίν τήν κατάργηση τῆς βασιλείας, μέ ὁρισμένους περιορισμούς βέβαια, ἐνεργοῦσε ὡς νοηματοδοτική πηγή. Μετά τό '74 ἀνέλαβε ἀνοιχτά πλέον νά παίξει (καί σέ μεγάλο βαθμό τό κατόρθωσε) τό ρόλο τῆς καθοριστικῆς νοηματοδοτούσης ἀρχῆς στήν νέα πολιτειακή συνθήκη, γνωρίζοντας πολύ καλά ὅτι τά κόμματα ὅπως καί οἱ ὑπόλοιπες ἡγετικές ὁμάδες (δηλ. οἱ φορεῖς τους) δέν εἶχαν τήν ἀπαιτουμένη βούληση ἀλλά καί τό πολιτικό θάρρος νά ἀναλάβουν αὐτό τό ρόλο. Ἡ Ἀνατολή παραδόθηκε στήν «φιλοδυτική» μερίδα. Εἶναι ἡ *revanche* τῆς φιλοδυτικῆς μερίδας, ἀλλά μέ ἀνατολίτικο, «λαϊκό» τρόπο.

Ἡ διευθυντική του ὁμάδα εἶχε κατανοήσει πολύ νωρίς τό «κενό» καί, μετά τήν κατάργηση τῆς βασιλείας, ὁ ρόλος αὐτός ἀναλαμβάνεται σχεδόν ἀπροκάλυπτα. Οἱ συνθῆκες εὐνοοῦν ὅλες τίς πρωτοβουλίες αὐτοῦ τοῦ εἴδους, σέ μιά κοινωνία ἡ ὁποία ἔχει παραιτηθεῖ ἀπό τήν ὑποχρέωση νά σκέπτεται (μέ ἱστορικούς καί στρατηγικούς ὅρους) καί κατά κανόνα δέν γνωρίζει (ὅταν δέν φοβᾶται) νά πάρει ἀποφάσεις καθοριστικῆς σημασίας. Ἡ στάση αὐτή ἀποδεικνύεται μέ τήν μεγάλη πολιτική ἐπιλογή: τήν ὑποστήριξη τοῦ «πνεύματος τῆς ἀλλαγῆς» πού εἰσηγεῖται ὁ Ἀ. Παπανδρέου. Γύρω της συσπειρώθηκε ἡ πολιτική ὁμάδα καί οἱ «θέσεις τῆς ἀλλαγῆς» τοῦ Ἀ. Παπανδρέου. Ὅπως καί κατά τήν ἐποχή τῆς ρήξης Καραμανλῆ-παλατιοῦ στηρίζει τόν πατέρα-Παπανδρέου τοῦ «ἀνένδοτου», ἔτσι καί μέ τήν περίπτωση τοῦ υἱοῦ-Παπανδρέου συντάσσεται μέ τίς καλούμενες «προοδευτικές καί δημοκρατικές δυνάμεις». Εἶναι τό κύριο ὄργανο μέσω τοῦ ὁποίου νομιμοποιεῖται καί μυθοποιεῖται ἡ ἀνανεωτική, ἡ σοσιαλιστική «ἀριστερά» πού προωθοῦσε ὁ Ἀ. Παπανδρέου.

Ἀνάλογα μέ τό ἀναγνωστικό κοινό, καθορίζεται τό εἶδος καί τό ἐπίπεδο τῆς ἰδεολογικῆς ἀνάλυσης. Ὁ κύριος ὄγκος τῆς «προοδευτικῆς» μάχης (κατάκτηση ψηφοφόρων) δίδεται μέ τό ἀπογευματικό λαϊκό φύλλο, ἐνῶ ἡ «θεωρητική» καί «ἐπιστημονική» θεμελίωση τοῦ σοσιαλισμοῦ πραγματοποιεῖται ἀπό τίς στῆλες τῆς κυριακάτικης ἔκδοσης. Τό μεγαλύτερο μέρος τῆς «σοσιαλιστικῆς» ἰδεολογίας τοῦ 20οῦ αἰῶνα διακινήθηκε (καί διακινεῖται) στό πνεῦμα ἑνός νεφελώδους νεοδιαφωτισμοῦ. Μεθοδικά καί προσεκτικά προωθεῖται ὁ μῦθος τοῦ εὐρωπαϊκοῦ σοσιαλισμοῦ καί τῆς «προοδευτικῆς ἀριστερᾶς». Ὁ «σοσιαλισμός» προτείνεται ὡς κατάκτηση τῆς μεγάλης, ἐπαναστατικῆς καί πολιτικῆς παράδοσης τῆς Εὐρώπης. Προβάλλεται σάν τό ὅραμα τοῦ μέλλοντος πρός τό ὁποῖο ὁδεύει ὄχι μόνο ἡ Εὐρώπη, ἀλλά ὁλόκληρη ἡ ἀνθρωπότητα πού καθοδηγοῦν οἱ ἥρωες τοῦ Τρίτου Κόσμου (Μάο, Τσέ, Κάστρο, κ.λπ.). Στό σημεῖο αὐτό ἐντοπίζεται, μέ τήν σειρά του, τό μεγάλο παράδοξο τῆς φιλοδυτικῆς ἀστικῆς πτέρυγας: ὁ ἀστικός Τύπος εἶναι σέ μεγάλο βαθμό ὁ ἐκφετιχιστής τῶν ὅρων «ἀριστερά», «ἐπανάσταση», «χειραφέτηση», «ἀπελευθέρωση». Ἀπό τίς στῆλες τῶν ἐντύπων του παρελαύνουν ὅλα τά γνωστά ὀνόματα τῆς εὐρωπαϊκῆς ἐκδοχῆς τῆς σοσιαλιστικῆς ἰδεολογίας, πού δίνουν κῦρος στούς ἰσχυρισμούς ἑνός τυπικοῦ, ἐπαρχιακοῦ «κινήματος» εἰσαγομένων ἰδεῶν. Ὁ «φιλοδυτικός» Τύπος νομιμοποιεῖ καί μυθοποιεῖ τόν λόγο τοῦ «σοσιαλισμοῦ» καί ὁ Ἀ. Παπανδρέου τόν μεταγράφει στήν πολιτική καί κοινωνική του πρακτική, τόν ἐκλαϊκεύει μέ τήν γνωστή του δεινότητα.

Ἡ ἀντίφαση τῶν δεσμῶν ἀνάμεσα σέ μιά τριτοκοσμική «ἀριστερά» καί στόν ὑποτιθέμενο ἀστικό Τύπο λύνεται μόνο ἄν ληφθεῖ ὑπ᾽ ὄψιν ὅτι τό σύνολο τῶν ἰδεῶν, ὁ πολιτιστικός κόσμος τῆς ἐποχῆς μας, δέν παράγεται σέ κανένα ἐπίπεδο στήν Ἑλλάδα καί, συνεπῶς, ἀπουσιάζουν οἱ γνήσιες πνευματικές δυνάμεις. Ἡ χαρτογράφηση τῆς πραγματικότητας ἤ τοῦ κόσμου (αὐτό πού ὀνομάζουμε νοηματοδότηση) εἶναι ἀποκλειστικῶς εἰσαγόμενη. Κάθε «πολιτική» καί «πνευματική» μορφή τῆς νεοελληνικῆς ζωῆς καί κοινωνίας ἑρμηνεύεται στίς γενικές της γραμμές μέ βάση τά εἰσαγόμενα προϊόντα. Ἡ μόνη διαφορά εἶναι ὅτι ἡ τοπική ἐφαρμογή κατά κανόνα δημιουργεῖ ἀπό κωμικά ἕως ἐφιαλτικά ἀντίγραφα, σύμφωνα μέ τά κρατοῦντα στήν «καθ᾽ ἡμᾶς Ἀνατολή». Ἐδῶ ὀφείλεται ἡ σιωπηρή συμφωνία, ἡ συνενοχή τῆς «καθ᾽ ἡμᾶς Ἀνατολῆς» καί τῆς δυτικόφιλης μερίδας. Ἡ ἑλληνική κοινωνία, εἴτε αὐτοχαρακτηρίζεται «φιλοδυτική», εἴτε ὡς «Ἀνατολή», ἔχει μακρά παράδοση ἀποστροφῆς πρός τήν γνώση καί τήν παραγωγή, ἡ ὁποία τήν ὁδηγεῖ ὑποχρεωτικά στήν πνευματική ἐξάρτηση. Ἡ ἀρχή ἔγινε τήν ἴδια στιγμή πού τέθηκαν τά θεμέλια σύστασης τῆς νεοελληνικῆς κοινωνίας ὡς ἀνεξάρτητης ἐθνικῆς ὀντότητας, μέ τήν δολοφονία τοῦ Καποδίστρια καί τήν πρόσκληση (ἀπό τίς «προοδευτικές» δυνάμεις) Εὐρωπαίου βασιλιᾶ νά κυβερνήσει τήν χώρα. Ἀπό τήν στιγμή αὐτή ἀποκλείεται συνειδητά ἡ ἑπτανησιακή παράδοση (ἡ μόνη πού συνδέεται οὐσιαστικά μέ τήν Δύση καί τούς Ἕλληνες τῆς διασπορᾶς) καί ἡ ζυγαριά γέρνει ὑπέρ τῆς Ἀνατολῆς, τῆς «ρωμιοσύνης» τῶν χαμένων πατρίδων, τῶν πατριδοκάπηλων καί τῆς ἀπομόνωσης. Ἀπό τήν στιγμή αὐτή καί μετά δέν ὑπῆρξαν πολλά περιθώρια νά λειτουργήσει αὐτοδύναμα καί δημιουργικά ὁποιαδήποτε ἑστία ὡς ἐλεύθερη, ὡς αὐτεξούσια πολιτική καί πνευματική ἑστία. Αὐτό σημαίνει ὅτι ὁ ἀστικός Τύπος ἐκπροσωπεῖ ἀναγκαστικά μιά παραλλαγή τοῦ ἀπομονωτισμοῦ μέ τόν ὁποῖο κραταιοῦνται τά κόμματα, οἱ ἐπιχειρηματίες-εἰσαγωγεῖς, οἱ πανεπιστημιακοί «δάσκαλοι», ἡ Ἐκκλησία καί ἐν χορῷ οἱ «διανοούμενοι». Τό δρᾶμα τῆς φιλοδυτικῆς μερίδος εἶναι ὅτι ἀκριβῶς γι᾽ αὐτούς τούς συγκεκριμένους ἱστορικούς λόγους, καί ὑπ᾽ αὐτές τίς εἰδικές συνθῆκες, εἶναι καταδικασμένη νά συμπεριφέρεται ὡς παρίας καί συνήθως νά συνδέεται μέ τό πλέον ἀντιδραστικό κομμάτι τῆς Δύσης.

Τό μεγαλύτερο μέρος τῆς «δυτικόφιλης» μερίδας, ἐξεταζόμενο ἀπό τό εἶδος τῶν πολιτικῶν καί πνευματικῶν του ἐπιλογῶν, τίς συμπάθειες ἤ τίς ἐκλεκτικές συγγένειες πρός τίς ὁποῖες προσανατολίζεται, ἀποδεικνύει ἔμπρακτα ὅτι καταλήγει νά υἱοθετεῖ ἀντιδυτικά πρότυπα[13]. Αὐτό ἐξηγεῖ τό πῶς στηρίζεται ἡ «ἀριστερά» (εὐρωπαϊκή καί ἑλληνική) ἀπό ἕνα σαφῶς αὐτοπροτεινόμενο ὡς ἀστικό Τύπο, ἀκόμα καί ὅταν κατέρρευσε ἡ σοσιαλιστική μητρόπολη.

Οἱ διαπιστώσεις αὐτές μᾶς ὑποχρεώνουν νά ἐξετάσουμε στήν ἔκταση πού ἀπαιτεῖται τήν ἱστορία τοῦ κινήματος στό ὁποῖο ἐπενδύθηκαν ὅλες οἱ καταθέσεις τῆς Μεταπολίτευσης.

Σημειώσεις

1. α. Πλάτων: «*Πολιτεία*», «*Ὁ Ἑρμῆς* σημαίνει τήν ἑρμηνεία, τόν ἀγγελιαφόρο, τήν κλεψιά, τόν ἐπιτήδειο ἔμπορα καί ὅλη αὐτή ἡ πραγματεία συνδέεται μέ τήν ἐξουσία τοῦ λόγου», 407e-408a.

β. Διονυσίου Σολωμοῦ: «Ἡ Γυναίκα τῆς Ζάκυνθος» Κεφ. 1, § 4. Ἐπιμ. Ν.Β. Τωμαδάκη, 1969.

2. Καθοδηγητικό ὄργανο (Ἱερά Ἐξέταση) τῆς Καθολικῆς Ἐκκλησίας πού ἱδρύθηκε τό 1622.

3. Γιά τό βυζαντινό καί αὐτοκρατορικό πνεῦμα τῆς Ἐκκλησίας, βλέπε:

α. Κ.Ε. Σοκόλης: «*Αὐτοκρατορία*», «Ἄγκυρα», 1914, «Ροές», 1996.

β. Σπ. Ζαμπέλιος: «Μεσαιωνικός Ἑλληνισμός».

γ. Κ. Παπαρρηγόπουλος: « Ἱστορία τοῦ Ἑλληνικοῦ Ἔθνους».

δ. Τά ἰσχύσαντα Συντάγματα ἀπό τό 1844 καί ἐντεῦθεν.

4. Ἡ περιουσία της ἐκτιμᾶται σέ 800 δις σέ τιμές τοῦ 1990.

5. Θά ἀναφέρω δύο παραδείγματα σχετικά μέ τόν «πολιτικό» Λόγο τῆς Ἐκκλησίας.

Τό πρῶτο ἀφορᾶ τό πῶς θά πρέπει νά γίνει ἡ ἐπικοινωνία ὀρθοδόξων, ρωμαιοκαθολικῶν καί προτεσταντῶν στά πλαίσια τῆς Εὐρωπαϊκῆς Ἕνωσης:

Ὁ π. Γ.Δ. Μεταλληνός σέ ἄρθρο μέ τίτλο «*Ὀρθοδοξία καί ἡ εὐρωπαϊκή πρόκληση*», εἰσηγεῖται νά νοηθεῖ: «*Ὁ θεολογικός διάλογος τῆς ὀρθοδοξίας μέ τόν δυτικό Χριστιανισμό μόνο ὡς ἐπανασυνάντηση στά ὅρια τῆς προκαρλομάγνειας Εὐρώπης*»...

Τό δεύτερο προέρχεται ἀπό τήν ζώνη τοῦ πολέμου. Ὅταν τό 1991 ἐμαίνετο ὁ πόλεμος στόν Περσικό Κόλπο, ἁρμόδιος περί τά πολεμικά τῆς ςἀδελφότητας θεολόγων» ἔγραφε:

«*Ὁ πόλεμος πού ἐξέσπασεν ὄχι πολύ μακρυά μας... Τί θά γί-*

νει; Θά κινδυνεύσωμεν καί ἡμεῖς; Μήπως βομβαρδισθῶμεν; Μήπως δέν θά ἔχωμεν τρόφιμα διά τήν συντήρησίν μας, διά τά παιδιά μας; Μήπως... Διάφορα "μήπως" ».(6 Φεβρουαρίου 1991, «Ὁ Σωτήρ»).

6. Ἐπιστολή Ἀρχιμανδρίτη Μονῆς Πεντέλης Τιμόθεου Κιφίλη (30-11-97): *«Τά κομμουνιστικά καθεστῶτα κατέρρευσαν, τό πνεῦμα τῆς Ὀκτωβριανῆς ἐπανάστασης ζεῖ».*

7. Βλ. τό ἄρθρο τοῦ Δημητριάδος Χριστόδουλου: *«Οἱ σχέσεις Φαναρίου καί Μόσχας»*, «Βῆμα», 10 Μαρτίου 1996.

8. Μέ τόν ὅρο «ἐθνική συνείδηση» νοεῖται τό πνευματικό σύμπαν πού ἀναγνωρίζει ὡς ταυτότητά της ὁποιαδήποτε κοινότητα, ὅπως ἐπίσης καί τά ἄμεσα καί μακροπρόθεσμα συμφέροντά της καί ὄχι οἱ ἀντιδραστικές ἤ φασιστικές διαθέσεις πού φαντάζονται ἤ ἀποδίδουν στόν ὅρο οἱ ἱστορικοδιαλεκτικοί διεθνιστές καί οἱ παλατιανοί ἐθνικόφρονες.

9. Ἡ προκλητικότητα ἔφθασε σέ τέτοιο σημεῖο ὥστε νά προταθεῖ σοβαρά καί νά ἐκμαιευθεῖ ἡ συναίνεση τῆς Βουλῆς γιά τήν χρηματοδότηση τῆς «Αὐγῆς» ὡς ἱστορικῆς ἐφημερίδας!

10. Παράδειγμα ἡ ἀντιμετώπιση τῆς ἔκδοσης τοῦ πρόσφατου βιβλίου τοῦ Γκαρωντύ: *«Οἱ θεμελιώδεις μῦθοι τῆς ἰσραηλινῆς πολιτικῆς»*, πού κατηγορήθηκε ἤ ἀποσιωπήθηκε, πρίν ἀκόμα διαβασθεῖ, ἀπό τήν ἀντιδραστική ἀριστερά τῆς Εὐρώπης, ὡς ἀντισημιτικό. Ἡ συμπεριφορά αὐτή ἀποδεικνύει τόν ἀπολύτως ἐλεγχόμενο τρόπο συμπεριφορᾶς, δηλ. τήν ἀνελευθερία τοῦ «πνευματικοῦ» μας κόσμου.

11. *Γεώργιος-Πλήθων Γεμιστός.* Ἐπιφανής λόγιος ἀκμάσας κατά τόν 14ο αἰώνα. Ἀσχολήθηκε μέ τήν φιλοσοφία ἰδιαίτερα τήν πλατωνική, μέ τήν ἱστορία, τήν γεωγραφία, τήν ἀστρολογία καί τήν θεολογία. Τό 1437 συνόδευσε τήν αὐτοκρατορική ἀντιπροσωπεία γιά τήν σύνοδο στήν Φεράρα τῆς Ἰταλίας. Θεωρεῖται ὁ κύριος εἰσηγητής τοῦ πλατωνισμοῦ στήν Ἰταλία καί ὁ ἐ-

μπνευστής τῆς Πλατωνικῆς Ἀκαδημίας πού ἵδρυσε ὁ Κοσμᾶς τῶν Μεδίκων μέ τόν ἑλληνιστή Μαρσίλιο Φιτσίνο.
–*Βησσαρίων* (1389 ἤ 1395-1472). Ἐπίσκοπος Νικαίας καί Καρδινάλιος Τούσκλων. Ἐξέχων λόγιος, μαθητής τοῦ Πλήθωνα καί ὁ μεγαλύτερος δωρητής τῆς Μαρκιανής βιβλιοθήκης. (Βλ. τό σχετικό ἄρθρο τοῦ Κ. Σάθα στήν «Νεοελληνική Φιλολογία», 1868).
Ἐδῶ θἄθελα νά σημειώσω ὅτι τό νεοελληνικό ἔθνος δέν μπορεῖ νά ταυτισθεῖ μέ τό Βυζάντιο, παρά τό γεγονός ὅτι στήν τελευταία του φάση (τυπικά ἀπό τό 1204 καί μετά), ἡ συρρικνωμένη γεωγραφική ἔκταση καί ὁ πολιτιστικός του προσανατολισμός τείνουν νά ταυτισθοῦν μέ τά στοιχεῖα τῆς νεοελληνικῆς κοινωνίας.

12. Γ. Σεφέρης: «Δοκιμές» («Κάλβος», 1960). Ἀναφέρθηκα σέ μιά ἀκραία περίπτωση ἐκπροσώπου τῶν «χαμένων πατρίδων» καί τῆς «καθ' ἡμᾶς Ἀνατολῆς» πού ἔλαβε τήν μεγίστη ἀναγνώριση τῆς Δύσης, τό βραβεῖο Νόμπελ. Τί σημαίνει «ξενόφερτο»; Ἡ Εὐρώπη εἶναι «ξένη» ὡς πρός τήν Ἑλλάδα; Καί τί εἶναι οἰκεῖο; Ἡ φανατική ἰδεοληψία τῶν «ὀρθοδόξων» τῆς ἀπομόνωσης; Ἄν ἡ ποιητική τοῦ Κάλβου εἶναι «ξενόφερτη», ἡ δική του ἀναγνώριση, γιά τήν ὁποία τόσο ὑπερήφανος ἠσθάνθη ὁ ἴδιος καί ἡ καθ' ἡμᾶς Ἀνατολή, τί εἶναι; Ἡ ἀλήθεια εἶναι ὅτι τό ἔργο τοῦ Κάλβου δέν εἶναι ἁπλῶς ἑλληνικό, ἀλλά ὑποδειγματικό. Ποῦ βρίσκεται λοιπόν ἡ ἀντίρρηση τοῦ Σεφέρη; Ἡ διαφορά Σεφέρη-Κάλβου ἀφορᾶ τήν ἀντιδυτική στάση τοῦ πρώτου καί τόν «ἑλληνοκεντρισμό» τοῦ δεύτερου. Ὁ Κάλβος παραπέμπει στόν Αἰσχύλο καί στά «κόκκαλα τῶν Ἑλλήνων» τοῦ Σολωμοῦ, ὁ Σεφέρης στήν «ρωμιοσύνη», στούς ρωμιούς (δηλ. τούς Ρωμαίους). Ὁ Κάλβος συνδέεται κατευθείαν μέ τήν ἀρχαιοελληνική παράδοση (Αἰσχύλο), ἐνῶ ὁ Σεφέρης μέ τήν «λαϊκή ψυχή» τήν ὁποία ἐκπροσωποῦν οἱ κατά τόν Ζ. Λορεντζάτο «ἀ-

γράμματες γριές», δηλ. ἡ ἀνατολική ὀρθόδοξος ἀγραμματοσύνη.

13. Μέ ἄλλοθι τήν «ἱερά ἀγανάκτηση» γιά τήν... παγκόσμια ἀνεργία, τυπικός ἐκπρόσωπος αὐτῆς τῆς «ἀριστερᾶς» χαρακτηρίζει τούς δεκαπέντε ἡγέτες τῆς διακυβερνητικῆς «γελωτοποιούς», «φαρσέρ», κ.λπ.

Ἡ διαλεκτική τῆς ἀπελευθέρωσης καί τό τέλος τοῦ Οὐμανισμοῦ

«Ὅταν τό ἔγκλημα φορᾶ τήν λεοντῆ τῆς ἀθωότητας
σέ μιά περίεργη ἀντιστροφή τῶν ρόλων,
καθώς συμβαίνει συχνά στόν καιρό μας,
εἶναι ἡ ἀθωότητα ἐκείνη πού πρέπει νά δώσει ἐξηγήσεις».
Ἀ. Καμύ: *«Ὁ ἐπαναστατημένος ἄνθρωπος»*

«Οἱ ἐγκέφαλοι τῆς παρούσης γενεᾶς
διεστράφησαν ὑπό τῶν ἐγελείων παραλογισμῶν
ἀνίκανοι νά σκεφθῶσιν, σκοτισθέντες
καί ἀποκτηνωθέντες, ὑπό τόσου θορύβου
ἐγένοντο ἕρμαιον τοῦ χυδαίου ὑλισμοῦ»[1]
Σοπενχάουερ: *«Πραγματεία περί τοῦ ἀποχρῶντος λόγου»*

Ἡ ἐμφάνιση καί ὁ ρόλος τοῦ σοσιαλιστικοῦ κινήματος καί κατ᾽ ἐπέκτασιν ἡ ἀνάπτυξη τῆς ἀριστερᾶς στήν μεταναγεννησιακή Εὐρώπη θά μποροῦσε νά χωρισθεῖ σέ δύο μεγάλες ἱστορικές περιόδους, μέ συμβατική ὁριοθετική γραμμή τά γεγονότα τῆς ρωσικῆς «ἐπανάστασης» τοῦ 1917. Ἀνάμεσα στά μεγάλα γεγονότα τῆς εὐρωπαϊκῆς ἱστορίας μέ τά ὁποῖα σχετίζεται ἡ πολιτική τοῦ κινήματος τῆς ἀριστερᾶς, προεξέχουσα θέση καταλαμβάνει ἡ νέα κοινωνική μορφή τοῦ ἔθνους-κράτους, πού ἐπιλέγεται νά ἀντικαταστήσει τό παλαιό μοντέλο τῆς αὐτοκρατορίας. Στό ἄλλο ἄκρο βρίσκονται οἱ κοινωνικές μεταβολές πού ἐπέφερε ὁ νέος τρόπος τῆς βιομηχανικῆς παραγωγῆς, βασισμένος στήν ἐπανάσταση τῶν φυσικομαθηματικῶν ἐπιστημῶν καί τίς ἐφαρμογές τους[2].

Σ' ἕνα ἐντελῶς γενικό ἐπίπεδο, θά μποροῦσε νά παρατηρήσει κανείς ὅτι οἱ περιορισμοί πού ἐπέβαλαν (καί ἐπιβάλλουν) τά ἐθνικά σύνορα στήν διακίνηση ἀτόμων, ἀγαθῶν καί δραστηριοτήτων, αὔξησαν τίς ἐσωτερικές κοινωνικές ἐντάσεις. *Ὀρθολογισμός τῆς παραγωγῆς καί ἐθνικοί παραλογισμοί δύσκολα συμβιβάζονται,* ἄν δέν γίνουν προηγουμένως οἱ ἀπαραίτητες ρυθμίσεις καί διευθετήσεις. Ἄν σ' αὐτές τίς συνθῆκες προστεθεῖ ἡ οἰκονομική ἀναστάτωση ἡ ὁποία σχετίζεται μέ τήν ἀνατροπή χιλιόχρονων καί παγιωμένων κανόνων παραγωγῆς καί τρόπων ζωῆς (τῆς λεγόμενης βιομηχανικῆς ἐπανάστασης), πού ἔφεραν στό στάδιο τοῦ λιμοῦ καί τῆς ἐξαθλίωσης μεγάλο μέρος τοῦ εὐρωπαϊκοῦ πληθυσμοῦ, μέ ἀκραῖες περιπτώσεις τίς κατ' ἐξοχήν βιομηχανικές περιοχές, εὔκολα κατανοεῖ κανείς σέ τί βαθμό συγκλονίστηκε ἡ Εὐρώπη.

Μιά συστηματική καί συνεπής ἐξέταση αὐτῆς τῆς ἱστορικῆς περιόδου θά πρέπει νά παρακάμψει τήν μυθολογία καί τίς «ἐπιστημονικές» αὐθαιρεσίες περί κοινωνικῶν καί ἱστορικῶν νομοτελειῶν. Ἡ ἔνταση καί ἡ ἔκταση τῆς κοινωνικῆς, ἠθικῆς καί πνευματικῆς ἀναταραχῆς, ὅπως ἦταν ἑπόμενο, ἔθεσαν σέ κίνηση διαδικασίες ἀποκατάστασης τῆς κλονισθείσης ἰσορροπίας, τόσο στό ἐπίπεδο τῶν ἄμεσα ἐνδιαφερομένων καί πληττομένων, ὅσο κυρίως στίς ἡγετικές τάξεις (πολιτικές, οἰκονομικές, ἐπιστημονικές, θρησκευτικές, φιλοσοφικές, καλλιτεχνικές κ.λπ.). Ἔθεσαν σέ κίνηση τίς ἡγετικές ὁμάδες, οἱ ὁποῖες, ὡς φορεῖς τῆς εὐρωπαϊκῆς συνείδησης, αἰσθάνονταν τήν ἀνάγκη νά ἀντιδράσουν καί νά ἐνεργήσουν πρός τήν κατεύθυνση τῆς ὑπέρβασης τῶν δυσκολιῶν. Σέ ἕνα κόσμο γαλουχημένο πνευματικά μέ τήν μεγάλη οὐμανιστική παράδοση τῆς Ἀναγέννησης, καί θρησκευτικά –τυπικά τουλάχιστον– μέ τό κήρυγμα τῆς ἀγάπης καί συμπαράστασης πρός τόν πάσχοντα συνάνθρωπο, θἄταν ἄν μή τί ἄλλο παράξενο νά ἀδιαφορήσουν οἱ πνευματικοί ἄνθρωποι καί οἱ ὑπεύθυνες ὁμάδες, νά μήν σταθοῦν μέ πραγματικό ἐνδιαφέρον μπροστά σέ τέτοια φαινόμενα γενικῆς ἐξαθλίωσης. Ἦταν ἀδιανόητο νά ἀφήσουν στήν τύχη τήν πορεία τῶν ἐξελίξεων, *παρά τό γεγονός τῆς προοδευτικῆς ὑποχώρησης τῆς μεσαιωνικῆς μεταφυσικῆς, ὡς ἠθικοῦ κανόνα, καί τῆς μετάβασης στήν παντοδυναμία τῆς οὐδέτερης ἠθικά (δομικολειτουργικῆς) ἐπιστήμης*. Μιά κοινωνική καί ἀξιακή ἀνατροπή αὐτῆς τῆς ἔκτασης καί σπουδαιότητας δέν μποροῦσε νά μήν δραστηριοποιήσει τήν οὐμανιστική παράδοση (ἀναφέρω πρόχειρα γνωστά ὀνόματα: τόν Ἄνταμ Σμίθ, τόν Οὐγκώ, τόν Ντίκενς, τόν Σίλλερ, κ.λπ.). Τά κοινωνικά προβλήματα δέν ἔχουν ὡς ἀποκλειστική αἰτία τόν «*ἀδίστακτο καπιταλισμό*», καί τά σοσιαλιστικά κινήματα δέν εἶναι ἀποκλειστικό ἔργο τῶν ἐργατῶν, ὅπως διακηρύσσουν οἱ θεωρητικοί τῆς «ἐπανάστασης» καί οἱ ἀπερίσκεπτοι κλωστοϋφαντουργοί.

Οἱ σοσιαλιστικές ἰδέες, τά σοσιαλιστικά κινήματα καί τά οὐμανιστικά κείμενα, πού διατρέχουν τήν πολιτική καί πνευματική ζωή κοντά τριῶν αἰώνων τῆς εὐρωπαϊκῆς κουλτούρας, ἦταν μιά ὑγιής καί γενικευμένη ἀντίδραση τῆς Εὐρώπης ἀπέναντι σ' ἕνα ἱστορικό γεγονός μέ ἐπιπτώσεις σέ ὅλα τά ἐπίπεδα τῆς ζωῆς. Ἦταν τό σύνολο τῶν ἀντιδράσεων καί τῶν προτάσεων σέ ὁλόκληρη τήν Εὐρώπη πού ἐξέφραζε *τό ἠθικό καί πολιτικό αἴτημα γιά μιά δίκαιη καί ἀνθρώπινη κοινωνία,* ἕνα αἴτημα πού δικαιολογημένα πρέπει κανείς νά τό χαρακτηρίσει πυρῆνα τοῦ κινήματος πού σήμερα εὔκολα καί συνήθως πρόχειρα ὀνομάζουμε «σοσιαλισμό».

Ὁ σοσιαλισμός, ὡς ἱστορικό καί πολιτικό αἴτημα, στή βαθύτερη ἑρμηνεία του νομιμοποιεῖται καί ἀποτελεῖ ἐκδήλωση τῆς μεγάλης οὐμανιστικῆς καί κριτικῆς παράδοσης στά πλαίσια ἑνός συγκεκριμένου πολιτικοῦ καί κοινωνικοῦ αἰτήματος. Οἱ λύσεις πού προτείνονται, ὅπως ἦταν ἑπόμενο, εἶχαν (καί ἐξακολουθοῦν νά ἔχουν) *χαρακτῆρα διορθωτικῶν καί ἐξισορροπητικῶν παρεμβάσεων, παρά ἀμιγῶς «ἐπαναστατικῶν», δηλαδή γενικῆς ἀνατροπῆς, ὅπως εἰσηγήθηκε μιά ὁρισμένη πλευρά τοῦ κινήματος.* Ἡ λύση τῆς γενικῆς «ἀνατροπῆς» δέν ἀπορρίπτεται ἁπλῶς ὡς ἀθεμελίωτη λογικά «οὐτοπία». Συναντᾶ τήν ριζική ἀντίδραση τοῦ μεγαλυτέρου μέρους τοῦ κοινωνικοῦ σώματος, μιά καί ὅλοι συναισθάνονται ὅτι τίθενται σέ κίνηση ἀνεξέλεγκτες διαδικασίες τίς ὁποῖες δέν μπορεῖ νά τιθασεύσει κανείς. Ἡ διστακτικότητα ἀπέναντι στούς ριζικούς μετασχηματισμούς –ἰδιαίτερα αὐτούς πού ἀφοροῦν τήν καθολική κοινωνική συγκρότηση– δέν ἀποτελεῖ a priori ἀρνητική ἤ ἀντιδραστική στάση: ἡ ἀδυναμία ἐκτιμήσεως τοῦ συνόλου τῶν ἐπιπτώσεων νομιμοποιεῖ πλήρως κάθε ἐπιφύλαξη στήν ἀποδοχή τῶν ἐπαναστατικῶν λύσεων καί τῶν γενικῶν ἀνατροπῶν. Ἡ δυτική Εὐρώπη ἄλλοτε συνειδητά καί ἄλλοτε κάτω ἀπό τίς πιέσεις ἀκατανίκητων δυνάμεων ἀκολούθησε τήν πλέον φυσιολογική καί ἐνδεικνυομένη τακτική, *τήν μέθοδο τῶν διορθωτικῶν ἐπεμβάσεων καί προσαρμογῶν*, ὅπως μπορεῖ νά διαπιστωθεῖ ἐξετάζοντας ἀναδρομικά τήν ἱστορική πορεία τῶν τελευταίων αἰώνων. Ἡ ἀξιολόγηση τῶν ἀποτελεσμάτων τῆς ἐπιλογῆς διορθωτικῶν παρεμβάσεων μπορεῖ νά γίνει μόνο συγκριτικά μέ τήν «ἄλλη» ἐπιλογή, ἐκείνη τῆς ἐπαναστατικῆς στή Ρωσία.

*

Ἐδῶ κλείνει ἡ πρώτη καί θετική ἱστορικά περίοδος τοῦ πολιτικοῦ κινήματος πού τιτλοφορεῖται «σοσιαλιστικό». Μέ τήν εἴσοδο στόν 20ό αἰῶνα εἰσερχόμεθα στήν «ἄλλη» ἐπιλογή: *στό σοβιετικό πείραμα*. Μ' αὐτό ἀρχίζει ἡ δευτέρα περίοδος μέ τήν ὁποία μεταβάλλεται ἐκ βάθρων ὁ σκοπός καί ὁ χαρακτῆρας τοῦ κινήματος, σέ σημεῖο πού νά μπορεῖ κανείς νά μιλᾶ γιά ἱστορικό ἐφιάλτη καί μεταοβιδική μεταμόρφωση. Τό πῶς αὐτό τό πολύμορφο, τό πολυφωνικό οὐμανιστικό αἴτημα πού σέ διάστημα δύο καί πλέον αἰώνων ἁπλώνεται σέ ὅλες τίς σφαῖρες τῆς κοινωνικῆς καί πνευματικῆς ζωῆς τῆς Εὐρώπης κατά ἕνα γόνιμο καί ἀπελευθερωτικό τρόπο, κατέληξε νά μεταμορφωθεῖ στήν πλέον ἀνελεύθερη, ἀντιπολιτική καί ἀντιουμανιστική μαρξιστική ἐκδοχή του, καταστρέφοντας μολυσματικά ὅλες τίς ἄλλες προτάσεις, παραμένει ἐκ πρώτης ὄψεως ἕνα μυστήριο καί ἕνα ἀπό τά περίεργα παιχνίδια τῆς ἱστορίας.

Φυσικά, τά γεγονότα καί οἱ αἰτίες δέν ἔχουν τόσο μεταφυσικό χαρακτῆρα. Ἐδῶ ἔχει ἐφαρμογή τό ἐγελιανό θεώρημα, ἀλλά μέ τήν παρατήρηση ὅτι στήν διαλεκτική σχέση τόν «διάμεσο ὅρο» τῆς κίνησης (ἤ
καί ἡ μωρία ἀπό τήν πλευρά τοῦ «ἀφέντη» (γιά νά τιμήσουμε καί τήν μεγάλη σιμωνίδεια καί ἐρασμιακή παράδοση).

Ἀλλά ἄς πάρουμε τά πράγματα μέ τήν ἐγελιανή σειρά τους.

Ἡ ἅλωση τῆς περιοχῆς τοῦ κριτικοῦ Λόγου ἀπό τήν μαρξική βουλγάτα ὀφείλεται σέ μιά σειρά πολιτιστικῶν καί ἱστορικῶν συμπτώσεων. Θά σταθοῦμε συνοπτικά καί στίς δυό κατηγορίες. Οἱ ἐπιθέσεις τοῦ Διαφωτισμοῦ στήν μεσαιωνική μεταφυσική ὁλοκληρώνουν τήν βαθιά πολιτιστική μεταβολή πού εἶχε ἀρχίσει ἤδη ἀπό τήν Ἀναγέννηση, ἀφήνοντας ἀνοιχτό τό πεδίο στήν ἐπιστήμη (αὐτό πού συνήθως ὀνομάζεται τό «τέλος τῆς μεταφυσικῆς»). Πρός τήν κατεύθυνση αὐτή βοήθησε καί ἡ θρησκευτική Μεταρρύθμιση, ἐπιταχύνοντας τήν προώθηση τῆς ἐπιστήμης στό κέντρο τοῦ πολιτισμοῦ. Συνεπῶς, τό θεμέλιο «τοῦ καπιταλισμοῦ», δηλ. ὁ ὀρθολογισμός, προηγεῖται καί δέν ἕπεται τῆς Μεταρρύθμισης, ὅπως ὑποστηρίζει μιά ὁρισμένη παράδοση (Μάξ Βέμπερ) γιά νά ἀποδώσει τήν δημιουργία τοῦ σύγχρονου κόσμου καί τό «Πνεῦμα τοῦ καπιταλισμοῦ» στούς Προτεστάντες, δηλ. στούς Ἑβραίους προφῆτες. Παρά τό γεγονός ὅτι τό status *τῶν φυσικομαθηματικῶν ἐπιστημῶν διαφέρει ἀπό τίς καλού-*

μενες ἐπιστῆμες τοῦ ἀνθρώπου, τό κῦρος τῆς ἐπιστήμης ἐπεκτάθηκε καί σ' αὐτές. Εἶναι φανερό ὅτι οἱ ἐπιστῆμες τοῦ ἀνθρώπου –στίς ὁποῖες συγκαταλέγεται καί ἡ «πολιτική οἰκονομία», ὅπου ὑποτίθεται ὅτι εἰδικεύεται καί ὁ μαρξισμός– εἶναι περιγραφικές καί ἐμπειρικές καί ὄχι θετικές μέ τήν αὐστηρή ἑρμηνεία τοῦ ὅρου. Ἡ ἀναπαράστασή τους δέν εἶναι μαθηματική (ἀλγοριθμική), ἀλλά γλωσσική (νοηματική). Δηλαδή, οἱ ἐπιστῆμες τοῦ ἀνθρώπου ἀνήκουν στήν νοηματοδοτική ἀναπαράσταση πού ἀποτελεῖ τήν οὐσία τοῦ Λόγου καί ὄχι στή φυσικομαθηματική παράσταση τοῦ κόσμου. Ἤδη ὅμως καί παρά τίς ἐξόφθαλμες αὐτές ἀδυναμίες, οἱ *ἐπιστῆμες τοῦ ἀνθρώπου*, μέ πρῶτο καί καλλίτερο τό ἱστορικο-διαλεκτικό δόγμα, συμπεριφέρονται ὡς ἐάν νά ἔχουν τήν ἰσχύ καί τό κῦρος τῶν θετικῶν ἐπιστημῶν (ἐξ οὗ καί ἡ νομιμότητα τοῦ ὅρου «*ἐπιστημονικός σοσιαλισμός*»), ἐνῶ σαφῶς κινοῦνται στήν περιοχή τοῦ νοήματος.

Ἀπό τήν ἄποψη τῆς οὐσίας, τό θεμέλιο τῆς μαρξικῆς παραφιλοσοφίας βρίσκεται στήν κατά Σοπενχάουερ παράδοση τοῦ «φορτικοῦ ἀγύρτη». Στήν ἀρχή τῆς μεγάλης στροφῆς βρίσκεται ὁ Ἕγελος: ἀπό τό ἔργο του ἀντλεῖ τίς βασικές ἔννοιες καί τό «ἐπιστημονικό» κῦρος τό μαρξικό θεώρημα. Ὁ Ἕγελος στή «*Φαινομενολογία τοῦ Πνεύματος*»[3] διαπραγματεύεται τήν διαπροσωπική σχέση ἀφέντη-δούλου. Ἐπιχειρώντας λοιπόν νά νομιμοποιήσει τήν χειραφέτηση τῶν «ἐργατῶν» τοῦ πνεύματος (δηλ. τούς Προτεστάντες) ἀπό τήν δεσποτεία μιᾶς θρησκευτικά ἑδραιωμένης μεσαιωνικῆς ἐξουσίας (Πάπας), σημειώνει γιά τήν διαλεκτική τῆς ἀπελευθέρωσης καί τῆς συνειδητοποίησης τοῦ «δούλου»: *«Μέ τόν τρόπο αὐτό, συνεπῶς, αὐτή ἡ συνείδηση, ὡς ἐργάτης, καταλήγει νά δεῖ τό ἀνεξάρτητο ὄν (τῆς ἐργασίας του) ὡς δική του ἀνεξαρτησία»*. Μέσω τῆς ἐργασίας ὁ «δοῦλος» ἀποκτᾶ τήν ἐλευθερία. Μέ τήν ἐργασία πραγματοποιεῖται ἡ μετάβαση ἀπό τήν δουλεία στήν πλήρη ἀρνητικότητά της, στήν πραγματική ἐλευθερία καί αὐτοσυνείδηση. Ὁ Μάρξ διαβάζοντας κατά γράμμα τήν πρόταση, στήν θέση τοῦ ἐγελιανοῦ «δούλου» τοποθετεῖ τήν ἐργατική τάξη καί ἡ ἀπελευθέρωσή της καθίσταται ἱστορική ἐπιταγή. Ὁ Μάρξ θά ἀναγάγει σέ ἄρθρο πίστης τόν ἱστορικό ρόλο τῆς «ἐπαναστατημένης» ἐργατικῆς τάξης, δηλαδή τήν ἐγελιανή *«ἀτομικότητα ἤ τήν καθαρή οὖσα-δι' ἑαυτήν συνείδηση ἡ ὁποία τώρα στό ἐκτός ἑαυτῆς ἔργο (στήν ἐργασία), ἀποκτᾶ ἕνα στοιχεῖο μονιμότητας»*[4]. Ἡ ἄποψη αὐτή δέν ἀνατρέπει μόνο τήν δυτική παράδοση, ἀλλά κυρίως τήν γερμανική: *«Μήν πιστεύετε ὅτι ἡ εὐσέβεια προέρχεται ἀπό τήν ἀπασχόληση, μᾶλλον ἐξαρτᾶται ἀπό τό τί εἶναι κάποιος. Τό εἶδος τῆς ἐργασίας πού ἐκτελοῦμε δέν μᾶς κάνει ἁγίους, ἀλλά ἐμεῖς ἁγιάζουμε τήν ἐργασία (...) ἡ ἀγαθότητα δέν γίνεται, δέν δημιουργεῖται, δέν γεννᾶται, ἀλλά δημιουργεῖται ἀφ' ἑαυτῆς, εἶναι ὁ δημιουργός τοῦ ἀγαθοῦ»*[5].

Οἱ καταστρεπτικές συνέπειες αὐτῆς τῆς πνευματικῆς στροφῆς, πού ἀναγνωρίζει ὡς ἔργο μόνο τήν παραγωγή τῶν ὑλικῶν ἀντικειμένων, παραμένουν καλυμμένες. Οἱ συνέπειες μιᾶς θεωρίας πού παραβλέπει κατά τρόπο προκλητικό τό πνευματικό ἐνέργημα (τήν παιδεία, τήν κουλτούρα καί τήν συμβολική[6] λειτουργία μέ τήν ὁποία δομεῖται ὁ πολιτισμός καί ἡ συνείδηση) δέν εἶναι ἄμεσα ὁρατές. Τά καταστρεπτικά ἀποτελέσματα τοῦ δόγματος πού θεωρεῖ τό αὐτονομημένο «ἔργο» ἀφετηρία τῆς μόνης ἀληθοῦς ἀπελευθέρωσης τοῦ «δούλου» καί τόν ἐργάτη ὡς τό μόνο πραγματικά ἐλεύθερο ὄν (καί ὄργανο τῆς ἱστορίας κατά τόν Μάρξ) θά φανοῦν, ὅταν θά εἶναι πλέον ἀργά, κοντά δύο αἰῶνες ἀργότερα. Θά ἀναγνωρισθοῦν, καθώς λέει ὁ ἴδιος ὁ Ἔγελος εἰρωνικά-προφητικά στήν «*Φιλοσοφία τῆς Ἱστορίας*», ὅταν πέσει ἡ νύχτα[7] καί βγοῦν οἱ κουκουβάγιες. Δηλαδή, μετά τό τέλος τοῦ Δευτέρου Παγκοσμίου Πολέμου, μέ τόν ὁποῖο ἡ Εὐρώπη ἀπό ἀφέντης γίνεται «δοῦλος» καί ἐμφανίζεται ὁ νέος «ἀφέντης», ἀλλά ὄχι μέ τήν διαδικασία πού προβλέπει ἡ διαλεκτική του. Κι αὐτό γιατί «ὁ διάμεσος ὅρος» δέν εἶναι τό ἔργο τοῦ «δούλου», ἀλλά τά σφάλματα τοῦ πρώην «ἀφέντη».

Ἡ ἀποτυχία ὁλοκλήρου τοῦ «σοσιαλιστικοῦ» προγράμματος ὀφείλεται ἀκριβῶς στήν ὑποτίμηση τῆς παιδείας καί στήν ἐσφαλμένη ἀντίληψη γιά τήν σχέση μεταξύ ἱστορίας, κοινωνίας καί παραγωγῆς ἀπό τήν μιά καί κουλτούρας ἀπό τήν ἄλλη, *πού σημαίνει τήν ἄρνηση τῆς μεταφυσικῆς θεμελίωσης,* τήν ὁποία ἑδραίωσε ἡ παιδαριώδης μαρξιστική φιλολογία[8]. Γιά νά κλείσει τό θέμα: Ὁ «καπιταλισμός» καί τά προβλήματά του δέν εἶναι ἕνα ἁπλό, οἰκονομικό καί τεχνικό γεγονός. Ὁ «καπιταλισμός» καί, συνεπῶς, οἱ «ἀρνητικές» του πλευρές συνιστοῦν τόν οἰκονομικό τρόπο τοῦ εἶναι ἑνός ὁλοκλήρου πολιτισμοῦ. Αὐτό σημαίνει ὅτι ὁ «καπιταλισμός» δέν προσδιορίζει τόν πολιτισμό, δέν εἶναι «ἐποικοδόμημα», σύμφωνα μέ τό νηπιακό ἰδεολόγημα, ἀλλά ἀκριβῶς τό ἀντίθετο. Ἡ «καπιταλιστική» παραγωγή προϋποθέτει ὁλόκληρο τόν δυτικό πολιτισμό, ὁλόκληρη τήν περιπέτεια ἑνός πολιτισμοῦ πού ἀρχίζει μέ τόν Θαλῆ καί τούς προσωκρατικούς, τόν Ὅμηρο καί τούς τραγικούς, καί (μέσω τῆς ἐποχῆς τοῦ Γαλιλαίου) καταλήγει στόν Βίνερ καί τήν διαστημική ἐποχή.

*

Μετά τήν «θεωρία» ἔρχεται ἡ «πράξη»: *«δῆλον οὖν ὅτι ὁ ἄνθρωπος τῶν πράξεων ἐστι γεννητικός»*[9], ὅπως παρατηρεῖ καί ὁ Ἀριστοτέλης. Ἡ ἑπομένη καί οὐσιαστικότερη αἰτία ἁλώσεως τοῦ κριτικοῦ λόγου ἀπό τήν μαρξιστική τρομοκρατία ὀφείλεται σέ καθαρά ἱστορικά συμβάντα: στήν λενινιστική ἐπιλογή νά τήν χρησιμοποιήσει ὡς προμετωπίδα στό πολιτικό πρόγραμα ἐπαναστατικοῦ μετασχηματισμοῦ τῆς τσαρικῆς Ρωσίας (στήν οὐσία, βιαίου ἀστικοῦ μετασχηματισμοῦ). Δηλαδή, τό πέρασμα ἀπό τόν καλογερίστικο Μεσαίωνα στην μεταβιομηχανική ἐποχή, μέ ὄργανο τούς κομματικούς γενίτσαρους (γενίτσαρί = νέος στρατός) καί ὁδηγό τήν ἀνεκδιήγητη «Διαλεκτική τῆς Φύσης»[10]. Ὅπως ἡ διάδοση καί ἑδραίωση τοῦ Χριστιανισμοῦ ὀφείλεται στόν ἀπόστολο Παῦλο καί ὄχι στόν Χριστό (ἀναφέρομαι πάντα στήν ἱστορική πλευρά τῶν φαινομένων καί ὄχι στήν ἀποκαλυπτική), τό ἴδιο καί *ἡ ἐγγραφή τοῦ Μάρξ στήν ἱστορία ὀφείλεται στόν Λένιν καί τόν Στάλιν καί ὄχι ἀντιστρόφως.*

Στίς ἀρχές τοῦ 20οῦ αἰῶνα, ἡ κατάσταση τῆς Ρωσίας βρισκόταν στά ὅρια τῆς κατάρρευσης. Ἡ κλίκα τοῦ Λένιν θά ἐκμεταλλευθεῖ τήν ρωσική κρίση καί θά καταλάβει τήν κεντρική ἐξουσία («συντονιστική» θέση τήν ἀποκαλοῦσε ὁ Λένιν). Ἀπό αὐτή τήν θέση θά ἐξοντώσει συστηματικά ὅλα τά τοπικά ἐπαναστατικά κινήματα, ἀνατινάζοντας, μέσα σέ τραῖνα καί ἀποθῆκες, μιά-μιά τίς ἐπιμέρους ἡγετικές ὁμάδες. Μέ ἄλλα λόγια, θά οἰκειοποιηθεῖ συνωμοτικά τήν ἐξέγερση ἄλλων, θά καταργήσει τήν ἀντιπολίτευση, δηλαδή τόν πυρῆνα τῆς πολιτικῆς πράξης, καί τελικά θά σχηματίσει τήν δική του «μπολσεβικική» κυβέρνηση (ἐνῶ ὁ ἴδιος ἦταν κάτι λιγότερο ἀπό μειοψηφία)[11].

Ἡ ἑδραίωση τοῦ «σοσιαλισμοῦ» στήν Ρωσία, καί μάλιστα τῆς ἀκραίας του μορφῆς, τοῦ κομμουνισμοῦ τῆς «δικτατορίας τοῦ προλεταριάτου», θά προσκομίσει τά ἱστορικά πιστοποιητικά γιά τήν ἀναγνώριση τοῦ μαρξισμοῦ σέ πολιτική ἀξία τοῦ σημερινοῦ κόσμου, θά προσφέρει τά ἱστορικά ἐχέγγυα γιά τήν ὀρθότητα τῆς ἱστορικοδιαλεκτικῆς ἀνάλυσης τῶν κοινωνιῶν καί τῶν πολιτισμῶν. (Ἀπό μιά ἄποψη, ἡ Ρωσία ἔπαθε μέ τόν Λένιν ὅ,τι ἡ Ἰταλία μέ τόν Μουσολίνι: ἕνα εἶδος ὑπνωτισμοῦ ἤ πολιτικῆς παράλυσης). Ἡ «μεταγραφή» τοῦ θεωρήματος στήν πράξη, ὁ μετασχηματισμός του σέ ἱστορικό καί κοινωνικό γεγονός, ἀποτέλεσε de facto ἀπόδειξη γιά τήν «ἐπιστημονική» ὀρθότητα τῶν προτάσεών του. Τό ἱστορικό καί κοινωνικό ρωσικό «πείραμα» μετέτρεψε σέ βεβαιότητα τήν θεωρητική ὑπόθεση, κατέστη ἡ ἐμπράγματη, ἡ «ὑλική» ἀπόδειξη τῆς ἀληθείας τῆς «ἐπιστημονικῆς» πρότασης, σύμφωνα μέ τήν λογική τοῦ *«ὅ,τι εἶναι πραγματικό εἶναι λογικό»*. Ἀπό τοῦδε καί στό ἑξῆς οὐδείς ἱστορικοδιαλεκτικός εἶχε ἀνάγκη ὑπεράσπισης τῆς «λογικῆς» τῶν προτάσεων οἱ ὁποίες συγκροτοῦσαν τήν «ὁλική» ἀλήθεια. Μέ τήν σιγουριά τοῦ ἱστορικά, δηλ. «ὑλικά», δικαιωμένου παρέπεμπε στό πραγματικό γεγονός. Τά ἑκάστοτε «λάθη» (τίς ἀποτυχίες καί τά ἐγκλήματα ἀπό τήν Ἀλβανία μέχρι τήν Κούβα καί τό ἑλληνικό Κ.Κ.Ε.) τά ἀπέδιδε στίς «παρεκκλίσεις» ἀπό τήν «θεωρία». Ἡ προκλητική ὁμιλία τῶν «διανοουμένων» καί τῶν πολιτικῶν διαφωτιστῶν ἀντλοῦσε τήν δύναμή της ἀπ' αὐτό τό γεγονός. Ὅπως ἡ χιτλερική «ὁμιλία» ἔπαιρνε κῦρος ἀπό τήν ἰσχύ τοῦ ναζιστικού κινήματος, ἔτσι καί ἡ «ἐπιστημονική» ἀσυναρτησία ἀντλοῦσε τό κῦρος της ἀπό τήν ἰσχύ τοῦ ὑπαρκτοῦ λενινιστικοῦ πειράματος.

Τά ἀναρίθμητα ἐγκλήματα τοῦ Λένιν καί τοῦ Στάλιν ἔδωσαν κῦρος στόν «ἐπιστημονικό» σοσιαλισμό. Ἡ ἐξόντωση ἑκατομμυρίων ἐργατῶν στόν βωμό τῆς οἰκοδόμησης τοῦ «σοσιαλισμοῦ», οἱ ἐξορίες σοφῶν ἐπιστημόνων, τά ψυχιατρεῖα ἀναμόρφωσης ἀντιφρονούντων, οἱ δολοφονίες ποιητῶν καί καλλιτεχνῶν καί ἡ μετατροπή μιᾶς ὁλόκληρης αὐτοκρατορίας σέ ἀστυνομικο-κομματική καί στρατιωτική μηχανή παρανοϊκῶν προσκόμισαν τά ἱστορικά πιστοποιητικά στήν θεωρία τῆς συνωμοσίας καί τῆς τρομοκρατίας. Ἡ ἐξαθλίωση καί ἡ ἐξόντωση ὁλόκληρων ἐθνοτήτων ὑπῆρξε ἡ «πειραματική» ἀπόδειξη τῆς ὀρθότητας τοῦ «ἐπιστημονικοῦ» σοσιαλισμοῦ. (Παρενθετικά: Ὁ ἑλληνισμός ἐκεῖθεν τοῦ Πόντου πλήρωσε τό πείραμα μέ μιά ἐξόντωση ἰσάξια ἐκείνης ἐντεῦθεν τοῦ Πόντου – τῆς Μικρᾶς Ἀσίας– ἀπό τήν ἐθνικιστική μανία τῆς κεμαλικῆς Τουρκίας). Ἦταν ἀκριβῶς αὐτή ἡ πολιτική ἐκτροπή πού νομιμοποίησε τήν «ἰδεολογία», τήν στρατηγική τῶν συνωμοτῶν, ὡς τρόπο σύστασης τοῦ κοινωνικοῦ ὄντος, πού νομιμοποίησε τόν παρανοϊκό νεονομιναλισμό, τήν γλῶσσα τῆς ψυχρῆς δολοφονίας καί τήν ἰδεολογική ρητορεία ὡς κριτική σκέψη.

Ἡ σοβιετική Ρωσία καθίσταται τό κέντρο, ἡ μητρόπολη τοῦ «σοσιαλισμοῦ» (δηλ. τοῦ σταλινισμοῦ), ἡ ὁποία μέ τήν δύναμη, ὑλική καί προπαγάνδας πού διαθέτει, εἶναι αὐτή ἡ ὁποία ἐκδίδει τά «πιστοποιητικά» αὐθεντικότητας καί ἀληθείας τῶν σοσιαλιστικῶν ἰδεῶν καί κυρίως κοινωνικῶν κινημάτων. Ὅλα τά σοσιαλιστικά κινήματα εἴτε γιά λόγους οἰκονομικῆς καί πολιτικῆς ἐξάρτησης ἤ μέ ἀπ᾽ εὐθείας «ἀνάθεση ἔργου» (ὅπως π.χ. τό ΚΚΕ), ὑπάγονται καί ἐλέγχονται ἄμεσα ἀπό τίς ρωσικές μυστικές ὑπηρεσίες (ἀργότερα ἀπό τήν γνωστή K.G.B.). Ὅπως ἦταν ἀναμενόμενο, τά σοσιαλιστικά κινήματα, ἀπό φορεῖς οὐμανιστικῶν ἀρχῶν καί παραδόσεων, ἀπό ὑγιεῖς δυνάμεις τῶν κοινωνιῶν στίς ὁποῖες ἐκδηλώνονται, μεταβάλλονται σέ ὀπερετικά καί ὑπηρετικά ὄργανα μιᾶς ἐφιαλτικῆς μητρόπολης, ἡ ὁποία τά χρησιμοποιοῦσε κατά βούλησιν στό παγκόσμιο πολιτικό παίγνιο. Συνεχίζοντας τήν τακτική τῶν ἱδρυτῶν (Μάρξ καί Ἔνγκελς), πού διδάχθηκαν πολλά ἀπό τον Αὐγουστῖνο, τόν Κύριλλο Ἀλεξανδρείας καί τόν Καλβῖνο, συκοφαντοῦν ὡς «οὐτοπιστική», «ἀστική», «μικροαστική», «ρεβιζιονιστική» καί «χυδαία» κάθε κριτική τοῦ «θεωρήματος» καί τῆς ἐφαρμογῆς του. Ἡ διανοητική φάρσα καί τό πνευματικό καλαμπούρι (τό κακόγουστο πολιτικό μυθιστόρημα) μεταβλήθηκε σέ ἱστορική τραγωδία, πού διεκδικεῖ τήν περιοχή τοῦ νοήματος. Ἡ ζωή κατέστη ὑπόλογη στό ταριχευμένο πτῶμα ἑνός πολιτικοῦ συνωμότη (τοῦ Λένιν), πού κατόρθωσε νά διατηρήσει τήν ψευδαίσθηση τῆς κοινωνικῆς ἀλλαγῆς καί τοῦ ἱστορικοῦ μετασχηματισμοῦ στούς θρησκόληπτους καί ἐξαθλιωμένους τῆς ρωσικῆς στέπας καί τοῦ «ὀρθόδοξου» ἀσιατικοῦ δεσποτισμοῦ τῶν Τσάρων, καί νά σαγηνεύσει τούς ταγούς τῶν ἐπαρχιακῶν βοσκοτόπων (βαλκανικῶν καί μή).

Μέ τό τέλος τοῦ Δευτέρου Πολέμου, θά προστεθεῖ ἕνα ἀκόμα ἱστορικό στοιχεῖο στήν αὔξηση τοῦ κύρους τῆς Ρωσίας, ὡς μητρόπολης τοῦ «λενινομαρξισμοῦ». Ἡ κριτική σκέψη καί ἡ οὐμανιστική παράδοση τῆς Εὐρώπης θά δεχθεῖ τό δεύτερο καί ὁριστικό πλῆγμα: μέ τίς ἀποφάσεις τῶν νικητῶν, ἡ Ρωσία θά γίνει συγκυρίαρχος τῆς Εὐρώπης καί θά συμμετάσχει στίς δυνάμεις κατοχῆς τῆς ἡττημένης Γερμανίας. Θά ἀποκτήσει ἔτσι καί τυπικά τό δικαίωμα νά ἔχει ἄποψη στά εὐρωπαϊκά ζητήματα. Μπορεῖ νά προπαγανδίζει ἐλεύθερα τό «σοσιαλιστικό» τερατούργημα, εὐνουχίζοντας τήν κριτική σκέψη ἀπό θέσεως ἰσχύος καί οὐσιαστικά χωρίς ἀντίπαλο. Ἡ Ἰταλία, μέ τό εἰκοσαετές φασιστικό παρελθόν τοῦ Μουσολίνι καί τήν σύνδεσή της μέ τήν ναζιστική περιπέτεια, θέτει ἑαυτήν ἐκτός ἱστορικῆς τροχιᾶς καί καθίσταται ἄβουλο ὄργανο τῆς νέας μητρόπολης (ΗΠΑ), ἐνῶ ὡς ἀπάντηση στή διπλή ἱστορική ἧττα (καί ἐνοχή) θά ἀναπτύξει τό μεγαλύτερο ΚΚ τῆς Εὐρώπης. Ἡ ἄμεση παράδοση τῆς Γαλλίας στήν γερμανική προέλαση τήν θέτει διακριτικά στό περιθώριο καί ὑποβαθμίζει τήν νόμιμα ἰσότιμη θέση της ἀνάμεσα στίς νικήτριες δυνάμεις. Ἡ Ἱσπανία, κάτω ἀπό τό βάρος μιᾶς ἰσχυρῆς καθολικῆς ἐκκλησίας καί ἑνός μεσαιωνικοῦ φεουδαλισμοῦ, πέφτει σέ χειμερία φραγκική νάρκη, ἀποκόπτουσα ἑαυτήν ἀπό τήν εὐρωπαϊκή ἱστορία. Ἡ Γερμανία ἡττᾶται, ταπεινώνεται, ἐν συνεχεία διαμελίζεται καί τίθεται ὑπό ἐπιτροπεία. Ἔτσι, κάθε φορά πού χρειάζεται νά τήν ἐκβιάσουν, ἡ ὀργανωμένη προπαγάνδα ἐπισείει τό ναζιστικό παρελθόν, μετασχηματίζοντας τόν Δεύτερο Παγκόσμιο Πολέμο σέ ἀντισημιτικό ὁλοκαύτωμα. Οἱ κύριοι δυναμικοί φορεῖς τῆς εὐρωπαϊκῆς συνείδησης, ἡ Γαλλία, ἡ Γερμανία, ἡ Ἰταλία, περνοῦν κάτω ἀπό τήν προστασία καί τόν ἔλεγχο τῆς Ρωσίας καί τῆς Ἀμερικῆς, ἐνῶ ἡ Ἀγγλία συντάσσεται μέ τά συμφέροντα τῶν ΗΠΑ, ἀφοῦ ἀναγνωρίσει τήν «ἀλλαγή φρουρᾶς». *Τό τέλος του Β΄ Παγκοσμίου Πολέμου εἶναι τό τέλος τῆς Εὐρώπης ὡς νοηματοδοτικοῦ κέντρου. Εἶναι τό τέλος τῆς οὐμανιστικῆς παράδοσης* καί ὁ ἀπόλυτος ἔλεγχος τοῦ κριτικοῦ λόγου ἀπό τήν ρωσική προπαγάνδα καί τήν πολιτική διαχείριση. Τήν τελευταία κατευθύνει ἡ Ἀμερική μέ «διανοουμένους» τύπου Πόππερ καί Ντεριντά, πού εὐαγγελίζονται τήν «κοινωνική μηχανολογία» καί τήν «ἀποδόμηση», δηλ. τήν διάλυση τοῦ πολιτισμοῦ καί τόν ἐκκαρτουνισμό (cartoon) τῆς Εὐρώπης, κατά τό πρότυπο τῶν ΗΠΑ.

Ὁ πυρῆνας ὀργανώσεως αὐτῆς τῆς προπαγάνδας στό ἐσωτερικό τῆς Εὐρώπης εἶναι γνωστός. Ἐκτός τῶν ΚΚ, μέ τό τέλος τοῦ Δευτέρου Πολέμου, οἱ φυγάδες Γερμανο-εβραῖοι «διανοούμενοι» (Μαρκοῦζε, Ἀντόρνο, Χορκχάϊμερ, κ.λπ.) ἐπιστρέφουν ἀπό τήν Ἀμερική γιά νά πάρουν ἐκδίκηση καί θεμελιώνουν τήν νέα-αριστερά στήν Εὐρώπη. Ἡ ὁμάδα αὐτή συγκροτεῖ στήν Γερμανία τήν καλούμενη «Σχολή τῆς Φραγκφούρτης» μέ «φιλοσοφικό» πυρῆνα τόν δομισμό καί τόν μολυσματικό[12] μαρξοφροϋδισμό, μέ τόν ὁποῖο ὁ Δεύτερος Παγκόσμιος Πόλεμος μετασχηματίζεται σέ ἑβραϊκή μαρτυρολογία καί ἑρμηνεύεται μέ ὅρους ναζιστικῆς σατανολογίας. Ὁλόκληρη ἡ κοινωνική καί ἱστορική διαδικασία μετακινεῖται ἀπό τήν μαρξιστική «θεωρία» τῆς ὑπεραξίας στήν ψυχοπαθολογία τῆς ἐνοχῆς[13]. Τήν ἀντίστοιχη ὁμάδα στήν Ἀ. Γερμανία ἐκπροσωπεῖ ὁ Μπρέχτ, καί στή Γαλλία, ὁ Ζάν Πώλ Σάρτρ, ὁ Λεβινάς, ὁ Ἀλτουσέρ, ὁ Λεβύ Στρώς, καί οἱ ὑποτακτικοί ἐπαρχιῶτες ὅπως ὁ Καστοριάδης. Μέ τό κίνημα αὐτό ἐγκαινιάζεται ὁ ἐξυπνακισμός, ἡ ἐλιτίστικη θρασύτητα, ἡ «ἀμφισβήτηση» καί ἡ «στράτευση» (δηλαδή ἡ ἐνοχή). Τό μέγα «ἱστορικό» ἔργο αὐτῆς τῆς νεοφασιστικῆς κίνησης, τήν ὁποία στήριζαν οἱ ρωσικές καί ἀμερικανικές ὑπηρεσίες πληροφοριῶν, ὑπῆρξε *ἡ καταστροφή τῆς κριτικῆς σκέψης καί ἡ κατασυκοφάντηση τῶν θεμελίων τῆς Δύσης.* Ἡ πραγματική ἱστορική συνεισφορά τῆς νέας ἀριστερᾶς ὑπῆρξαν τά γεγονότα τοῦ Μάη τοῦ '68, μέ τά ὁποῖα ἐπιχειρήθηκε νά κλονισθεῖ ἡ Γαλλία στό ὄνομα τῆς «ἀμφισβήτησης» καί τῆς «ἀπελευθέρωσης», γιά νά πληγεῖ ἡ ἰδέα τῆς Ἑνωμένης καί Ἀνεξάρτητης Εὐρώπης (τήν ὁποία ἐκφράζει κατ' ἐξοχήν ἡ Γαλλία τοῦ Ντέ Γκώλ). Ἡ ὅλη ἐπιχείρηση τελεῖ ὑπό τήν αἰγίδα τοῦ σιωνιστικά ἐλεγχομένου εὐρωπαϊκοῦ Τύπου καί τῶν ΜΜΕ, τά ὁποῖα ἐπισείουν διαρκῶς τήν ἀντισημιτική ἐνοχή. Στήν Γαλλία διατηρεῖται ἐπίκαιρη ἡ ὑπόθεση Ντρέϋφους –ἡ ὑπόθεση δέν ἔχει κλείσει ἀκόμα–

παίρνοντας ἐκδίκηση γιά τήν ἐποχή τοῦ Βολταίρου! Στήν Γερμανία μέ τό ὁλοκαύτωμα καί στήν Ἀμερική μέ τό πανίσχυρο ἀμερικανοεβραϊκό λόμπυ[14]. Στήν Ἀγγλία τό πρόβλημα ἔχει λυθεῖ ἀπό τήν ἐποχή τῆς πρωθυπουργίας τοῦ Ντισραέλλι καί τήν διακήρυξη Μπάλφουρ (τήν ἀναγνώριση τοῦ κράτους τοῦ Ἰσραήλ, πρίν βρεθούν τά οἰκόπεδα καί οἱ κάτοικοί του!), γεγονός πού δρομολογήθηκε μέ τήν ἐκεῖ ἐγκατάσταση τῶν Ρότσιλντ πρίν τήν Μεταρρύθμιση.

Ἡ νέα εὐρωπαϊκή ἀριστερά ἔχει τίς πολιτικές της ρίζες σ᾽ αὐτή τήν μεγάλη ἱστορική καί πολιτιστική ἐμπλοκή τῆς Εὐρώπης. Οἱ «διανοούμενοι» τῆς «Νέας Ἀριστερᾶς» περνᾶνε κάτω ἀπό τόν ἄμεσο ἤ ἔμμεσο ἔλεγχο τῆς K.G.B, ἐνῶ διατηροῦν δεσμούς μέ τίς μυστικές ὑπηρεσίες τῆς Ἀμερικῆς. *Τά ἀνά τόν κόσμο ἐπαναστατικά κινήματα καί μεγάλο μέρος τῆς εὐρωπαϊκῆς «διανόησης» μετασχηματίζονται σέ πρακτορεῖα τῆς Σοβιετικῆς Ἕνωσης* χωρίς σχέση μέ τούς σκοπούς καί τήν ἱστορική ἐμφάνιση τοῦ σοσιαλισμοῦ. Φυσικά, αὐτό δέν σημαίνει ὅτι δέν ὑπῆρξαν ἐλεύθερα πνεύματα[15] καί ἀντίσταση στήν γενική τρομοκρατία καί στήν ἰσοπέδωση. Ἡ κριτική ἀφορᾶ τήν ὀργανωμένη καί δεσπόζουσα πλευρά τοῦ πολιτισμοῦ καί ὄχι ὅσους πίστεψαν ἤ στρατεύθηκαν σ᾽ ἕνα κατ᾽ ἐπίφασιν οὐμανιστικό κήρυγμα.

Αὐτή εἶναι ἡ διαδικασία μέ τήν ὁποία *τά ἐπαναστατικά κινήματα, ἡ εὐρωπαϊκή «διανόηση» καί οἱ «στρατευμένοι διανοούμενοι» μετασχηματίζονται σέ ἄκρως ἀντιδραστικά ἱστορικά καί κοινωνικά κινήματα καί* ὄργανα τῶν τυχοδιωκτικῶν στόχων τῆς σοβιετίας καί παίγνιο στά ἐγκληματικά παζάρια συνεργασίας καί ἀλληλοεκβιασμοῦ τῶν δύο μεγάλων δυνάμεων. Οἱ «τρομοκρατικές» συμμορίες, πού δροῦν προνομιακά στήν Εὐρώπη, ἐντάσσονται στό ἴδιο πλαίσιο. Εἶναι αὐτή ἡ ἀντιδραστική ἀριστερά πού δημιούργησε στήν δεκαετία τοῦ '50-'60 τόν μῦθο τῆς ἐπανάστασης στόν Τρίτο Κόσμο, ἀπό Κούβας ἕως Ἀλγερίας, συμβάλλοντας στήν αὔξηση τῆς ἔντασης τοῦ ψυχροῦ πολέμου καί στά προβλήματα τῶν ὑποαναπτύκτων (καί τήν χρεοκοπία ἀρκετῶν εὐρωπαϊκῶν τραπεζῶν). Οἱ εἰσηγητές καί «τό πνευματικό τους ἔργον» ἐξαφανίσθηκαν. Τά σφαγεῖα ὅμως πού τέθηκαν σέ λειτουργία τήν ἐποχή αὐτή, ἐξακολουθοῦν νά δουλεύουν καί μετά τήν κατάρρευση ἀπό κεκτημένη ταχύτητα (βλ. τήν περίπτωση τῆς Ἀλγερίας, τῆς Καμπότζης καί τοῦ Ἀφγανιστάν, τήν ἐξαθλίωση τῆς Κούβας ἤ τῆς Αἰθιοπίας καί τίς ἀνθρωποφαγίες τῆς Β. Κορέας).

*

Τό ἀπόγειο τῆς ρωσικῆς προπαγάνδας σημειώνεται στίς ἀρχές τῆς δεκαετίας τοῦ '70, στήν ἐποχή τῆς δικῆς μας Μεταπολίτευσης. Μέ τήν ἧττα τῆς Ἀμερικῆς στό Βιετνάμ, πρός στιγμήν φάνηκε ὅτι ἡ Σοβιετική Ἕνωση πῆρε τήν ἐκδίκησή της. Ὡστόσο, ἡ εὐφορία δέν θά κρατήσει πολύ. Στήν ἑπομένη δεκαετία συντελεῖται αὐτό πού θά ἔπρεπε νά γίνει τό 1920.

Μετά τήν κατάρρευση τῆς «σοσιαλιστικῆς» μητροπόλεως, ὅλα τά κινήματα τῆς «ἀριστερᾶς», οἱ προπαγανδιστικοί μηχανισμοί, οἱ «διανοούμενοι» καί τά «προοδευτικά» ἔντυπα περιέρχονται στόν ἄμεσο ἔλεγχο τῆς Ἀμερικῆς, ἡ ὁποία τά χρησιμοποιεῖ ἐλεύθερα γιά τήν προώθηση τῶν στρατηγικῶν της στόχων, τόσο στήν περιοχή τοῦ καλουμένου Τρίτου Κόσμου, ὅσο καί κυρίως στήν Εὐρώπη. Αὐτή εἶναι ἡ συμφωνία γιά τήν ὁμαλή κατάρρευση, καί αὐτός εἶναι ὁ λόγος πού ἡ Εὐρώπη δέν ἄσκησε κριτική, ὡς ὄφειλε, στόν σταλινικό «ὑπαρκτό σοσιαλισμό». Τά ἀρχεῖα τῆς περιβόητης «Στάζι» ἀξιοποιοῦνται δεόντως γιά τόν ἐπηρεασμό προσώπων καί κυβερνήσεων. Θυμίζω τήν πτώση τοῦ Καγκελάριου Βίλλυ Μπράντ στήν περίοδο τῆς ψυχροπολεμικῆς ὑστερίας. Αὐτός εἶναι ὁ λόγος πού οἱ Ἕλληνες πράκτορες «κατέβηκαν» στήν Ἑλλάδα μέ τόν ἀέρα τοῦ ἰδιοκτήτη τοῦ «προοδευτικοῦ» καί τοῦ «σοσιαλισμοῦ» καταλαμβάνοντας ἡγετικές θέσεις σέ ὅλες τίς περιοχές τοῦ πολιτισμοῦ, τῆς οἰκονομίας καί τῆς «ἐνημέρωσης» (προπαγάνδας). Οἱ «διανοούμενοι» καί οἱ κήρυκες τῆς χειραφέτησης ἀλλάζουν προϊσταμένη ἀρχή. Ἀπό τίς μυστικές ὑπηρεσίες τῆς Ρωσίας περνᾶνε στίς ἀντίστοιχες τοῦ νέου ἀφέντη. Ἐδῶ οἱ δοῦλοι, παρά τό ἐξόχως «πνευματικό» ἔργο, δέν καταφέρνουν νά γίνουν ἀφέντες...

Ἄν ἡ συζήτηση, καί πολύ περισσότερο ἡ πράξη, γιά τόν σοσιαλισμό πρέπει νά ἀποκτήσει στίς μέρες μας ὁποιοδήποτε νόημα, ἀπαιτεῖται ἡ ἐπιστροφή στήν οὐμανιστική παράδοση, ἀπ᾽ ὅπου προέρχεται τό κίνημα, ἀπαλλαγμένο ἀπό τήν κληρονομιά τοῦ σοβιετικοῦ πειράματος καί τῶν ἀνά τόν κόσμο πρακτορευόμενων ΚΚ. Κληρονομιά πού συσσώρευσε ἐγκλήματα καί καταστροφές βασισμένες στόν νηπιακό καί *ἀ-πολιτικό μαρξικό μεσσιανισμό.* Ἔξω ἀπό τήν μεταφυσική τῆς παράδοσης πού γέννησε τόν Οὐμανισμό, κάθε συζήτηση γιά τήν θέση καί τόν ρόλο τοῦ σοσιαλισμοῦ στερεῖται νοήματος. Τά κόμματα πού ὑποδύονται τήν θεία Πρόνοια μποροῦν στήν καλλίτερη περίπτωση νά συγκροτήσουν μιά κοινωνία ἀναπήρων μέ είδικές ἀνάγκες καί στήν συνηθέστερη τίς ἀτέλειωτες πολιτικές μαφίες.

*

Ἡ κατανόηση καί ἡ ἐξέλιξη τῆς Μεταπολίτευσης στήν Ἑλλάδα μπορεῖ νά ἐξηγηθεῖ μόνο σ' αὐτό τό πλαίσιο. Σχετίζεται μέ αὐτό τό στρατηγικό σχέδιο κι αὐτή τήν νέα τάξη πραγμάτων: τήν προσέγγιση καί συνεργασία Ρωσίας-Ἀμερικῆς καί τήν προσωρινή παντοδυναμία τῆς ρωσικῆς προπαγάνδας. Μετά τήν ἠθική καί στρατιωτική ἧττα τῆς Ἀμερικῆς στό Βιετνάμ, ἡ στρατηγική τῆς ἄμεσης στρατιωτικῆς ἐπέμβασης καί τῆς πολιτικῆς τῶν πραξικοπημάτων (ὅπως ἡ ἑλληνική χούντα) διαγράφεται ἀπό τήν ἐξωτερική πολιτική τῆς μεγάλης δύναμης, ἀλλά καί τῆς Δύσης γενικότερα. Ἡ στρατηγική τῆς ἀποικιοκρατίας, ὅπως τήν γνώρισε ἡ ἀνθρωπότητα τούς τέσσερις-πέντε τελευταίους αἰῶνες, μπαίνει στό ἱστορικό ἀρχεῖο. Ἡ τελευταία προσπάθεια, ὅπως ἤδη σημείωσα, ἦταν τό φιάσκο ἐπέμβασης στά ἐσωτερικά τῆς Περσίας μέ τήν πτώση τοῦ Σάχη. Ἡ τακτική καί οἱ μέθοδοι ἀλλάζουν. Ἀπό 'δῶ καί πέρα ἡ Ἀμερική (σέ συνεργασία μέ τήν Ρωσία) ἀποφασίζει νά χρησιμοποιήσει τίς «προοδευτικές δυνάμεις» γιά ὅλες τίς μορφές τῶν ἐπεμβάσεων καί τοῦ ἐσωτερικοῦ ἐλέγχου τῶν χωρῶν. Ὁ «σοσιαλισμός» καί ἡ «ἀριστερά» τῆς μεταπολιτευτικῆς περιόδου ἀνήκουν στίς πλέον τυπικές ἐκδοχές αὐτῆς τῆς στρατηγικῆς, καί ἀποτελοῦν ἕνα εἶδος πειραματικοῦ ἐργαστηρίου στό ὁποῖο δοκιμάζεται ἡ ἀξιοποίηση τῆς «ἀριστερᾶς» στήν ὑπηρεσία τῶν μητροπολιτικῶν στόχων. Ἡ ἱστορική ἀποτυχία τοῦ σοβιετικοῦ πειράματος ἀποτελεῖ ἐγγύηση ὅτι τά σοσιαλιστικά κινήματα στίς ἀδόμητες ἀστικά καί ἱστορικά χῶρες τίς καθιστοῦν ἀνάπηρες, δηλαδή χειραγωγήσιμες. Ἡ ἑλληνική Μεταπολίτευση εἶναι τό πλέον ἀντιπροσωπευτικό παράδειγμα.

Παρά τίς φιλότιμες προσπάθειες «φιλοδυτικῶν» καί «νεορθοδόξων» γιά τήν ἀπομόνωση τῆς Ἑλλάδος, ἡ πολιτική ζωή διαμορφώνεται πλήρως κάτω ἀπό τήν ἐπίδραση τῆς δεσπόζουσας εὐρωπαϊκῆς πολιτικῆς καί πνευματικῆς συνθήκης: ἡ ἔξαρση τοῦ φασισμοῦ στήν Εὐρώπη τοῦ μεσοπολέμου εἶχε τήν ἀντίστοιχη ἑλληνική ἐκδοχή τοῦ Μεταξᾶ. Ἡ μεταπολεμική περίοδος τοῦ τεμαχισμοῦ τῆς Εὐρώπης, εἶχε τόν αἱματηρό ἐμφύλιο. Ἡ ψυχροπολεμική ὑστερία, τό πραξικόπημα τῶν συνταγματαρχῶν. Ὁ μεταπολιτευτικός «σοσιαλισμός» καί ἡ «ἀριστερά» εἶναι στενά συνδεδεμένα μέ τά ἀντίστοιχα κινήματα τῆς Εὐρώπης, κυρίως ὅμως συνδέονται μέ τόν *Μεγάλο Συμβιβασμό* μετά τήν ἧττα στό Βιετνάμ, δηλ. τήν συνεργασία Ἀμερικῆς-Ρωσίας. Ἡ ἀντιρατσιστική ἐκστρατεία καί τά περί «ξενοφοβίας» ἀκολουθοῦν (δηλ. καθοδηγοῦνται) ἀπό τήν σιωνιστική προπαγάνδα. Ἄν δέν ὑπῆρχε τό ἱστορικό πλαίσιο στό ὁποῖο ἀναφέρθηκα μέ συντομία καί ἡ ἔξαρση *τῶν κινημάτων ἀμφισβήτησης* τῆς δεκαετίας τοῦ 1970 στήν Εὐρώπη, ὁ λαϊκισμός τοῦ Ἀ. Παπανδρέου θἆταν ἀδύνατο ὄχι νά γιγαντωθεῖ, ἀλλά οὔτε κἄν νά ἐκφωνηθεῖ. Καί 'δῶ βρίσκεται ἡ ἱστορική σχιζοφρένεια τῆς νεοελληνικῆς κοινωνίας. Ἐνῶ ἀποστρέφεται βαθύτατα τό θεμελιακό χαρακτηριστικό τῆς Δύσης: τήν παραγωγή, τήν γνώση καί τήν σοβαρότητα, εἰσάγει μανιωδῶς κάθε εἴδους δυτικά ὑπο-προϊόντα καί προϊόντα ὑποκουλτούρας.

Οἱ ἑλληνικές «προοδευτικές δυνάμεις», εἴτε τό κατανοοῦν εἴτε ὄχι, εἴτε γνωρίζουν τόν ἱστορικό χαρακτῆρα αὐτῶν τῶν ἰδεῶν εἴτε ὄχι, τό γεγονός παραμένει ὅτι διακινοῦν αὐτό τό ἀντιδραστικό καί ἐπικίνδυνο ἰδεολόγημα τοῦ «σοσιαλισμοῦ». *Οἱ πολιτικές ἰδέες δέν εἶναι σύμβολα πίστεως, ἀλλά καθορίζονται αὐστηρῶς ἀπό τήν ἑρμηνεία τους, τήν χρήση τους καί τά αἰτήματα τῆς κάθε ἐποχῆς.* Ὁ χριστιανισμός διακηρύσσει τό «ἀγαπᾶτε ἀλλήλους», ἀλλά ἡ Τετάρτη Σταυροφορία, πού ἔγινε στό ὄνομά του, διαλύει τό Βυζάντιο καί ἐγκαινιάζει τήν περίοδο τῆς ἀποικιοκρατίας· ὑπῆρξε μία ἀπό τίς μεγαλύτερες ντροπές τοῦ χριστιανισμοῦ: ἡ λεηλασία, οἱ βιασμοί καί οἱ ἱεροσυλίες στήν Πόλη δέν ἔχουν νά ζηλέψουν τίποτα ἀπό ἐκεῖνες τοῦ πορθητή.

Αὐτό μᾶς φέρνει στήν δεύτερη φάση τοῦ μεταπολιτευτικοῦ δράματος. Στόν τρόπο μέ τόν ὁποῖο ἡ νέα μητροπολιτική στρατηγική μεταμόρφωσε τήν μεταπολιτευτική δημοκρατία σέ νεοσταλινικό γκέτο.

Σημειώσεις

1. – Ἀλμπέρ Καμύ: «*Ὁ ἐπαναστατημένος ἄνθρωπος*».
– Σοπενχάουερ: «*Πραγματεία περί τῆς τετραπλῆς ἀρχῆς τοῦ ἀποχρῶντος λόγου*». Τό ἀπόσπασμα περιλαμβάνεται στό «*Αὐτεξούσιο*», σέ μετάφραση Ἀ. Πολυμέρη (ἐκδόσεις Φέξη).
2. Περιορίζομαι στίς κύριες αἰτίες χωρίς αὐτό νά σημαίνει ὅτι εἶναι οἱ μοναδικές ἤ ὅτι ἀποκλείονται μιά σειρά ἀπό αἰτίες πού ἔχουν ἐξίσου καθοριστική σπουδαιότητα γιά τήν τελική διαμόρφωση τῆς ἱστορίας.
3.Ἔγελος: «*Φαινομενολογία τοῦ Πνεύματος*», 1807. §§ 194.195. Πρέπει νά σημειωθεῖ ὅτι καί ὁ μαρξισμός ἔδωσε μέ τήν σειρά του κῦρος στόν Ἔγελο, ὁ ὁποῖος εἶχε πέσει σέ ἀνυποληψία.
4. Ὅ.ἀ. Ἡ καταγωγική σχέση τοῦ μαρξικοῦ δόγματος γίνεται φανερή τόσο στά λεγόμενα «*Χειρόγραφα τοῦ 1844*» ὅσο καί στήν «*Κριτική τῆς Φιλοσοφίας τοῦ Δικαίου*» τοῦ Ἔγελου.
5. Meister Eckhart: «*Συμβουλευτικές ὁμιλίες*» καί «*Τό βιβλίο τῆς Θείας Παρηγορίας*». Μετφ. Rayond B. Blakney, Ed. Harper Torchbooks, 1941.
6. Τό πρόβλημα ἀπασχολεῖ τήν φιλοσοφία ἀπό τήν ἐποχή τοῦ πλατωνικοῦ «Κρατύλου» καί τῶν Στωϊκῶν.
7. Τό ἔργο τοῦ Ἔγελου ἔγινε γνωστό στόν μεσοπόλεμο μέ τίς διαλέξεις τοῦ Κόσεβ στό Παρίσι. Ὁ ἀναγνώστης παραπέμπεται στό περιεκτικό ἄρθρο γιά τό θέμα στίς «*Ὁριοθετήσεις*», τεῦχος 1, Ὀκτώβριος–Δεκέμβριος 1990.
8. Ὁ χαρακτηρισμός δέν εἶναι μεταφορικός, ἀλλά κυριολεκτικός. Ἕνα δόγμα πού πιστεύει ὅτι θά δημιουργήσει κοινωνίες, ὅπου οἱ «*ἄνθρωποι θά συμπεριφέρονται τό πρωΐ ὡς κυνηγοί καί τό βράδυ ὡς κριτικοί*» (βλ. «*Γερμανική Ἰδεολογία*») ἔχει θέση μόνο στά νηπιαγωγεῖα τῆς ἱστορίας.
9. Ἀριστοτέλης: «*Μεγάλα Ἠθικά*», 1187β, 10.

10. Φρ. Ἔνγκελς: «*Ἡ Διαλεκτική τῆς Φύσης*».

11. Ὁ ἄγνωστος συντάκτης τοῦ σχετικοῦ λήμματος «μπολσεβικισμός» στήν ἐγκυκλοπαίδεια «*Πάπυρος-Λαρούς*» ἰσχυρίζεται ὅτι ὁ Λένιν ἔγινε πλειοψηφία μέ τήν δύναμη τοῦ κηρύγματός του! (Φαίνεται ὅτι προέρχεται ἀπό τήν περιοχή τοῦ θρησκευτικοῦ ἰδεολογήματος).

12. Ὁ χαρακτηρισμός δέν εἶναι δικός μου. Ὁ ἴδιος ὁ Φρόϋντ χαρακτήρισε στόν Κ. Γιούνγκ τήν ψυχανάλυση *πανούκλα*, κατά τό ταξίδι τους στήν Ἀμερική. Παρωδώντας, ἀκριβῶς διακόσια χρόνια ἀργότερα, τήν προσβολή τοῦ Woolston (1732) πρός τούς Ἑβραίους: («*Ἀπολογία γιά τήν ἀλήθεια τῆς Χριστιανικῆς Θρησκείας*»): «*Ὁ κόσμος ἔχει μολυνθεῖ ἀπό τούς Ἑβραίους*».

13. Δεῖγμα αὐτῆς τῆς «φιλοσοφίας» τῆς σχιζοφρένειας εἶναι «*Ὁ ἀντιοιδίποδας*» τῶν Ζύλ Ντελέζ – Φ. Γκουαταρί.

14. Γιά τό θέμα τοῦ ρόλου τοῦ Σιωνισμοῦ δές: Ἄννα Ἄρεντ: «*Ἡ καταγωγή τοῦ ὁλοκληρωτισμοῦ*». Ρ. Γκαρωντύ: «*Μῦθοι τῆς ἰσραηλινῆς πολιτικῆς*». Λ. Πολιακώφ: «*Ἱστορία τοῦ ἀντισημιτισμοῦ*».

15. Ἀναφέρω πρόχειρα τό φωτεινό παράδειγμα τοῦ Ἀ. Καμύ, τά κείμενα τοῦ Ναμπόκωφ, τοῦ Ἰονέσκο, τοῦ Μπερτιάγιεφ κ.λπ.

Ὁ μῦθος τῆς Δεξιᾶς καί τό θρησκευτικο-στρατιωτικό ἰδεολόγημα

«Ἐάν ἠδυνάμεθα διὰ τοῦ φωτὸς τοῦ λόγου
νά καταστρέψωμεν τὴν ὁμίχλην τοῦ σκότους
καὶ τοῦ σοφίσματος, ἤτοι τὸ ἐπιχείρημα τῆς συντηρήσεως,
δικαίως θέλομεν καταστρέψει ὡς ἱστὸν ἀράχνης».[1]
Ἐθνοσυνέλευσις 3ης Σεπτεμβρίου

Ἡ εἴσοδος στήν Μεταπολίτευση δέν εἶναι ἁπλῶς ἡ λήξη τῆς στρατιωτικῆς παρέμβασης, ἀλλά τό τέλος μιᾶς μακρᾶς πολιτικῆς περιόδου. Εἶναι τό τέλος τῆς διακυβέρνησης τῆς χώρας ἀπό τήν λεγομένη «συντηρητική» παράταξη ἤ τήν «δεξιά». Ἡ ἧττα τῆς «συντηρητικῆς» πλειοψηφίας τοῦ ἐκλογικοῦ σώματος, ὡς ἀδυναμία ἀντίστασης στόν νεοσταλινικό λαϊκισμό, καί ἡ θεαματική ἄνοδος μιᾶς φαινομενικά μικρῆς μειοψηφίας παραμένει μέχρι στιγμῆς ἕνα ἀναπάντητο ἐρώτημα καί ἕνα ἐκκρεμές ἱστορικά πρόβλημα. Τό μέγεθος καί ἡ ταχύτητα τῆς μεταβολῆς, πού πῆρε τήν μορφή χιονοστιβάδας, δημιουργεῖ εὔλογα ἐρωτήματα καί ἀπορίες, πού δέν ἔχουν ἀπαντηθεῖ μέχρι σήμερα ἐπαρκῶς, πέρα ἀπό τό εὐνοϊκό κλῖμα τῆς ἐποχῆς, στό ὁποῖο ἀναφέρθηκα στήν προηγουμένη ἑνότητα.

Ὁ πυρῆνας τῆς στρατηγικῆς τοῦ Ἀ. Παπανδρέου ἐντοπίζεται στή μετάθεση τῆς πολιτικῆς ἀντιπαράθεσης ἀπό τά οὐσιαστικά προβλήματα στό προτεινόμενο δίλημμα: *«πρόοδος καί ἀριστερά»* ἤ *«ἀντίδραση καί δεξιά»*. Σίγουρα, διαφορές ἀνάμεσα στά κόμματα ὑπάρχουν, ἀλλά δέν εἶναι τοῦ εἴδους καί τοῦ βαθμοῦ πού ὑπονοεῖ ὁ ὅρος, καί τό σημαντικότερο, *ὁ ὅρος «δεξιά» δέν ἀνταποκρίνεται σέ καμιά πραγματική διαίρεση τῆς κοινωνίας ὡς ἑνιαίου ὀργανισμοῦ, ὅπως θεμελιώνεται συνταγματικά καί ἐκφράζεται πολιτικά.* Τά συνθήματα τῆς πολιτικῆς διαμάχης (ἀπό τό '74 ἕως καί σήμερα) κινοῦνται κατά μῆκος αὐτῆς τῆς ψευδο-ἰδεολογικῆς ἀντιπαράθεσης μέ τήν ὁποία τό κόμμα τοῦ Ἀ. Παπανδρέου καί ἡ «ἀριστερά» αὐτοδιορίζονται ὡς «πρόοδος» καί «ἀλλαγή», ἐνῶ ἡ Ν.Δ. ταξινομεῖται ὡς «δεξιά» καί «συντήρηση» καί μάλιστα ταυτιζόμενη μέ τό παλάτι. Ἡ μετάθεση τοῦ πολιτικοῦ προβλήματος πού πρότεινε ὁ Ἀ. Παπανδρέου θεωρήθηκε αὐτονόητη. Ἡ κωδικοποίηση καί ἡ νοηματοδότηση τῆς πολιτικῆς ζωῆς ἔγινε ἀποδεκτή σάν τό πλέον φυσικό πολιτικό γεγονός. Ἀπέναντι σ' αὐτήν τήν αὐθαιρεσία δέν ἀντιτάχθηκε σοβαρή κριτική. Ὁ δημοκρατικός κόσμος ἔπεσε στήν ρητορική παγίδα, ἀπολογούμενος ὡς νά ἦταν πράγματι ἡ «ἐπάρατος δεξιά». Ἡ εὐκολία μέ τήν ὁποία ὁ Ἀ. Παπανδρέου κατόρθωσε νά καθορίσει τούς ὅρους καί τούς ρόλους στήν πολιτική σκηνή ἀποδεικνύει τήν ἀδυναμία πολιτικῆς συγκρότησης ὁλόκληρης τῆς μεταπολιτευτικῆς ζωῆς. Ἡ στρατηγική γιά τήν ἐπιτυχία τοῦ ἐγχειρήματος βασίσθηκε στό ὅτι οἱ ἔννοιες «δεξιά», «ἀριστερά», «πρόοδος», «σοσιαλισμός», «ἀντίδραση» κ.λπ. χρησιμοποιήθηκαν (καί χρησιμοποιοῦνται) συνθηματολογικά, ἀποκομμένες ἀπό τό ἱστορικό καί κοινωνικό τους περιβάλλον, ἀπό τήν δυναμική μιᾶς διαρκοῦς πολιτικῆς καί ἱστορικῆς πράξης καί σκέψης, πού εἶναι ἐνεργός καί ἐλεύθερη, ἀποτελεσματική καί δημιουργική. Τό μόνο ἐπιχείρημα καί ἡ μόνη ἀπόδειξη γιά τήν θεμελίωση αὐτῆς τῆς ταξινόμησης ἦταν ἡ ἀποδοχή τοῦ συνθηματολογικοῦ λαϊκισμοῦ, ὡς πολιτικοῦ λόγου.

Ὅπως σημειώθηκε στήν προηγουμένη ἑνότητα, ἡ εὐρωπαϊκή ἀριστερά καί ἡ δράση της προκύπτουν ἀπό τά προβλήματα τῆς ἀναταραχῆς τοῦ 18ου καί τοῦ 19ου αἰῶνα καί ἀπό τόν γενικότερο ἱστορικό μετασχηματισμό τῆς Εὐρώπης. Ἐνῶ ὁ ἀντίπαλός της, ἡ δεξιά, ἡ καλουμένη εὐρωπαϊκή συντηρητική παράταξη –μέ κέντρο τήν Γαλλία– ἐμφανίζεται ὡς ἀντίδραση στήν ἐπανάσταση τοῦ 1789 καί ἐκφράζει τήν πολιτική ὄψη τῆς συντονισμένης προσπαθείας τῶν δυνάμεων τῆς Παλινόρθωσης. Ἀμφότερες δέ συνδέονται μέ μιά εὐκρινῆ ταξική διαστρωμάτωση τῶν εὐρωπαϊκῶν ἐθνῶν. Στήν Ἑλλάδα, τό σύνολο τῶν προβλημάτων ἐκκινεῖ βασικῶς ἀπό τίς ἐπιπτώσεις καί τούς ὅρους διεξαγωγῆς τοῦ δεκαετοῦς καί αἱματηροῦ ἀπελευθερωτικοῦ ἀγῶνα (τοῦ 1821), ἐν σχέσει πρός ἕνα ἄκρως ἐχθρικό γεωπολιτικό περίγυρο, καί ἀπό τίς δυσκολίες καί τά λάθη κατά τήν σύσταση τοῦ νεοελληνικοῦ ἔθνους. Ἀντίστοιχες μέ τίς εὐρωπαϊκές ἀριστερές ἤ δεξιές δυνάμεις καί παρόμοιες ἱστορικές προϋποθέσεις, ὅπως καί ταξικές διαιρέσεις, δέν ὑπῆρξαν στήν Ἑλλάδα: «*Ἐν τῇ ἑλληνικῇ κοινωνίᾳ δὲν ὑπάρχουν τάξεις προνομιούχων, τάξεις εὐγενείας καὶ τάξεις ἀπολύτως πλούσιαι. (...) Ἡ ἰσότης καὶ ἡ ταυτότης συμφερό-*

ντων, ἰδεῶν καὶ αἰσθημάτων συνδέουσιν ὅλας τὰς τάξεις τῆς κοινωνίας καὶ ἀποτελοῦσιν μίαν δέσμην ἀδιάσπαστον»[2], ὅπως εὐστόχως παρατηρεῖ ὁ ἔξοχος πληρεξούσιος στήν Ἐθνοσυνέλευση τῆς 3ης Σεπτεμβρίου. Τά σημερινά εὐρωπαϊκά ἔθνη προκύπτουν ἀπό τήν διάλυση τῆς Ρωμαϊκῆς Αὐτοκρατορίας καί τόν ἐκχριστιανισμό τους μέσω τοῦ μακραίωνου φεουδαλικοῦ Μεσαίωνα, ἀπ᾽ ὅπου ἐμφανίζονται οἱ εὐρωπαϊκές μοναρχίες. Ἡ ἀναγέννηση τῆς νεωτέρας Ἑλλάδος συνδέεται τυπικά μέ τήν διάλυση τῆς ὀθωμανικῆς αὐτοκρατορίας, ἀνεξάρτητα ἀπό τήν ἰδιαιτερότητα τῆς ἱστορίας καί τοῦ πολιτισμοῦ της καί τούς δεσμούς της μέ τήν Δύση. Ὑπ᾽ αὐτή τήν ἔννοια, ἡ χρησιμοποίηση πολιτικῶν ἐννοιῶν τῆς εὐρωπαϊκῆς πολιτικῆς ἱστορίας γιά νά περιγραφοῦν τά προβλήματα καί ἡ κοινωνική συνθήκη τῆς ἑλληνικῆς κοινωνίας, καί μάλιστα μέ τήν μεταπολιτευτική ἔμφαση, εἶναι μέγιστο πολιτικό λάθος, ὅταν δέν εἶναι σκόπιμη παραπλάνηση. Καί θά πρόσθετα, ὅτι, τηρουμένων τῶν ἀναλογιῶν, αὐτή τήν στιγμή οἱ ἔννοιες «δεξιά» καί «ἀριστερά» δέν ἀνταποκρίνονται οὔτε στήν πολιτική πραγματικότητα τῆς Εὐρώπης. Μετά τό τέλος τοῦ Δευτέρου Παγκοσμίου Πολέμου, μέ τήν ὁλοκληρωτική ἧττα τῶν ἐθνικοσοσιαλιστικῶν κομμάτων, καί μετά τήν σοβιετική κατάρρευση, ὅλα τά κόμματα τῆς Εὐρώπης (καί τῆς Ρωσίας συμπεριλαμβανομένης) εἶναι ἀμιγῶς δημοκρατικά. Ὅλα τά κόμματα εἶναι δημοκρατικά, μέ τήν ἔννοια ὅτι κανένας πολιτικός καί κανένα κόμμα δέν ἀμφισβητεῖ τήν δημοκρατική συνταγματική τάξη (τήν κοινοβουλευτική ἀντιπροσώπευση) καί κανένα κόμμα δέν προτείνει τήν ἀναθεώρηση ἤ τήν κατάργησή της. Οἱ διαφορές τῶν πολιτικῶν παρατάξεων στά εὐρωπαϊκά κοινοβούλια ἔχουν μετατεθεῖ ἀπό τήν πολιτική περιοχή στήν οἰκονομική. Μέσα στά αὐστηρῶς συνταγματικά πλαίσια, *οἱ διαφορές τῶν πολιτικῶν προτάσεων ἔχουν κατ᾽ ἀνάγκην διαχειριστικό χαρακτῆρα καί ὄχι πολιτικό*. Ἡ σημερινή κρίση τῶν εὐρωπαϊκῶν κομμάτων –ἐκτός τῆς ἱστορικῆς ἧττας στόν Β΄ Παγκόσμιο Πόλεμο– βρίσκεται σ᾽ αὐτό τό σημεῖο: Ἡ μετάθεση ἀπό τήν πολιτική στήν οἰκονομική σφαῖρα προϋποθέτει τήν ἄρση (ἤ τήν λήθη) τῶν ὅρων πού δημιούργησαν τίς ἐν χρήσει πολιτικές ἔννοιες, δηλαδή *τήν ἄρνηση τῆς μεταφυσικῆς τοῦ Οὐμανισμοῦ καί τήν μετατροπή τῆς πολιτικῆς σέ διαχείριση*. Ἐν πάση περιπτώσει, ἡ πολιτική ζωή τῆς νεωτέρας Ἑλλάδος δέν διαθέτει τήν ἱστορικότητα καί τήν δομική αὐστηρότητα τῆς Εὐρώπης καί οὔτε μπορεῖ νά προσδιορισθεῖ μέ τίς ἀντίστοιχες ἔννοιες, σέ σημεῖο πού καί ἡ κατανόηση αὐτῶν τῶν ἐννοιῶν νά καθίσταται προβληματική. Τό γεγονός ὑπογραμμίζεται ἀπό τήν ἀπουσία διαμορφωμένης ἱστορικά ἀστικῆς τάξης στήν νεωτέρα Ἑλλάδα, ἡ ὁποία μέ τήν σειρά της γίνεται ὁλοφάνερη στήν ἀπουσία δομημένης πολιτικῆς σκέψης.

*

Γιά τήν *ἑλληνική «ἀριστερά»* μίλησα μέ συντομία στήν προηγούμενη ἑνότητα. Πρόκειται γιά ἕνα τυφλό ὀπαδό εἰσαγομένων ἰδεολογημάτων. Ἀπομένει νά δοῦμε τί εἶναι ἡ ἑλληνική *«δεξιά»*, μέ τήν ὁποία συντηρεῖται ὁ φανταστικός καί φανατικός πολιτικός ἀγῶνας στήν Μεταπολίτευση καί στό ὄνομα τῆς ὁποίας ἁλώθηκε ὁ πολιτικός λόγος καί ἡ πολιτική ζωή.

Τό οὐσιαστικό σημεῖο, τό σημεῖο ἀναφορᾶς στήν ἀνάλυση τῆς «δεξιᾶς» εἶναι ἡ κατανόηση τῆς σχέσης τοῦ παλατιοῦ μέ τήν ἑλληνική κοινωνία, ὅπως ἄλλωστε καί στήν ὑπόλοιπη Εὐρώπη, ἀλλά μέ ἕνα ἐντελῶς διαφορετικό τρόπο. Ὁ μονάρχης στήν Ἑλλάδα, ὅπως ἤδη ἀνέφερα, ἐπιβλήθηκε μετά τόν Διαφωτισμό καί δέν προέρχεται ἀπό ἐγχώριες ἐξουσιαστικές δομές τοῦ βυζαντινοῦ Μεσαίωνα (δεσπότες).

Τηρώντας τούς στοιχειώδεις κανόνες ἀνάλυσης τῶν κοινωνικῶν καί ἱστορικῶν φαινομένων, μέχρι τό 1968, *μέ τόν ὅρο «δεξιά» ὅλες οἱ πολιτικές πλευρές ἐννοοῦν, λίγο ὥς πολύ, τό ἡγετικό πλέγμα πού συγκροτοῦν τό παλάτι, ὁ στρατός, ἡ ἐκκλησία καί ἡ καλούμενη «οἰκονομική ὀλιγαρχία»*. Στήν ὁμάδα αὐτή ἀποδίδεται μιά πνευματική καί πολιτική ταυτότητα τήν ὁποία θά μπορούσαμε νά χαρακτηρίσουμε *θρησκευτικο-στρατιωτικό ἰδεολόγημα*. Μέχρι τό σημεῖο αὐτό συμφωνοῦν ὅλοι οἱ ἀναλυτές καί ὅσοι ἐντάσσουν ἑαυτούς στήν «δεξιά». Ἐκεῖνο πού πράγματι εἶναι δύσκολο νά καθορισθεῖ, ἐκεῖ πού καλλιεργεῖται, ἄλλοτε σκόπιμα καί ἄλλοτε ἀπό ἄγνοια, ἡ σύγχυση εἶναι τά δυό κεντρικά σημεῖα τοῦ ὅρου: *πρῶτον, ποιά εἶναι ἡ μορφή τῆς πολιτικῆς ἐκπροσώπησης αὐτοῦ τοῦ ἡγετικοῦ πλέγματος, καί δεύτερον, ποιό εἶναι τό τμῆμα τῆς ἑλληνικῆς κοινωνίας πού ἐκπροσωπεῖ.* Εἶναι ἀκριβῶς στό σημεῖο αὐτό ὅπου ἡ πολιτική προπαγάνδα ἀποφεύγει νά γίνει σαφής καί συγκεκριμένη.

Κατ' ἀρχάς, τό γεγονός ὅτι τό παλατιανό ἡγετικό πλέγμα (στρατός, ἐκκλησία, θρόνος) εἶναι νόμιμο συνταγματικά καί καθαγιασμένο θρησκευτικά, καί τυπικά ἐκπροσωπεῖ ὁλόκληρη τήν κοινωνία, μένει ἀσχολίαστο. Αὐτό σημαίνει ὅτι *πολιτικά* δέν δικαιολογεῖται νά μετατεθεῖ στόν θεσμό ἡ ἀνικανότητα τοῦ συγκεκριμένου φορέα, καί οὔτε νομιμοποιεῖται ὁποιοσδήποτε ἀρνητικός χαρακτηρισμός τόσο τοῦ ἡγετικοῦ πλέγματος ὅσο καί τῆς κοινωνίας, πού χαρακτηρίζονται γενικῶς «δεξιά». Ἐπίσης, στό θέμα τοῦ ἐκπροσωπουμένου τμήματος τῆς ἑλληνικῆς κοινωνίας, ἡ «ἀριστερά» ἀποφεύγει ὁποιαδήποτε συγκεκριμένη ἀναφορά, γιατί αὐτό μοιραῖα θά δημιουργοῦσε προβλήματα στήν λαϊκή συνθηματολογία πού μιλᾶ γιά τήν «ἔνδοξη ἀγροτιά» καί τήν «ἡρωική ἐργατιά», μεγάλο τμῆμα τῆς ὁποίας δέν ἀνήκει καί οὔτε ψηφίζει «πρόοδο» καί «ἀριστερά». Γιά νά παρακαμφθεῖ ἡ ὁλοφάνερη ἀντίφαση, «δεξιά» ὡς κοινωνικό σῶμα συνήθως ὑπονοεῖται ἕνα ἀόριστο συνονθύλευμα «παρακρατικῶν» καί «λακέδων», «μοναρχοφασιστῶν» καί «γερμανοτσολιάδων», «λοῦμπεν προλεταριάτου» καί «μικροαστῶν» ἤ ἀκόμα καί «ἀστῶν» (!) χωρίς νά διευκρινίζεται ἀπό ποῦ προέρχεται καί τί ἀκριβῶς ἀντιπροσωπεύει. Αὐτό ὅμως δέν εἶναι πολιτική ἀνάλυση, ἀλλά ρηχή προπαγάνδα. Οὐσιαστικά, ἡ ἔννοια τῆς «δεξιᾶς» δέν εἶναι παρά μιά μυθοποίηση καί καθαρή συκοφαντία, τοὐλάχιστον ἀπό τυπικῆς πλευρᾶς, μέ τήν ὁποία, τό μεγαλύτερο τμῆμα (γιά νά μήν ποῦμε τό σύνολο) τῆς ἑλληνικῆς κοινωνίας θεωρεῖται ἀντιδραστικό καί παράνομο!

Ἡ ἴδια ἀσάφεια καί ἡ ἴδια σύγχυση διατηρεῖται καί στήν ἀνάλυση τοῦ ἰδεολογήματος. Παρά τήν κυρίαρχη θέση του, τό ἱστορικό καί πνευματικό ἰδεολόγημα, ἡ πυξίδα καί ὁ πολιτικός κανόνας τῆς λεγομένης «δεξιᾶς», δέν ἔτυχε λεπτομεροῦς καί σέ βάθος ἐπεξεργασίας. Στήν συνείδηση τῶν πολιτικῶν ἐκφραστῶν της ἀποτελοῦσε ἕνα ἀόριστο νεφέλωμα τῆς Μεγάλης Ἰδέας τῆς ὁποίας δέν ἐξερευνήθηκε ἡ καταγωγή οὔτε ἡ σχέση μέ τήν συγκεκριμένη κοινωνία καί ἐποχή. Πέρα ἀπό τό γεγονός ὅτι δήλωνε ἐπιφανειακά τήν σύνδεση Ἐκκλησίας, Ἔθνους καί Στρατοῦ, μέ κεντρικό συνδετικό κρίκο καί πυρῆνα τό παλάτι, οἱ περισσότεροι τό ἀντιμετώπιζαν ὡς αὐτονόητη ὑπόθεση, ἄλλοι μέ ἐπιείκεια, ἀρκετοί μέ εἰρωνεία καί ἡ «ἀριστερά» μέ βδελυγμία. Οἱ ἀληθινές καί πραγματικές του διαστάσεις (ἀρνητικές καί θετικές) δέν ἀναλύθηκαν σέ βάθος, ὥστε ἡ ἑλληνική κοινωνία νά ἀποκτήσει πλήρη συνείδηση τοῦ τί ἐκπροσωπεῖ ὡς ἱστορική καί πολιτική ὀντότητα καί ποῦ θεμελιώνεται ἡ πολιτική της ὕπαρξη καί ἡ ταυτότητά της.

Ἀλλά ἐκεῖ πού πράγματι ἡ σύγχυση ξεπερνᾶ κάθε ὅριο εἶναι ἡ περιγραφή τῆς πολιτικῆς ἐκπροσώπησης τῆς «δεξιᾶς». Εἶναι τό σημεῖο αὐτό μέ τό ὁποῖο ἐπιτεύχθηκε ἡ μεταπολιτευτική ἀλχημεία τοῦ Ἀ. Παπανδρέου. Αὐτό μᾶς ὑποχρεώνει σέ μιά σύντομη ἀναδρομή.

Ὁ πολιτικός ὅρος «δεξιά», ὡς πολιτική ἀπαξία πού δέν ἐξέφραζε τίποτα συγκεκριμένο καί περιελάμβανε ὁλόκληρη τήν κοινωνία γενικῶς καί ἀορίστως, κατέστη δεσπόζων μετά τήν ἧττα τῆς «ἀριστερᾶς» στόν ἐμφύλιο. Εἶναι ἕνας ὅρος πού θέτει σέ κυκλοφορία ἡ ἀριστερά μετά τήν ἧττα, παραπέμποντας στήν Γαλλία τοῦ 1830! (Παρ᾽ ὅτι ὁ μαρξισμός εἶχε ἀπό τόν προηγούμενο αἰῶνα μεταθέσει τήν «ἀντίδραση» ἀπό τίς μοναρχίες στούς καπιταλιστές). Ἡ ἔξαρση τῆς συνθηματολογίας περί «δεξιᾶς» ἀρχίζει στήν δεκαετία τοῦ '50, συνεχίζεται μέ τόν «ἀνένδοτο» τοῦ Γ. Παπανδρέου καί γιγαντώνεται μέ τόν μεταπολιτευτικό λαϊκισμό τοῦ Ἀ. Παπανδρέου, ἀφοῦ πάνω της στηρίζεται ὁλόκληρη ἡ πολιτική του στρατηγική. Μέχρι τίς ἀρχές τοῦ Δευτέρου Παγκοσμίου Πολέμου, ἡ πολιτική διάκριση γινόταν κυρίως ἀνάμεσα σέ «βενιζελικές» καί «βασιλικές» δυνάμεις. Οἱ πρῶτες, οἱ «βενιζελικές», οἱ ὁποῖες συγκροτοῦν τήν «φιλοδυτική» μερίδα τῆς νεοελληνικῆς κοινωνίας, συνδέονται μέ αἰτήματα δημοκρατικῆς (συνταγματικῆς) τάξης, πού θεμελιώνεται σ' ἕνα μᾶλλον παρεξηγημένο Διαφωτισμό[3]. Οἱ δεύτερες, οἱ «βασιλικές», ἐκφράζουν τήν «καθ' ἡμᾶς Ἀνατολή» (μέ τόν ὅρο ἐννοεῖται ἡ θρησκευτική πλευρά τῆς Μεγάλης Ἰδέας καί ἡ νοσταλγία τῆς ὀθωμανικῆς «μακαριότητας»).

Αὐτό δέν σημαίνει ὅτι οἱ κατηγορίες περί «δεξιᾶς» στεροῦνται ἀληθείας. Ἁπλῶς, ὅπως ἔγινε ἤδη φανερό, καί χωρίς νά γίνεται συγκεκριμένη, *ἡ πολιτική προπαγάνδα μεταθέτει τήν συμπεριφορά τῆς ἐξουσιαστικῆς ὁμάδας (παλατιοῦ) στήν πολιτική ἐκπροσώπηση τῆς κοινωνίας*. Μέ ἄλλα λόγια, ἡ κριτική δέν ἀφορᾶ (καί δέν μπορεῖ νά ἀφορᾶ) τίς ἀρχές, ἀλλά τόν τρόπο ἐφαρμογῆς τῶν συνταγματικῶν ἀρχῶν. Συνεπῶς, τό θέμα εἶναι ἠθικό καί ὄχι πολιτικό. Γιατί, πράγματι αὐτό συνέβη: *Μέ τήν ἧττα τῆς «ἀριστερᾶς» στόν ἐμφύλιο, οἱ νικήτριες δυνάμεις μονοπωλοῦν τήν πολιτική ζωή καί χάνουν κάθε αἴσθηση τῆς πολιτικῆς πραγματικότητας, δηλαδή τήν ἀ-*

νάγκη τοῦ πολιτικοῦ διαλόγου καί τῆς ἀντιπολίτευσης. Κάθε κριτική ἀντιμετωπίζεται ἄκριτα καί αὐθαίρετα ὡς ἀνταρσία καί ξενοκίνητη ὑπονόμευση τῆς ἑλληνικῆς κοινωνίας. Τό στρατιωτικο-θρησκευτικό ἰδεολόγημα γενικεύεται, γίνεται κυρίαρχο, μέ κύριο ἐκφραστή του τό παλάτι.

*

Ἄν θέλουμε νά κατανοήσουμε τήν συμπεριφορά τοῦ θρόνου, πρέπει νά σκεφτοῦμε πρός στιγμήν τήν εὐρωπαϊκή παράδοση. Οἱ εὐρωπαϊκές μοναρχίες προέρχονται ἀπό τίς μεσαιωνικές φεουδαρχικές δομές. Ἡ δυτική φεουδαρχία εἶναι μιά μακραίωνη καί ἐκτεταμένη τάξη, πού ριζώνει βαθιά στήν ἱστορία καί στό κοινωνικό σῶμα τῆς Εὐρώπης, καί διακλαδώνεται σ᾽ ὁλόκληρη τήν ἤπειρο, μέ πλήρη συνείδηση τῆς ἰσχύος της καί ἐπίγνωση τῆς ἱστορικῆς της ἀποστολῆς. Ἄς σημειωθεῖ ὅτι ὁ πυρῆνας τῆς ἀστικῆς τάξης προέκυψε ἀπό τόν μετασχηματισμό τῆς φεουδαρχίας καί ὄχι ἀπό τήν τάξη τῶν ἐμπόρων καί τῶν «παραγωγῶν», ὅπως διατείνεται τό διαλεκτικό θεώρημα. Αὐτή ἡ πανίσχυρη φεουδαρχική τάξη τροφοδοτεῖ, θεμελιώνει, νομιμοποιεῖ καί στηρίζει τίς πράξεις τῶν μοναρχῶν τῆς Εὐρώπης. Ὅλως ἀντιθέτως, στήν Ἑλλάδα δέν ἀπουσίαζε μόνον ἡ φεουδαρχία, ἀλλά εἶχαν ἐξαλειφθεῖ καί τά τελευταῖα ἴχνη τῶν βυζαντινῶν δεσποτάτων καί τῆς μοιραίας φραγκοκρατίας[4]. Ἡ μοναρχία στό «βασίλειον τῆς Ἑλλάδος» ὑπῆρξε ἕνας γραφικός τοποτηρητής πού ἐπεβλήθη ἀπό τίς καλούμενες «προστάτιδες» δυνάμεις μέ τήν συγκατάθεση καί τήν ὑποστήριξη τῶν ἐγχωρίων πρακτόρων, χωρίς κανένα ἐσωτερικό στήριγμα. Ἡ ἱστορία του εἶναι κάτι περισσότερο ἀπό γραφική, εἶναι θλιβερή. Μετά τόν ἀνήλικο καί ψυχοπαθῆ Ὄθωνα, ὁ Γουλιέλμος τῆς Δανίας (μετέπειτα Γεώργιος Α΄) προσκαλεῖται ἀπό τήν Βουλή τῶν Ἑλλήνων, παρ᾽ ὅτι ἔλαβε μόνο ἕξι (6) ψήφους (!) ἀντί τοῦ πρίγκιπος Ἀλφρέδου τῆς Ἀγγλίας, πού ἀρνήθηκε τόν θρόνο, ἄν καί στό δημοψήφισμα τοῦ 1862 ἔλαβε 220.000 ψήφους. Ἄν στήν κατάσταση αὐτή προστεθεῖ τό γεγονός τῆς ἀπουσίας μιᾶς ὥριμης ἱστορικά καί πολιτικά τάξης, δέν εἶναι παράδοξο τό ὅτι ἡ βασιλεία στηρίχθηκε σέ κόλακες, πράκτορες καί μειοδότες. (Κανείς δέν περίμενε, βέβαια, ἡ μικρή συνοδεία τοῦ Ὄθωνα, οἱ «Βαυαροί» –πού τόσα τούς καταμαρτυροῦνε– νά δημιουργήσουν παράδοση).

Ὑπ᾽ αὐτές τίς συνθῆκες, ὁ θρόνος παρέμεινε ἕνα ξένο σῶμα καί οἱ σχέσεις του μέ τήν ἑλληνική κοινωνία δέν ξεπέρασαν ποτέ τό ἐπίπεδο τῆς ἀμοιβαίας ἐχθρότητας. Τό *παλάτι* ὑπῆρξε ἕνας θεσμός πού συμπεριφέρθηκε μέ ἀπροσχημάτιστη περιφρόνηση πρός τό Σύνταγμα καί τούς πολῖτες του καί ἐνήργησε ὡς ληστρική ὁμάδα καί πράκτορας ξένων συμφερόντων. Δέν ἀναγνώρισε ποτέ καί οὔτε ἐπιθυμοῦσε νά κατανοήσει τί σημαίνει δημοκρατική τάξη. Ἡ βασιλική παρέμβαση ὑπῆρξε ἀνοήτως ἐπεμβατική, ἀνεπίτρεπτα καταπιεστική καί ἀνήθικα τυραννική γιά ὅλα τά στρώματα καί ἰδιαίτερα γιά τίς ἑκάστοτε κυβερνήσεις, ἀκυρώνοντας κυριολεκτικά τήν πολιτική ζωή καί οὐσιαστικά καταργώντας τήν ἔννοια τοῦ πολίτη. Τό παλάτι, στή δεύτερη φάση τῆς μοναρχίας –κυρίως ἀπό τόν Γεώργιο Β΄ καί μετά– ὑπῆρξε μιά ἀπολυταρχική καί ἀνήθικη οἰκογένεια, ἡ ὁποία ἦταν συνδεδεμένη στό ἐξωτερικό μέ τίς δυνάμεις πού ἀντετίθεντο στά ἑλληνικά συμφέροντα καί στό ἐσωτερικό μέ ὅλες τίς ἐγκληματικές ὁμάδες. Ἔφθασε στό σημεῖο νά συνεργασθεῖ μέ τόν ὑπόκοσμο καί τήν ἴδια στιγμή ὑποθήκευσε τά συμφέροντα τῆς χώρας μέ τόν πλέον ταπεινωτικό τρόπο.

Ὡστόσο, παρά τά ὅσα μποροῦμε νά καταλογίσουμε στόν θεσμό, τό παλάτι, ἐφόσον ἀναγνωρίζεται ὅτι δέν εἶναι ἐγχώριος θεσμός ἀλλά εἰσαγόμενος, παραμένει ἱστορικά ἕνα ἄλλοθι τῶν πραγματικῶν δυνάμεων τῆς βυζαντινο-οθωμανικῆς συμπεριφορᾶς καί τῶν ἀναλόγων ἐπιλογῶν, πού ἐμπόδισαν τήν ἐλεύθερη καί δημοκρατική ἀνάπτυξη τῆς χώρας. Ἡ συμπεριφορά τοῦ παλατιοῦ δέν ἦταν ἁπλῶς μιά «ἀντιδραστική» πολιτική ἀντίληψη. Ἡ συμπεριφορά του προέκυψε ἀπό μιά βαθύτερη ἱστορική πραγματικότητα, καί μόνο μέσα σ᾽ αὐτήν μποροῦσαν νά γίνουν ἀνεκτές καί ἀποδεκτές οἱ «πολιτικές» του πράξεις. Ἐξέφραζε μιά ἱστορικά ἑδραιωμένη ἀντίληψη πού ὑπερέβαινε τό ἴδιο τό παλάτι. Πρόκειται γιά μιά ἀντίληψη πού ἀνάγεται στόν ἰδιόμορφο βυζαντινό μεσαίωνα τῆς ἐποχῆς τοῦ Ἰουστινιανοῦ, ὅπου διώκεται ἡ γνώση καί διαπράττεται τό μεγαλύτερο ἔγκλημα τοῦ βυζαντινοῦ ἑλληνισμοῦ: κλείνεται ἡ Πλατωνική Ἀκαδημία (529) ἡ ὁποία ἐπί χίλια σχεδόν χρόνια συντήρησε τήν ἑλληνική σκέψη καί τά ἑλληνικά κείμενα. Ἔγκλημα γιά τό ὁποῖο δέν ἔχει γραφεῖ οὔτε μιά ἀράδα ἀπό τούς ὑπέρμαχους τῆς «συνεχείας τοῦ ἑλληνικοῦ πολιτισμοῦ». Εἶναι ἡ ἐποχή πού καταστρέφεται ἡ ἑλληνική γλῶσσα: ἀπό τά κείμενα τοῦ Δαμάσκιου, τοῦ Πλωτίνου, τοῦ Πλουτάρχου, τοῦ

Ἰουλιανοῦ, τοῦ Μάρκου Αὐρήλιου καί τόν λόγο τοῦ Ἐπίκτητου (ὅπως μᾶς παραδόθηκε ἀπό τόν μαθητή του Ἀρριανό) περνᾶμε –καίγοντας τά βιβλία– στήν βυζαντινολογία καί τόν σκοταδισμό τῶν πατερικῶν κειμένων: «*ἀλλά ποινῆς εἵνεκα μάλιστα δοθῆναι πυρὶ πεποιήκαμεν τὸ βιβλίον*»[5]. Ἀπό τήν ἐποχή αὐτή ταυτίζονται πλέον ἱστορικά ἡ αὐτοκρατορία καί ἡ Ἐκκλησία, αὐτοδιοριζόμενες ἀμφότερες δεσπότες καί κύριοι τῶν ὑποτελῶν λαῶν. Ὁ αὐτοκράτορας καί ἡ ἐκκλησία ἐννοοῦν ἑαυτούς ὡς κατακτητές, στρατολόγους καί φοροεισπράκτορες, χωρίς καμιά ἀπό τίς ἀρετές τοῦ ὀρθολογισμοῦ καί τῆς πειθαρχίας τῆς ρωμαϊκῆς καί μετέπειτα μεσαιωνικῆς Εὐρώπης. Ἡ «πολιτική» αὐτή ἀντίληψη ἐπιβάλλεται στήν νεοσύστατη καί ἐπιτηρούμενη ἀπό τίς «προστάτιδες» δυνάμεις κοινωνία, ἀπό τούς «μορφωμένους» Φαναριῶτες, ἀπό τήν ἐκκλησία, τό πατριαρχεῖο καί μιά πρακτορευόμενη πολιτική ἡγεσία. Τυπικά, ἑδραιώνεται μέ τήν δολοφονία τοῦ Καποδίστρια. Πρόκειται γιά τήν μεγάλη ἱστορική ἧττα τῆς νεωτέρας Ἑλλάδος, ἡ ὁποία ὑποχρεώνεται νά ἀναγνωρίσει ἕνα καθεστώς μεσαιωνικοῦ καί ταυτόχρονα αὐτοκρατορικοῦ αὐταρχισμοῦ (καί μάλιστα μετά τήν ἐποχή τοῦ Διαφωτισμοῦ), ὄντας ἡ ἴδια μιά μικρή καί ἐξαντλημένη ἐπαρχία *μέ μεγάλη δημοκρατική παράδοση, τοὐλάχιστον στό ἐπίπεδο τῆς γλώσσας.*

Ἡ «νομιμότητα» τῆς παλατιανῆς αὐθαιρεσίας ἀνάγεται σ᾽ αὐτή τήν ἱστορική πραγματικότητα. Ἡ νεοελληνική κοινωνία δέν εἶχε δυνάμεις νά ἀντισταθεῖ καί νά διαλύσει τήν κληρονομημένη δεσποτική ἄποψη, πού ἐπεβλήθη κυρίως μέ τό κῦρος καί τήν πίεση τῆς ἐκκλησίας. Εἶναι αὐτή ἡ ἱστορική ἐπιλογή πού διαμόρφωσε τό συγκεκριμένο εἶδος καί τόν τρόπο συμπεριφορᾶς τῆς «ἄρχουσας» τάξης. Κοινωνική μορφή πού διατηρεῖται ἄθικτη καθ' ὅλη τήν διάρκεια τῆς ὀθωμανικῆς κατοχῆς καί μεταφέρεται, ὡς μή ὄφειλε, αὐτούσια στήν νεοελληνική πραγματικότητα.

*

Ὁ χαρακτῆρας τῆς «δεξιᾶς», τῆς θρησκευτικο-στρατιωτικῆς ταυτότητας, μπορεῖ νά διαπιστωθεῖ σέ γενικές γραμμές στόν τρόπο μέ τόν ὁποῖο τό παλάτι τήν μετέγραφε «πολιτικά» μετά τόν ἐμφύλιο:

– Τό παλάτι ἀναγνώριζε ὡς κύρια στηρίγματά του ἀπό τήν μιά τίς ἐλεγχόμενες *Ἔνοπλες Δυνάμεις* καί ἀπό τήν ἄλλη τήν ὑπηρετική, αὐτοκρατορικῶν προσανατολισμῶν καί ἀντιδυτική, *Ἐκκλησία,* πού εὐαγγελίζεται τήν κατάληψη τῆς Κωνσταντινουπόλεως ἀπό τόν «ἀναστηθησόμενο» Κ. Παλαιολόγο[6]. Μιά στρατιωτική μηχανή πού ἐξασφάλιζε τήν ἐσωτερική κατοχή καί μιά ἐκκλησιαστική ἱεραρχία ἡ ὁποία καθοδηγοῦσε τήν θρησκευτική καί πνευματική ὕπνωση τῆς ἑλληνικῆς κοινωνίας καί δέν εἶχε καμιά σχέση μέ τά γνήσια θρησκευτικά της αἰσθήματα ἤ τόν πολιτισμό.

– Στόν κοινωνικό καί οἰκονομικό τομέα, τηροῦσε ἐχθρική στάση πρός κάθε μορφή παραγωγῆς καί ἀναγνώριζε ὡς ἄρχουσα τάξη τίς ὁμάδες τῶν νεόπλουτων εἰσαγωγέων καί ἐργολάβων, οἱ ὁποῖοι προτείνονται ὡς κοσμική ἀριστοκρατία καί ὁ κύριος «οἰκονομικός» μοχλός τῆς μετεμφυλιακῆς Ἑλλάδος.

– Στήν ἠθική καί πνευματική περιοχή, ταυτιζόταν μέ τήν ἀπροσχημάτιστη περιφρόνηση[7] ἀκόμα καί τῶν πλέον στοιχειωδῶν αἰσθημάτων ἀξιοπρέπειας, αὐτοσεβασμοῦ, ἰσοπολιτείας καί δημοκρατίας τῶν Ἑλλήνων πολιτῶν, μέ κύρια «πνευματικά» ὄργανα τούς διαφωτιστές-θεολόγους, οἱ ὁποῖοι ἦταν ἡ μόνη ἀποδεκτή μορφή πνευματικοῦ ἀνθρώπου.

– Στήν ἐξωτερική πολιτική, ἀποδέχθηκε καί προώθησε τήν ἄνευ ὅρων παράδοση στούς ἰσχυρούς τῆς «συμμαχίας», δηλαδή τήν διεθνῆ ταπείνωση.

– Στήν αὐστηρά πολιτική περιοχή, πού εἶναι καί τό ἀντικείμενο τῆς μελέτης, *ἀναγνώριζε πολιτικό ρόλο στόν βασιλιά* καί ὄχι τήν αὐστηρῶς ρυθμιστική, τήν ὑπερκομματική ἀποστολή, πού προβλεπόταν ἀπό τό Σύνταγμα. Τόσο στήν περίοδο τοῦ Διχασμοῦ ὅσο καί στήν μετεμφυλιακή περίοδο ὁ βασιλιάς ἀναγνωρίζεται περισσότερο ὡς κομματάρχης καί λιγότερο ὡς ρυθμιστής τῆς πολιτικῆς ζωῆς. Αὐτό, μέ ὅρους πολιτικῆς πρακτικῆς, ἐσήμαινε τήν ἀντιμετώπιση τῶν πολιτικῶν κομμάτων ὡς ἐχθρῶν τοῦ θρόνου καί ἐναλλακτικά ὡς ἐλεγχομένων ὀργανώσεων. Καί τό σημαντικότερο, ἐσήμαινε τήν ἀνάπτυξη τοῦ *εἰδικοῦ μηχανισμοῦ* πού τό παλάτι θεωροῦσε ἀπαραίτητο γιά τήν διεκπεραίωση τοῦ «πολιτικοῦ» ρόλου καί μέσο ἐλέγχου (ἤ τρομοκρατίας) τῆς κοινωνίας καί τῶν κομμάτων. Ὁ κομματάρχης-μονάρχης, πέρα ἀπό τό γεγονός ὅτι ἀποτελοῦσε σαφῆ συνταγματική ἐκτροπή, ἦταν μόνιμη πηγή ἔντασης καί ταυτοχρόνως δημιουργοῦσε μιά ἰδιόμορφη πολιτική ζωή μέσω ἀντιπροσώπων, ἀφοῦ ἐξ ὁρισμοῦ δέν μποροῦσε νά ἐκτελέσει ὁ ἴδιος τόν πολιτικό ρόλο πού ἀναγνώριζε στόν ἑαυτό του.

Ἐν συνόψει, τό θρησκευτικο-στρατιωτικό ἰδεολόγημα ἀκύρωνε πλήρως τόν ἀστικό πολιτικό λόγο καί δομοῦσε τήν ἑλληνική κοινωνία ὡς ἕνα ἐφιαλτικό γκέτο. Ἕνα γκέτο πού δέν ἦταν οὔτε ἀπόλυτη μοναρχία, οὔτε συνταγματική βασιλεία.

Τό «δεξιό» παρακράτος ὡς «πολιτική» ἐκπροσώπηση

Τήν «πολιτική» ἐκπροσώπηση, τόν πολιτικό ρόλο τοῦ θρόνου (τῆς «δεξιᾶς») τόν ὑλοποιεῖ ἕνας διαμεσολαβητικός μηχανισμός, κάτω ἀπό τόν εὔσχημο τίτλο τῶν «συμβούλων τοῦ βασιλέως», ὁ ὁποῖος εἶναι κατ᾽ ἀνάγκην παραπολιτικός. Ὁ διαμεσολαβητικός μηχανισμός πού προορίζεται νά διεκπεραιώσει τό «πολιτικό» ἔργο τοῦ βασιλιᾶ διακλαδίζεται πρός δύο κατευθύνσεις. Ὁ ἕνας ἀναπτύσσεται στόν κρατικό ὀργανισμό καί ὁ ἄλλος στό ἐξωθεσμικό σῶμα. Τό ἕνα σκέλος ἀφορᾶ τήν δημιουργία τοῦ *«θεσμικοῦ» παρακράτους* (δηλ. ὑποκαθιστᾶ ἤ παραχαράσσει τό νόμιμο κράτος) καί τό ἄλλο ἀφορᾶ τόν καθαυτό, τόν *ἀνώνυμο παρακρατικό ὀργανισμό*. Στό κέντρο αὐτοῦ τοῦ πλέγματος ἀναπτύσσεται μιά ἰδιόμορφη καί ἑρμαφρόδιτη πολιτική ὀντότητα πού τήν συνιστοῦν οἱ πολιτικοί δορυφόροι τοῦ μονάρχη, διεκδικώντας τήν εὔνοιά του καί διεκπεραιώνοντας τήν συνταγματική ἐπιταγή λειτουργίας τοῦ Κοινοβουλίου. Ὡστόσο, οἱ πολιτικοί ἀκόμα καί ὅταν τό ἐπιθυμοῦν δέν μποροῦν νά ἐνταχθοῦν στό παρακράτος, ἀφοῦ ἡ ὕπαρξή τους ἐξαρτᾶται, τυπικά τοὐλάχιστον, ἀπό τήν ψῆφο τῶν ἐκλογέων καί ὄχι ἀπό τήν ἰσχύ τοῦ παλατιοῦ. Ταυτόχρονα δέν μποροῦν νά συμπεριφερθοῦν ὡς ἀμιγῶς πολιτικές προσωπικότητες, ὡς ἐκπρόσωποι τοῦ λαοῦ, ἀφοῦ τούς κοινοβουλευτικούς κανόνες τούς παραβίαζε ἀνεξέλεγκτα ὁ μονάρχης («*ο βασιλεὺς ἔχει δικαίωμα νὰ διαλύῃ τὴν Βουλή... ν᾽ ἀναβάλλῃ τὴν ἔναρξιν ἢ νὰ διακόπτῃ τὴν συνέχισιν τῆς ἐτησίας Βουλευτικῆς Συνόδου»)*[8]. Μέ τόν τρόπο αὐτό ἡ πολιτική ζωή τελεῖ ὑπό τήν συνεχῆ ἐπιτήρηση καί τρομοκρατία τοῦ παρακράτους: τῆς παρασυνταγματικῆς βασιλικῆς δραστηριότητας. Εἶναι αὐτό πού θά μπορούσαμε νά ἀποκαλέσουμε «*πολιτική*» *ἐκπροσώπηση τῆς* «*δεξιᾶς*».

Τό θεσμικό παρακράτος, οἱ «μηχανισμοί», ξεκινοῦσαν κυρίως ἀπό τίς Ἔνοπλες Δυνάμεις καί τά Σώματα Ἀσφαλείας καί ἐπεκτείνονταν στό ὑπόλοιπο κρατικό πλέγμα, φθάνοντας μέχρι τίς κοινοτικές ἀρχές. Τό παλάτι μέ τήν διαδικασία τῶν αὐστηρά εὐνοιοκρατικῶν προαγωγῶν καί διορισμῶν ὀργάνωνε, καθοδηγοῦσε καί ἤλεγχε τά ἀνώτερα διοικητικά στελέχη, στά ὁποῖα ἐκχωροῦσε δικαιώματα, ἁρμοδιότητες καί δικαιοδοσίες πού δέν εἶχαν καμιά σχέση μέ τήν συνταγματική τάξη, τήν πολιτική νομιμότητα ἤ τήν ἀξιοκρατική δημοσιοϋπαλληλική ἱεραρχία. Τά στελέχη αὐτά, μέ τήν σειρά τους, ὀργάνωναν ὁμάδες στό ἐσωτερικό σῶμα τοῦ κρατικοῦ μηχανισμοῦ σύμφωνα μέ τά στενά συμφέροντα τοῦ παλατιοῦ καί τῶν... ἰδίων. Ἡ ἰσχύς τῶν ἀνωτέρων στελεχῶν καί τῆς παραϊεραρχίας μέσα στόν θεσμικό καί στόν κοινωνικό κορμό δέν μποροῦσε νά ἀμφισβητηθεῖ ἀπό κανένα. Οὔτε ἀπό τούς φυσικούς «προϊσταμένους» τους, οὔτε ἀπό τήν πολιτική ἡγεσία. Μόνο σέ ἀκραῖες περιπτώσεις, ὅπου ἡ αὐθαιρεσία ξεπερνοῦσε κάθε ἐπιτρεπτό ὅριο, ἐπενέβαινε τό παλάτι γιά νά ἀποκαταστήσει τήν τάξη. Ὅλες οἱ ἄλλες κατηγορίες αὐθαιρεσιῶν ἀντιμετωπίζονταν ὡς *«ὑπερβάλλων ζῆλος»*.

Ἡ παραϊεραρχία καί ἡ παραεξουσία πού συγκροτοῦσαν τούς «μηχανισμούς» τοῦ παλατιοῦ, ἀπό ἕνα ἐπίπεδο καί κάτω ἔχαναν τήν εὐκρίνεια καί τήν ταυτότητά τους καί συγχέονταν μέ τήν ἀπέναντι περιοχή τῆς νύχτας καί τοῦ ἐγκλήματος. Ἀκριβῶς στήν ἀντίθετη ἄκρη, στήν κορυφή τῆς πυραμίδας, ἡ «ἀριστοκρατία» τοῦ παρακράτους δέν «ἀναφερόταν» μόνο στό παλάτι, ἀλλά ἀποτελοῦσε τόν συνδετικό κρίκο μέ τίς μυστικές ὑπηρεσίες τῶν ξένων χωρῶν. Εἶναι ὁ δίαυλος τῆς πρακτόρευσης ὁλόκληρης τῆς κοινωνίας καί ὁ κύριος μοχλός ἐλέγχου τῆς πολιτικῆς ζωῆς. Εἶναι ὁ κύριος φορέας τῆς ὑποτέλειας τῆς νεοελληνικῆς κοινωνίας, πού ὁλοκληρώνεται στό παλάτι. Αὐτά ἰσχύουν μέχρι τίς παραμονές τοῦ Β΄ Παγκοσμίου Πολέμου. Ἀπό τό 1947-48 καί μετά ὁ κρατικός μηχανισμός παραδίδεται αὐτούσιος στίς μυστικές ὑπηρεσίες τῶν ΗΠΑ. Μέσα σ᾽ αὐτή τήν νέα συνθήκη ἀναπτύσσεται ἡ ὁμάδα Παπαδόπουλου-Ἰωαννίδη.

Σέ ὅ,τι μᾶς ἀπασχολεῖ, τό παρακράτος (θεσμικό καί ἀνώνυμο) ὡς κύριο στήριγμα τοῦ παλατιοῦ, ἔχει ἰδιόμορφες σχέσεις μέ τήν καθαυτό πολιτική ζωή, μέ τά πολιτικά πρόσωπα καί τούς πολιτικούς συνασπισμούς. Ὅπως συμβαίνει καί μέ τούς ὑπόλοιπους θεσμούς, πρέπει νά διακρίνουμε ρητά ἀνάμεσα στόν πολιτικό θεσμό καί τό ὑποκατάστατό του. Εἶναι τό λεπτό σημεῖο ὅπου γίνεται ἡ μεγάλη σύγχυση πού καλλιεργεῖ ἡ «ἀριστερά» καί υἱοθετεῖται ἄκριτα τόσο ἀπό τήν πλευρά τῶν ἀναλυτῶν, ὅσο καί ἀπό τούς ἄμεσα ἐμπλεκομένους. *Τά πολιτικά κόμματα καί τό παρακράτος δέν ταυτίζονται.* Ἀκόμα καί ὅταν οἱ ἐκπρόσωποι τοῦ παρακράτους δούλευαν ὑπέρ τῆς ἐκλογικῆς καί πολιτικῆς ὑποστήριξης τοῦ ἑκάστοτε «ἐκλεκτοῦ» πολιτικοῦ σχηματισμοῦ τοῦ παλατιοῦ, ἀνῆκαν πρωτίστως στόν μηχανισμό τοῦ παλατιοῦ καί μόνο δευτερευόντως στή συγκεκριμένη πολιτική παράταξη. Ἡ ταύτισή τους ἀποκλείεται ἐξ ὁρισμοῦ. Τό παρακράτος δέν ἦταν ἰδιοκτησία οὔτε ὄργανο τῶν ἑκάστοτε πολιτικῶν κομμάτων τῆς «δεξιᾶς», ὅπως ἰσχυρίζεται ἀκόμα ἡ «ἀριστερά» καί πιθανῶς φαντάζονταν τά ἴδια. Τό παλάτι μποροῦσε ἀνά πᾶσα στιγμή νά τό στρέψει ἐναντίον τους, ἐφόσον θεωροῦσε ἀσύμφορη τήν «συνεργασία» – ὅπως καί ἔγινε μετά τήν ρήξη Καραμανλῆ-παλατιοῦ τό 1963, μέ τόν Γ. Παπανδρέου τό 1965 καί τόν Π. Κανελλόπουλο τό 1967. Τό παλάτι, ὁ ὑπερκομματάρχης, χρησιμοποιοῦσε ὅλα τά κόμματα καί ὅλα τά πρόσωπα, ἀπό τήν ἄκρα «ἀριστερά» ὥς τήν ἄκρα «δεξιά», μέ τόν ἴδιο τρόπο γιά τήν προώθηση τῶν σκοπῶν του. Τό παλατιανό παρακράτος ἦταν ἐχθρικό ὄχι μόνο πρός τήν «ἀριστερά», ἀλλά καί πρός κάθε πολιτική ἄποψη πού τό ἔθετε ὑπό κριτική – πόσο μᾶλλον ὑπό ἀμφισβήτηση. Εἶχε δική του δυναμική καί τήν δική του λογική. Ὁ ὑπόκοσμος (κρατικός καί ἀνώνυμος) ἐπιστρατεύεται νά ὑπηρετήσει τό παλάτι καί ὄχι τήν πολιτική. Τό κύριο ἔργο εἶναι ἡ τρομοκρατία, ἡ καταπίεση καί κυρίως ἡ λεηλασία τῆς ζωῆς μιᾶς κοινωνίας ἐξαντλημένων πολιτῶν. Τό κύριο ἔργο του εἶναι ἡ κλοπή ὅλων τῶν κατηγοριῶν: ἀπό τήν ἐμπορία βρεφῶν ἕως τήν ἰδιοποίηση τοῦ Σχεδίου Μάρσαλ (706,7 ἑκατομμύρια δολάρια, σέ τιμές τῆς περιόδου 1948-52). Οὐδεμία κριτική εἶναι ἀνεκτή, οὐδεμία πνευματική ἑστία ἀναγνωρίζεται καί οὐδεμία παραγωγική πρωτοβουλία ἐπιτρέπεται. Ὅποιος δέν συμπεριφερόταν ὡς δοῦλος ἐτίθετο ἐκτός κοινωνικοῦ πλαισίου, ἀποκλειόμενος ἀπό τό θεσμικό σῶμα. Τό μεγαλύτερο μέρος τῆς πολιτικῆς ζωῆς στήν νεο-ελληνική ἱστορία ἐλέγχεται ἀπό τήν παλατιανή εὔνοια, *ἡ ὁποία δέν ἀκολουθεῖ κανένα κανόνα πολιτικῆς ἠθικῆς*. Τό τελευταῖο παράδειγμα αὐτῆς τῆς συμπεριφορᾶς εἶναι ἡ ἀποστασία τοῦ '65, ἡ ὁποία πραγματοποιεῖται ἀπό στελέχη πού ἀνῆκαν στήν κεντρώα, δημοκρατική παράδοση καί στήν «ἀριστερά», γιά τήν ἐξυπηρέτηση τῶν σκοπῶν τῆς «δεξιᾶς», μέ ἀκραία περίπτωση τόν Ἠλία Τσιριμῶκο, τόν «κατεψυγμένο» πρωθυπουργό τῶν ὀρέων. Ἡ πολιτική καί κοινοβουλευτική ζωή ἀποτελοῦσε τό δημοκρατικό προσωπεῖο καί τό ἄλλοθι μιᾶς αὐταρχικῆς νοοτροπίας, πού δέν πίστεψε ποτέ στήν Δημοκρατία καί τούς θεσμούς της, ὅπως ἀποδείχθηκε μέ τήν δολοφονία τοῦ Γρηγορίου Λαμπράκη, πού ὑπῆρξε ἡ ἀφετηρία τῆς ρήξης μέ τόν Κ. Καραμανλῆ. Οἱ παλαιότεροι θά θυμοῦνται, φαντάζομαι, τήν γνωστή φράση τοῦ ἱδρυτῆ τῆς Ν.Δ., πού ἀποδεικνύει ἀκριβῶς τήν ἀλήθεια τῶν διαπιστώσεων: «*Ποιός κυβερνᾶ αὐτόν τόν τόπο;*»

Κάτω ἀπό αὐτές τίς συνθῆκες καί *αὐστηρά μιλώντας, δέν ὑπῆρξε ποτέ πολιτική παράταξη ἡ ὁποία νά ταυτίζεται μέ τό θρησκευτικό-στρατιωτικό ἰδεολόγημα* ὅπως τό ἐννοοῦσε τό παλάτι, καί συνεπῶς δέν ὑπῆρξε «δεξιά» πολιτική παράταξη. Δέν μποροῦμε, λοιπόν, νά μιλᾶμε γιά συγκεκριμένη πολιτική παράταξη ταυτιζόμενη μέ τήν «δεξιά», καθώς προτείνεται στήν Μεταπολίτευση ἀπό τήν «ἀριστερά». Ἄποψη πού τονίσθηκε μετ᾽ ἐμφάσεως ἀπό τήν πολιτική τοῦ Ἀ. Παπανδρέου καί ἔγινε ἀποδεκτή ὡς αὐτονόητη ἀλήθεια ἀπό ὁλόκληρο τό πολιτικό φάσμα συμπεριλαμβανομένης καί τῆς Ν.Δ.

Τό πολιτικό ψεῦδος πού ταυτίζει ἕνα συγκεκριμένο κόμμα (ἐν προκειμένω τήν Ν.Δ.) μέ τήν «δεξιά» (δηλ. τό παρακράτος) εἶναι ἡ κεντρική μεταπολιτευτική τακτική. Ὅπως συμβαίνει καί μέ τά ὑπόλοιπα κόμματα, τά βασικά στελέχη τῆς Ε.Ρ.Ε. πού συνέστησαν τήν Ν.Δ. (τήν «δεξιά») προέρχονταν ἀπό ὅλο τό πολιτικό φάσμα τῆς πρό καί μετεμφυλιακῆς ζωῆς. Ἡ μεγάλη πλειοψηφία τῶν στελεχῶν αὐτῶν ἀνῆκε σέ κεντρῶα καί φιλελεύθερα κόμματα («Λαϊκό», «Φιλελευθέρων», «Ἑνωτικό Κόμμα», «Λαϊκό Ἑνωτικό», κ.λπ.), καί συμμετεῖχαν σέ κυβερνήσεις τοῦ Σοφούλη, τοῦ Πλαστήρα, τοῦ Σ. Βενιζέλου, τοῦ Γ. Παπανδρέου κ.λπ. Αὐτή ἡ εὐκολία μετακίνησης στελεχῶν ἀποδεικνύει ἐπίσης ὅτι δέν ὑπῆρχαν σταθεροί πολιτικοί πόλοι, στούς ὁποίους νά μποροῦμε νά προσάψουμε ἱστορικά εὐκρινεῖς πολιτικές ταυτότητες. *Τό παλάτι καί οἱ παρακρατικοί του μηχανισμοί λειτουργοῦσαν ὡς ἀπαγορευτικός καταλύτης στήν δημιουργία παρομοίων συγκροτήσεων.* Ἐκτός τοῦ Κ.Κ. καί ἐλαχίστων ἐξαιρέσεων οἱ πολιτικοί πίστευαν καί πιστεύουν στήν δημοκρατική τάξη, ἐνῶ τήν ἴδια στιγμή ἦταν ὑποχρεωμένοι νά συνδιαλέγονται μέ ἕνα αὐταρχικό καί ἀντιδημοκρατικό μονάρχη. Ἀκροδεξιά κόμματα μέ τήν δυτική σημασία τοῦ ὅρου δέν ὑπῆρξαν στήν Ἑλλάδα. Θυμίζω ὅτι ὁ στρατάρχης Ἀ. Παπάγος, ὁ ἐκλεκτός τοῦ παλατιοῦ μετά τόν ἐμφύλιο καί ἱδρυτής τοῦ «Συναγερμοῦ», ὁ κατ᾽ ἐξοχήν ἐκπρόσωπος τῆς «δεξιᾶς», ὅπως τήν ἐννοεῖ ἡ «ἀριστερά», στό βιβλίο του «*Ὁ πόλεμος τοῦ 1940-41*» μέμφεται τούς νικητές τοῦ Α΄ Παγκοσμίου Πολέμου ὅτι στήριζαν δικτατορίες καί ἀντιδημοκρατικά καθεστῶτα. Ἄν, λοιπόν, ὁ χαρακτηρισμός «δεξιά» ἀποδοθεῖ στήν Ν.Δ., τότε αὐτοδικαίως πρέπει νά ἐπεκταθεῖ στό σύνολο τοῦ πολιτικοῦ κόσμου τῆς μεταπολιτευτικῆς περιόδου. Ἀλλά τό σημαντικότερο πολιτικό γεγονός, τό κορυφαῖο πολιτικό γεγονός πού ἔρχεται σέ πλήρη ἀντίθεση μέ τήν τρέχουσα ἀνάλυση καί ἀνατρέπει ἐκ βάθρων τήν θεωρία περί «δεξιᾶς» εἶναι τό ὅτι *τόν ἐμφύλιο τόν διεξήγαγαν καί τόν κέρδισαν κεντρῶες κυβερνήσεις (Σοφούλης) καί ὄχι «δεξιές»*. Λαμβάνοντας ὑπ᾽ ὄψιν ὅτι κάθε συμμετοχή στό μετεμφυλιακό πολιτικό παίγνιο, σύμφωνα μέ τούς συνταγματικούς κανόνες, ἐσήμαινε τήν ὑποχρεωτική συνεργασία μέ τόν ἀνώτατο ἄρχοντα, οἱ κρίσεις μας γιά πολιτικά «ὄργανα» ἤ μή τοῦ παλατιοῦ θά πρέπει νά γίνονται περισσότερο σύμφωνα μέ τίς συγκεκριμένες ὑποχωρήσεις καί δεσμεύσεις κάθε πολιτικοῦ προσώπου, παρά μέ ὅρους πολιτικῶν «θέσεων» καί παρατάξεων, κι ἀκόμα λιγότερο μέ τό κριτήριο τοῦ ποιός ἦταν ὁ τελευταῖος «συνεργάτης» πρίν τήν χούντα.

Τό νά μιλᾶ, λοιπόν, κανείς περί «δεξιᾶς» καί νά τήν ταυτίζει μέ ἕνα συγκεκριμένο πολιτικό σχηματισμό (τήν Ν.Δ.) δέν εἶναι παρά μιά ἀδικαιολόγητη ἀποδοχή τῆς παπανδρεϊκῆς καί σταλινικῆς συνθηματολογίας πού δέν ἀνταποκρίνεται σέ καμιά πολιτική καί ἱστορική πραγματικότητα. *Δεξιά μέ τήν πολιτική σημασία τοῦ ὅρου ἦταν μόνο τό παλάτι καί τό παρακράτος πού ὀργάνωνε, συντηροῦσε καί ἤλεγχε τό ἴδιο, καί οὐδεμία πολιτική παράταξη.* Τό παλάτι διεκπεραίωνε τό ἔργο του μέ τούς θεσμικούς καί τούς ἀνώνυμους παρακρατικούς μηχανισμούς καί ὄχι μέ τήν πολιτική ἡγεσία. Ἡ «δεξιά» συνιστᾶ μιά βαθύτερη ἱστορική καί πολιτική ἐμπλοκή τῆς νεωτέρας μας ἱστορίας γιά τήν ὁποία ἡ Ν.Δ. εὐθύνεται ὅσο καί ὅλοι οἱ ὑπόλοιποι.

Ὕστερα ἀπό τίς παραπάνω διευκρινίσεις, καί ἄν ληφθεῖ ὑπ᾽ ὄψιν, ὅτι οἱ Ἔνοπλες Δυνάμεις εἶχαν τεθεῖ ἐκτός πολιτικῆς σκηνῆς καί ἡ μοναρχία εἶχε καταργηθεῖ, τότε κατανοεῖται εὔκολα ὅτι ὁ *Ἀ. Παπανδρέου κατέρχεται στήν πολιτική σκηνή μέ ἕνα ἀναχρονισμό. Τό σύνθημα «δεξιά ἤ πρόοδος» εἶχε πολιτικά ἰσχύ μόνο ὅσο ὑπῆρχε τό παλάτι, μέ παντοδύναμες τίς Ἔνοπλες Δυνάμεις καί τά Σώματα Ἀσφαλείας.* Ἀφ᾽ ἧς στιγμῆς οἱ Ἔνοπλες Δυνάμεις καί τά Σώματα Ἀσφαλείας ἐλέγχονται πλήρως ἀπό τήν κυβέρνηση, τό Κοινοβούλιο, τά κόμματα καί τόν Τύπο, κάθε ἀναφορά στήν «δεξιά» χωρίς ὄχι μόνο νά διευκρινίζεται ὁ ὅρος ἀλλά νά ὑπονοεῖται ὡς ὑπάρχον τό παλαιό καθεστώς, εἶναι κάτι περισσότερο ἀπό ἕνας ἁπλός ἀναχρονισμός. Χωρίς ἴχνος ὑπερβολῆς μπορεῖ νά λεχθεῖ ὅτι ἡ Μεταπολίτευση διαμορφώνεται πάνω σ᾽ αὐτό τό πολιτικό ψεῦδος. Γιά μιά ἀκόμη φορά στήν ἱστορία τῆς νεωτέρας Ἑλλάδος ἡ πολιτική ζωή συγκροτεῖται, καί μάλιστα μέ πρωτοφανῆ σφοδρότητα, σέ μιά πολιτική ἀπάτη.

Ὅπως εἶναι εὐνόητο, ἡ διαπίστωση αὐτή δέν ἀποσκοπεῖ νά ἀπαλλάξει τόν πολιτικό κόσμο ἀπό τίς πολιτικές του εὐθῦνες. Ἡ ἀνάλυση δέν προϋποθέτει ὅτι ὁ πολιτικός κόσμος δέν ἔχει εὐθῦνες γιά τήν «διεκπεραίωση» τῶν ἐντολῶν τοῦ παλατιοῦ. Εἶναι ὅμως ἕνα πρᾶγμα νά μιλᾶ κανείς γιά προσωπικές εὐθῦνες πολιτικῶν πού ἀνῆκαν σέ ὅλο τό πολιτικό φάσμα καί ἕνα ἄλλο τό νά περιορίζει ἐσκεμμένα τίς εὐθῦνες αὐτές σέ μιά πολύ συγκεκριμένη περίοδο καί σ᾽ ἕνα συγκεκριμένο πολιτικό σχηματισμό. Νά περιορίζει τήν «δεξιά» σέ μιά πολιτική παράταξη ἡλικίας μόλις μιᾶς πενταετίας (τυπικά 1956-1961), πού ἐπανιδρύθηκε μετά δέκα χρόνια μέ πολλά νέα πρόσωπα, γιά νά στηθεῖ μιά ἀνύπαρκτη διαμάχη. Ἡ τακτική αὐτή δέν εἶναι ἁπλή καί συνηθισμένη στίς πολιτικές ἀντιπαραθέσεις ὑπερβολή, ἀλλά προσβολή τῆς στοιχειώδους λογικῆς. Τό πολιτικό ψεῦδος προτείνεται σοβαροφανῶς ὡς πολιτική σύγκρουση!

Γιά νά καταλήξουμε. Σέ μιά κοινωνία κατεστραμμένη, καθημαγμένη καί τρομοκρατημένη ἀπό τίς ἐμφύλιες θηριωδίες ἀμφοτέρων τῶν πλευρῶν ἐπί μιά δεκαετία, ἦταν ἀδύνατο νά ὑπάρξει φυσιολογική πολιτική ζωή (δεξιά ἤ ἀριστερά). Στήν μετεμφυλιακή Ἑλλάδα δέν βασίλευαν οἱ «δεξιοί», ἀλλά μόνο τό μῖσος. Ἡ ταπείνωση δέν περιοριζόταν στόν ἁπλό λαό, ἀλλά συμπεριελάμβανε τό σύνολο τῶν πολιτικῶν προσώπων. Ὁ τρόμος δέν περιοριζόταν στόν καθημερινό πολίτη, ἀλλά ἀγκάλιαζε τό σύνολο τοῦ πολιτικοῦ κόσμου. Πρέπει νά εἴμεθα δίκαιοι μέ τήν ἱστορία καί τά πρόσωπα. Ἡ πικρή ἀλήθεια εἶναι ὅτι οἱ διάφοροι πολιτικοί πού ἀποφάσιζαν νά πάρουν μέρος στό πολιτικό παιχνίδι ὑπό τήν παντοδυναμία ἑνός ἀνήθικου καί ἀδίστακτου παλατιανοῦ κράτους (καί ἐλεγχόμενου πλήρως ἀπό τίς μυστικές ὑπηρεσίες τῶν ΗΠΑ) δέν εἶχαν καί πολλά περιθώρια ἐπιλογῶν. Θύματα τοῦ παρακρατικοῦ μηχανισμοῦ δέν ἦταν μόνο οἱ ἁπλοί πολῖτες, ἀλλά καί οἱ ἴδιοι οἱ πολιτευτές. Ὁ δολοφονηθείς ἀπό τό παρακράτος τοῦ παλατιοῦ καί ὄχι γενικῶς τῆς «δεξιᾶς», τό 1963 στήν Θεσσαλονίκη, δέν ἦταν μόνο μαραθωνοδρόμος καί ἰατρός, ἀλλά πρωτίστως ἦταν Βουλευτής. Εἶναι ντροπή νά μήν κατανοοῦμε ποῦ βρισκόμαστε.

Ἡ στιγμή δέν εἶναι κατάλληλη οὔτε ἄλλωστε εἶναι αὐτό τό θέμα μας, ἀλλά τόν ἐμφύλιο ἀπό τόν ὁποῖο προέκυψαν ὅλα τά μεταπολεμικά προβλήματα καί ὅλα τά δεινά (καί κυρίως ἡ ἄνευ ὅρων παράδοση στήν νέα ὑπερδύναμη), δέν τόν ἔκανε μόνη της ἡ «δεξιά», δηλαδή τό παλάτι καί τά ὄργανά του μέ τήν «ὑπόδειξη τῶν Ἄγγλων». Οἱ εὐθῦνες βαρύνουν ὁλόκληρη τήν ἑλληνική κοινωνία καί κυρίως τήν σταλινική ἀριστερά, ἡ ὁποία πίστευε ὅτι μποροῦσε νά ἀνατρέψει τά ἀποτελέσματα τοῦ Δευτέρου Παγκοσμίου Πολέμου (ἡ ἀλλαγή στρατοπέδου δέν ἦταν τό ζητούμενο;). Ἡ πιθανότητα αὐτή ἦταν ἀδιανόητη καί ὡς ἁπλή ὑπόθεση (στά ἀπομνημονεύματα τοῦ Ζίβκωφ, τήν ἀπορρίπτει καί ὁ ἴδιος ὁ Στάλιν). Ἀπό τήν πλευρά τῆς σταλινικῆς ἀριστερᾶς ἡ ἀποδοχή καί ἐκτέλεση τοῦ ἐμφυλίου δέν ἦταν παρά μιά πράξη ὑποτέλειας, στήν ὑπηρεσία τῶν στρατηγικῶν παιγνίων Ἀμερικῆς καί Ρωσίας, καί ἕνα ἀπό τά εἰσαγωγικά ἐπεισόδια στήν ἐπερχομένη ψυχροπολεμική περίοδο. Μιά πράξη πού θυσίασε –ἀκριβῶς ὅπως καί οἱ συνταγματάρχες ἀργότερα– τήν εἰρήνη καί τήν εὐημερία τῆς μεταπολεμικῆς Ἑλλάδος, ἡ ὁποία ἀπό νικητής στόν Β΄ Παγκόσμιο Πόλεμο μεταβλήθηκε σέ ἕνα ἀπέραντο σφαγεῖο καί ἄσυλο παραφρόνων. Ἄς κλείσει λοιπόν αὐτή ἡ θλιβερή παρένθεση, πού ἀποτελεῖ τήν χαίνουσα πληγή, τό ἀνεπούλωτο τραῦμα τῆς νεωτέρας μας ἱστορίας.

Συνοψίζοντας: Ἡ ταύτιση παλατιοῦ καί κομμάτων ἀποκλείεται ἐξ ὁρισμοῦ, καί μόνο ἀνώριμοι ἐκπρόσωποι δέν θά μποροῦσαν νά τό καταλάβουν. Ἡ «δεξιά» στήν Μεταπολίτευση ἀποδεικνύεται ἕνα μύθευμα. Ἡ στρατηγική τοῦ Ἀ. Παπανδρέου *ἐνάντια σ᾽ αὐτή τήν «δεξιά»* μπόρεσε νά ἑδραιωθεῖ καί νά ἀποκτήσει πολιτική ἀληθοτιμή μόνο στό βαθμό πού ἡ Ν.Δ. δέν διέθετε τήν πολιτική βούληση καί τήν ἀπαιτουμένη ἱστορική συνείδηση νά διαχωρίσει ἑαυτήν ἀπό τό παλάτι καί τούς μηχανισμούς του. Ὁ Π. Κανελλόπουλος σέ γράμμα του στον Κ. Καραμανλῆ δέν διστάζει νά μιλήσει στίς παραμονές τοῦ πραξικοπήματος γιά *«ἔργον ἰδικῶν μας ἠλιθίων καί παρανοϊκῶν»*[10]. Ἔτσι, ἡ «ἀριστερά» κατόρθωσε νά ταυτίσει τήν Ν.Δ. μέ τό πλέον καταδικασμένο ἱστορικά καί κοινωνικά τμῆμα αὐτοῦ τοῦ ἰδεολογήματος: μέ τά ἀκροδεξιά ἐξτρεμιστικά στοιχεῖα καί τίς μητροπολιτικές μυστικές ὑπηρεσίες ἀπό τήν μιά καί τίς θρησκόληπτες παραθρησκευτικές ὀργανώσεις ἀπό τήν ἄλλη. Στήν ψευδοταυτότητα πού κυκλοφόρησε ὁ Ἀ. Παπανδρέου γιά λογαριασμό της, ἡ Ν.Δ. δέν μπόρεσε νά ἀντιτάξει κανένα πειστικό ἐπιχείρημα καί νά ὀργανώσει μιά ἀνάλογη στρατηγική.

Τό πεδίο γιά τήν ἑδραίωση τοῦ λαϊκισμοῦ μένει ἐλεύθερο καί ἀνεμπόδιστο.

Σημειώσεις

1. *«Πρακτικὰ τῆς ἐν Ἀθήναις 3ης Σεπτεμβρίου Ἐθνικῆς τῶν Ἑλλήνων Συνελεύσεως»* (σελ. 283). *Ἔκδ. Βασιλικοῦ Τυπογραφείου 1844.*
2. Ὅ.ἀ., σελ. 279, 281.
3. Τό αἴτημα τοῦ Διαφωτισμοῦ ἦταν κυρίως ἡ ἐλεύθερη παραγωγή (πνευματική καί «ὑλική»). Συνεπῶς, ἄν ἀφαιρεθεῖ αὐτό τό αἴτημα, παραμένει τό ἱστορικό τίποτα. Γι᾽ αὐτό ἡ πρώτη γενιά Ἑλλήνων διαφωτιστῶν ἐνεπλάκη στό περίφημο γλωσσικό ζήτημα κατά τρόπο πού ὑπερέβαινε τίς ἀνάγκες καί τά προβλήματα τῆς γλωσσικῆς ταυτότητας ἤ τοῦ προσδιορισμοῦ τῶν στοιχείων τοῦ νέου ἑλληνισμοῦ, οἱ δέ κληρονόμοι του παγιδεύθηκαν γιά τόν ἴδιο λόγο καί μέ τήν ἴδια εὐκολία στόν σταλινισμό.
4. Γιά τό θέμα τῆς φεουδαρχίας βλ. τό *«Φεουδαρχική κοινωνία»* τοῦ ἱστορικοῦ συνιδρυτῆ τῶν γαλλικῶν «Annales» Ἐ. Μπλόχ. Γιά τό θέμα τῆς φραγκοκρατίας βλ. Οὐίλλιαμ Μίλλερ: *«Ἡ Φραγκοκρατία ἐν Ἑλλάδι»*, σέ μετάφραση τοῦ Σπ. Λάμπρου.
5. *«Γιά τιμωρία διατάξαμε νά ριχθεῖ στήν πυρά τό βιβλίο (τοῦ Πλήθωνος)»*. Γενναδίου πατριάρχου: *«Ἐναντίον τοῦ Πλήθωνος Γεμιστοῦ»*. Εἶναι αὐτοί πού καίγοντας τά βιβλία καί διώκοντας τήν γνώση θά ἔκαναν τήν Ἀναγέννηση στό Βυζάντιο, ἄν δέν τούς προλάβαινε ὁ πορθητής, ὅπως διαδίδουν ἐκ τῶν ὑστέρων!
6. Σημειώνω γιά τήν ἱστορία ὅτι ἡ «συμπάθεια» τῆς πτέρυγας τῶν Νοταράδων πρός τόν Κ. Παλαιολόγο, τῆς πτέρυγας πού προτιμοῦσε τό *«φακιόλιον τοῦ τούρκου, ἀπό τήν δυτική τιάρα»* ἀναπτύσσεται μετά τήν πτώση τῆς Πόλης καί ὄχι πρίν... Εἶναι μιά ὄψιμη ἱστορική μυθοποίηση πού ἔγινε ἀποδεκτή ἀπό τούς

Φαναριῶτες, ὅταν βεβαιώθηκαν ὅτι τό μέλλον γιά τίς παρασιτικές ὁμάδες δέν ἦταν πλέον ἡ Πόλη, ἀλλά ἡ νέα ἑλληνική κοινωνία στήν ὁποία ἔπεσαν ὡς λυμεῶνες (βλ. «*Χρονικό τῆς Ἁλώσεως*», τοῦ Γ. Φραντζῆ καί τό «*Χρονικό τῆς Πολιορκίας τῆς Κωνσταντινουπόλεως*» τοῦ Νικολό Μπάρμπαρο καί τά «*Ἀπομνημονεύματα*» τῶν ἀγωνιστῶν τοῦ ᾿21, καί ἰδιαίτερα τοῦ Φωτάκου).

7. Εἶναι γνωστή ἡ ἱστορία τοῦ φαιδροῦ διαλόγου τῆς Φρειδερίκης μέ τόν Σπ. Μαρκεζίνη. Ἡ πρώτη ὑποστήριζε ὅτι οἱ Ἕλληνες εἶναι «*σάν τούς μαύρους τῆς Ἀφρικῆς καί συνεπῶς δέν τούς ἀξίζουν δημοκρατικές ἐλευθερίες καί τά δικαιώματα τοῦ πολίτη*», ἐνῶ ὁ δεύτερος πάσχιζε νά τήν πείσει ὅτι εἴμεθα φορεῖς πολιτισμοῦ καί ἱστορικῆς μνήμης...

8. Σύνταγμα τοῦ 1844, ἄρθρα 30, 31.

9. Ἡ περίπτωση τοῦ Ἀλ. Παναγούλη –ὅπως καί ἀρκετῶν ἄλλων– πρέπει νά ἀναγνωρισθεῖ περισσότερο ὡς ἀτομική ἡρωική πράξη, καί ὄχι ὡς ἐκδήλωση ὀργανωμένης ἀντίστασης, παρά τό ἀναμφισβήτητο γεγονός ὅτι ἀρκετά ἄτομα βασανίστηκαν κι ἀκόμα περισσότερα συνελήφθησαν ἀπό τήν χούντα. Γιά τήν ἱστορία: Ἐκτός τῶν «ἀντιφασιστικῶν» ταινιῶν πού ἔκαναν «ἀντίσταση» συκοφαντώντας μέ τήν ἄδεια τῆς χούντας τόν κοινοβουλευτισμό τοῦ μεσοπολέμου, ὑπῆρξε καί ἡ «ἀντίσταση» τῶν «διανοουμένων» μέ τά «*Δεκαεφτά Κείμενα*». Ἀλλά ἐδῶ δέν ξέρει κανείς τί νά πρωτολυπηθεῖ: τήν λογοτεχνική καχεξία τῆς «ἀντίστασης», ἤ τήν πολιτική ἀνωριμότητα.

10. Βλ. τήν «Ἱστορία τῆς Σύγχρονης Ἑλλάδος 1941-74» τοῦ Φ.Ν. Γρηγοριάδη, τόμ. 4ος, σελ. 427.

Μεταπολιτευτικός λαϊκισμός καί Νεολουδίτες[1]

«Μετὰ τοῦ ὄχλου, τὰ τοῦ ὄχλου
καὶ οἱ ὄχλοι βοήσωμεν»[1]
Ἐπιφάνιος Κύπρου: *«Εἰς τὰ Βάϊα»*

«Ὁ λαός στήν ἐξουσία»
Ἀ Παπανδρέου: *«Ὁμιλίαι»*

Ἡ ἐξέταση τῶν μορφῶν τοῦ λαϊκισμοῦ, τόσο στό ἐπίπεδο τῆς προπαγάνδας ὅσο καί σέ κεῖνο τῆς πρακτικῆς ἐφαρμογῆς, παρουσιάζει ἰδιαίτερο ἐνδιαφέρον, ἀφοῦ ἀποτελεῖ τήν κύρια τακτική ἅλωσης τῆς μεταπολιτευτικῆς Δημοκρατίας.

Ὁ λαϊκισμός εἴτε μέ τήν μορφή τοῦ ἐθνικο-φυλετικοῦ, εἴτε μέ τήν μορφή τοῦ «ἰδεολογικο-ταξικοῦ» φασισμοῦ (μαρξο-σταλινισμοῦ), πέρασε ἐπί τοῦ παρόντος στό πολιτικό ἀρχεῖο τοῦ δυτικοῦ κόσμου. Φυσιολογικά, μιά καί ἀκολουθοῦμε πιστά τήν δυτική ἀναπαράσταση, τό ζήτημα θά ἔπρεπε νά θεωρεῖται λῆξαν καί γιά τήν Ἑλλάδα, ὡς εὐρωπαϊκῆς χώρας καί μέλους τῆς Ε.Ε. Δυστυχῶς, τά

---

1. Λουδίτες (luddites). Χαρακτηρισμός ὀργανωμένων ὁμάδων ἐργατῶν τῆς Ἀγγλίας, πού στήν περίοδο 1811-1816 κατέστρεφαν τήν νεοεισαγόμενη τεχνολογία πιστεύοντας ὅτι τούς ὁδηγοῦσε στήν ἀνεργία.

πράγματα δέν ἔχουν ἀκριβῶς ἔτσι. Ὁ λαϊκισμός θά ἐπανεμφανισθεῖ ὡς στρατιωτικός ἐθνικολαϊκισμός μέ τήν χούντα τῶν συνταγματαρχῶν καί ὡς νεοσταλινικός λαϊκισμός στήν Μεταπολίτευση, μέ τήν σοσιαλιστική ἐκδοχή τοῦ Ἀ. Παπανδρέου, ὑπό τήν ὑψηλή καθοδήγηση καί αὐστηρή ἐποπτεία τῆς «ἐπίσημης» ἀριστερᾶς, αὐτῆς πού εἶχε τό *copywright* τοῦ μητροπολιτικοῦ λαϊκίστικου μονοπωλίου. Ὁ λαϊκισμός εἶναι ἡ πολιτική μορφή πού προτείνεται ὡς ἀντικατάσταση τοῦ μοντέλου τῆς «φασιστικῆς δεξιᾶς». Τό γιατί ἐξελίχθηκαν ἔτσι τά πράγματα εἶναι δύσκολο νά τό πεῖ κανείς. Γιατί ὁ ἐνταφιασμένος εὐρωπαϊκός λαϊκισμός ἀναγεννήθηκε δίς εἰς τήν Ἑλλάδα μετά τριάκοντα ἔτη εἶναι ἄδηλον. *«Πότε, πῶς καί γιατί τά πάθη ἐμποδίζουν τό ἔλλογο μέρος τῆς ἀνθρώπινης ψυχῆς νά κυριαρχήσει, εἶναι ἄγνωστο. Οὐ γάρ οἶδα. Τό δή τοιοῦτον οὐκ ἐστιν ῥάδιον»*, σημειώνει ὁ Ἀριστοτέλης[2].

Στό δυτικό πλαίσιο κατανοήσεως τῶν ἐννοιῶν, ἀλλά καί στό ἐγχώριο, ὁ λαϊκισμός ἀνήκει κατ᾽ ἐξοχήν στήν πολιτική παρασημαντική ἀναπαράσταση, ὅπου τό κοινωνικό εἶναι συγχωνεύεται σέ μιά ἄμορφη, εὔπλαστη, πανσηματική μᾶζα. Ἡ λέξη λαός ἔχει περισσότερο συνθηματικό καί ποτέ κυριολεκτικό χαρακτῆρα: δηλώνει τά πάντα καί τίποτε. Ὁ κοινωνικός διαφορισμός καί ἡ ἀτομική ἑτερότητα ἐξαφανίζονται. Ἡ διάκριση καί ἡ ἱεράρχηση ρόλων, ἱκανοτήτων, θέσεων, ἔργου, πλαισίων, ὅρων καί ἰδιαιτεροτήτων καί ἐν τέλει λέξεων καί πραγμάτων διαλύεται. Ἀτομικό καί συλλογικό, προσωπικό καί κοινό ταυτίζονται μέσα σέ μιά γενικότητα πού παρασημαίνει καί δέν σημαίνει. Ἡ εὐθύνη διαχέεται ὡς ρευστό ὑλικό πού ἀφορᾶ τούς πάντες καί κανένα. Ὁ πολίτης, τό κατ' ἐξοχήν ὑποκείμενο τοῦ πολιτικοῦ λόγου, διαγράφεται καί τήν θέση του καταλαμβάνει ὁ ἀνεύθυνος, ἄλαλος καί ἄβουλος λαϊκός πολτός (οἱ λαϊκές μᾶζες). Ὁ πολιτικός λόγος μεταπίπτει σέ ρητορεία, ὅπου ὁ ἀντίλογος παίρνει τήν μορφή τοῦ ἀντίλαλου, τῆς ἀντήχησης (τά ἀλαλάζοντα κύμβαλα). Σ' αὐτόν τόν ἀκατάσχετο βερμπαλισμό οἱ λέξεις εὐημεροῦν καί ἡ πραγματικότητα νοσεῖ ἀθεράπευτο καί βαρεῖα νόσο. Κυρίως ὅμως εὐημεροῦν οἱ φορεῖς αὐτοῦ τοῦ «λόγου»: οἱ αὐτοδιοριζόμενοι ὑπερασπιστές τοῦ λαοῦ, οἱ ποικιλώνυμοι σωτῆρες καί ἐκφραστές, οἱ ὁποῖοι συνιστοῦν παρ' ἡμῖν τήν μεταπολιτευτική «κυρίαρχη» τάξη, θηρεύοντας μέσα στήν κοινωνική σούπα τῆς λαϊκίστικης ἀναπαράστασης.

*

Ἡ ἄνοδος τοῦ Ἀ. Παπανδρέου ὑπῆρξε κάτι περισσότερο ἀπό ἁπλή ἐκλογική νίκη. Ἦταν ἡ καθοριστική μετακίνηση τῆς νεοελληνικῆς κοινωνίας (ἡγετικῶν ὁμάδων καί πολιτῶν) ἀπό τήν θρησκευτικο-στρατιωτική ταυτότητα, πού ἐξέφραζε τό παλάτι, πρός τό «σοσιαλιστικό» ἰδεολόγημα, καί κατ' ἐπέκτασιν πρός τήν «ἀριστερά», ὡς μοντέλο πολιτικῆς σκέψης καί πολιτικῶν ἀποφάσεων. Πολιτικά θά ἔλεγε κανείς ὅτι ἦταν ἕνα εἶδος ἀπρόσμενης μαζικῆς μετακίνησης πρός τήν «φυλοδυτική» μερίδα. Ἡ καθολική αὐτή μεταστροφή παρουσιάζει στοιχεῖα καί χαρακτηριστικά πού ξεπερνοῦν τήν ἁπλή ἐκλογική περιοχή καί ἀναδεικνύονται σέ μείζονα πολιτικά γεγονότα. Ἡ ἀνάλογη νίκη τοῦ Γ. Παπανδρέου τό 1963 ὑπῆρξε ἡ ἔκρηξη μιᾶς καταπίεσης πού εἶχε τήν ἑρμηνεία της στό παρελθόν τοῦ παλατιανοῦ παρακράτους καί στήν ρήξη μέ τόν Κ. Καραμανλῆ, μέ κορύφωση τήν δολοφονία τοῦ Γρ. Λαμπράκη (Μάιος τοῦ ἰδίου ἔτους). Ἡ μετακίνηση ἀπό τήν Ν.Δ. (55% τοῦ 1975) πρός τήν «ἀριστερά» τοῦ Ἀ. Παπανδρέου (48% τοῦ '81) ἔγινε μέ ἄριστες συνθῆκες ὁμαλῆς πολιτικῆς ζωῆς καί, κατά κοινή ὁμολογία, ριζοσπαστικῶν ἐπιλογῶν τοῦ Κ. Καραμανλῆ: κατάργηση τῆς βασιλείας, ἀναθεώρηση τοῦ ἐμφυλιοπολεμικοῦ Συντάγματος τοῦ 1952 (καί κείνου τῶν συνταγματαρχῶν), δίκη καί καταδίκη τῶν πραξικοπηματιῶν, ἐθνική συμφιλίωση μέ γενική ἀμνηστία, πλήρης ἐλευθερία τῆς ἔκφρασης καί νομιμοποίηση ὅλων τῶν κομμάτων ἀνεξαιρέτως, ἐπιτάχυνση τῶν διαδικασιῶν ἔνταξης στήν Εὐρωπαϊκή Κοινότητα, ἔξοδος ἀπό τό στρατιωτικό σκέλος τοῦ ΝΑΤΟ, κρατικοποιήσεις, γλωσσική μεταρρύθμιση, κ.λπ. Δέν πρόκειται, λοιπόν, γιά λάθη καί ἀδυναμίες ἀλλά γιά ἕνα πρωτοφανές γεγονός ἀνατροπῆς τῆς πολιτικῆς ζωῆς καί τῆς νεοελληνικῆς πραγματικότητας. Τί ἀκριβῶς συνέβη;

Φαινομενικά, μιά μικρή ὁμάδα μέ ἐπικεφαλῆς τόν Ἀ. Παπανδρέου, κατόρθωσε τό ἀκατόρθωτο. Ἐν πλήρει δημοκρατία καί στό φῶς τῆς ἡμέρας, διαλύει καί ἀντικαθιστᾶ ἕνα μεγάλο κόμμα (τήν Ε.Κ.), πού λογικά ἦταν ὁ φυσικός κληρονόμος τῶν κεντρώων δυνάμεων τῆς Μεταπολίτευσης. Καθιστᾶ ἀνυπόληπτη τήν Ν.Δ. καί καταλαμβάνει μέσα σέ πέντε χρόνια τήν πρώτη θέση. Ἡ ἴδια μικρή πολιτική κίνηση, μέ ἀναχρονιστικούς «ἀντιφασισμούς», «σοσιαλιστικά ὁράματα» καί «ἀντιδεξιά» συνθήματα, ἐπιτυγχάνει τό ἀδιανόητο: νεκρανασταίνει τήν σταλινική «ἀριστερά» καί μέ τήν συνεργασία της ἐλέγχει πλήρως τίς Ἔνοπλες Δυνάμεις, διαλύει καί παραλύει τήν παιδεία, ὑποτάσσει τόν ὑπόλοιπο κρατικό μηχανισμό καί τίς παραγωγικές δυνάμεις στόν συντεχνιακό συνδικαλισμό καί καταργεῖ κάθε ἔννοια ἀξιοκρατίας, πού ἔρχεται σέ ἀντίθεση μέ τήν κομματική λογική καί συμπεριφορά. Κατά τήν ἔκφραση ὑπουργοῦ του, πού θυμίζει Λουδίτες τοῦ περασμένου αἰῶνα, «*ἐξίσωσε τήν χειρωνακτική μέ τήν πνευματική ἐργασία*». Ἡ ἑδραίωση τοῦ λαϊκισμοῦ, αὐτῆς τῆς ἀκραίας μορφῆς, δέν βάζει σέ σκέψεις καί ἀπορία κανένα: θεωρεῖται ἁπλή ἐκλογική ἧττα. Δέν ὑπάρχουν ἀναλύσεις ἀπό ἐπιτελικά ἤ ἡγετικά στελέχη τοῦ πολιτικοῦ κόσμου, πού νά ἐπιχειροῦν ἔστω καί μιά στοιχειώδη ἔρευνα αὐτοῦ τοῦ φαινομένου, αὐτῆς τῆς καθολικῆς ἧττας, αὐτῆς τῆς χρεοκοπίας τοῦ πολιτικοῦ λόγου τῆς νεωτέρας Ἑλλάδος μέ τήν μορφή τοῦ γενικευμένου λαϊκισμοῦ. Πολλοί αἰσιοδοξοῦν γιά τό μέλλον τῆς μεγάλης δημοκρατικῆς παράταξης. Οἱ πιό σκεπτικιστές, κατανοοῦν καί ἑρμηνεύουν τό γεγονός τῆς μαζικῆς στροφῆς ὡς «*ἱστορικό παράδοξο*»[3]. Φυσικά, δέν πρόκειται γιά ἀνεξήγητη ex nihilo δημιουργία.

*

Ἡ διαμόρφωση τοῦ μεταπολεμικοῦ λαϊκισμοῦ οὐσιαστικά πρέπει νά ἀνιχνευθεῖ σέ δύο περιόδους. Ἡ πρώτη ἀφορᾶ τήν περίοδο 1950-1967 καί ἡ δεύτερη τήν περίοδο τῶν συνταγματαρχῶν. Ἀπό τά μέσα τοῦ '50 μέχρι τό πραξικόπημα, ὁλοκληρώνεται ἡ πρώτη φάση τοῦ λαϊκισμοῦ: ἡ ψευτοαστική πτέρυγα τοῦ θρησκευτικο-στρατιωτικοῦ ἰδεολογήματος, μέ τήν ἔγκριση τοῦ παλατιοῦ καί τῶν διανοουμένων-θεολόγων, θά ἐγκαινιάσει καί θά νομιμοποιήσει, ἀμέσως μετά τόν ἐμφύλιο, τόν τουριστικό λαϊκισμό καί τόν γραφικό φολκλορισμό πού καταλήγει στόν κόσμο τῆς νύχτας[4]. Οἱ «διανοούμενοι» προωθοῦν τήν θεωρία τῆς «λαϊκῆς» ψυχῆς καί οἱ ἐργολάβοι-εἰσαγωγεῖς τό μονοπώλιο τῶν ἀμερικάνικων ὑποπροϊόντων. Εἶναι ἡ ὥρα τῆς πληρωμῆς τῶν χρεῶν: ἡ στιγμή πού ἡ Ἑλλάδα ἐξάγει μετανάστες καί εἰσάγει χωρίς μέτρο καί χωρίς αἰδῶ τά ἀμερικάνικα «πολιτιστικά» ἀπορρίμματα ὡς ἀντάλλαγμα τῶν ἐκδουλεύσεων στήν ἐμφύλια διαμάχη. Ἡ χώρα παραδίδεται ἄνευ ὅρων στόν χείμαρρο τῆς ἀμερικάνικης ὑποκουλτούρας: «In countries such as Ireland and Greece American domination is near total, with U.S. films commanding more than 90% of the market»[5]. Αὐτή ἡ διαπίστωση δέν ἰσχύει μόνο στήν καταναλωτική ἀγορά, ἀλλά πρωτίστως στήν ἐξωτερική πολιτική καί στήν ἄμυνα τῆς χώρας πού παραδόθηκαν ἐν λευκῷ στήν «συμμαχία», γιά νά καταλήξουν στά μεγάλα μεταπολεμικά δεινά: στήν θηριωδία καί στήν ἐθνική προσβολή μέ τά γεγονότα τῆς Πόλης καί τῆς Σμύρνης τό 1955, καί στήν καταστροφή τῆς Κύπρου.

Ἡ ἀμεριμνησία τοῦ βασιλικοῦ καί θεολογικοῦ λαϊκισμοῦ (τοῦ «ἀρχοντάνθρωπου» καί τοῦ «ἀρχοντορεμπέτη») θά ἀνακοπεῖ μέ τό πραξικόπημα: τήν «νύχτα τῶν (ἑλληνικῶν) κρυστάλλων». Ἡ ἐκδίωξη τοῦ Κωνσταντίνου, μετά τό ἀποτυχημένο ἀντιπραξικόπημα (1968), ἐγκαινιάζει τήν περίοδο τῆς μεγάλης ρήξης μέ τό ψευδοαριστοκρατικό καί ψευδο-αξιοκρατικό καθεστώς πού στήριζε ἡ παλατιανή «καμαρίλα» καί τά ὄργανά του («πολιτικά» καί «πνευματικά»). Ἡ περίοδος τῶν συνταγματαρχῶν εἶναι αὐτή πού ἀνοίγει τόν δρόμο στόν «ἐπιστημονικό», στόν δομημένο λαϊκισμό τοῦ Παπανδρέου. Ὁ λαϊκισμός τῶν συνταγματαρχῶν, ἐνισχύει τούς ἑλληνο-αμερικανικούς δεσμούς (ἐπίσκεψη ΑΧΕΠΑ καί Ἄγκνιου στήν Ἑλλάδα, τά δέ δελτία εἰδήσεων τῆς περιόδου κατά κανόνα ἄρχιζαν μέ τήν μονότονη φράση «ὁ *Πρόεδρος τῶν Ἡνωμένων Πολιτειῶν...*»), καί προτείνεται ἀπό τήν νέα ἡγεσία ὡς μοντέλο μέ τό ὁποῖο ἐπιθυμεῖ νά ἑδραιώσει τήν θέση της, μετά τήν δρομολόγηση μή-ἀντιστρεπτῶν γεγονότων καί ἐπιλογῶν. Οἱ συνταγματάρχες ἔχουν ἀνάγκη ἀπό μιά πνευματική ἤ ἰδεολογική ἐπίφαση, γνωρίζοντας ὅτι ὁ γυμνός ἀντικομμουνισμός καί ἡ γνωστή πατριδοκαπηλεία δέν ἦταν ἐπαρκεῖς νά δικαιολογήσουν τήν ἐκτροπή στήν συνείδηση μιᾶς κοινωνίας πού γνώριζε πολύ καλά τήν ἀνυπαρξία τοῦ κινδύνου αὐτοῦ. Τό ἰδεολογικό περιεχόμενο τοῦ χουντικοῦ λαϊκισμοῦ δέν εἶναι δομημένο, οὔτε ἐπεξεργασμένο. Πρόκειται γιά ἕνα αὐτοσχέδιο ἐθνικο-αυταρχικό λαϊκισμό, ὁ ὁποῖος δέν συνδέεται μέ κάποια ἱστορική παράδοση (οὔτε κἄν μέ τήν ἐγχώρια μεταξική). Οἱ «πολιτικοί» λόγοι τοῦ κυρίου ἐκπροσώπου τῶν συνταγματαρχῶν, τοῦ Γ. Παπαδόπουλου, τοῦ κατ᾽ ἐξοχήν ἐκφραστῆ τοῦ θρησκευτικο-στρατιωτικοῦ ἰδεολογήματος, εἶναι ἐνδεικτικοί αὐτοῦ τοῦ νεολαϊκισμοῦ. Ἕνα μεῖγμα σχολικῆς ἤ προσκοπικῆς ρητορείας, ἀσυναρτησιῶν, εὐτελοῦς πατριωτισμοῦ καί κατηχητικῆς ἠθικολογίας.

Τό λαϊκιστικό κίνημα τῶν συνταγματαρχῶν ἀρχίζει ἀπό τόν σκληρό πυρῆνα τοῦ παλαιοῦ καθεστῶτος, τίς Ἔνοπλες Δυνάμεις. Καί δέν πρόκειται γιά ἁπλό σχῆμα λόγου. Ἀπηγορευμένες, ἀπρόσιτες καί «ἱερές» περιοχές τῆς ἑλληνικῆς κοινωνίας, γιά πάνω ἀπό ἑκατόν πενήντα χρόνια, ὅπως οἱ Ἔνοπλες Δυνάμεις καί ἡ Ἐκκλησία, «βεβηλώνονται» καί παραδίδονται[6] στά «ἄνομα» χέρια τῶν νεοφώτιστων τῆς ἐξουσίας ἀπό τά ἴδια τά τέκνα τους. Μέ διαδοχικές ἀποστρατεῖες ἀπομακρύνεται ἡ παλατιανή «ἀριστοκρατία» τοῦ στρατεύματος καί προωθοῦνται νέα, λαϊκῆς καταγωγῆς στελέχη, πού συσπειρώνονται γύρω ἀπό τήν πραξικοπηματική ὁμάδα. Ταυτόχρονα ἐπιχειρεῖται ἡ ἑδραίωση μιᾶς νέας γενιᾶς «πολιτικῶν» μέ ἀπόστρατους ἐξίσου λαϊκῆς προέλευσης. Ὅσο παράξενο καί ἄν ἀκούγεται, μέ τούς συνταγματάρχες ὁ ρόλος τῶν Ἐνόπλων Δυνάμεων ὑποβαθμίζεται καί ἀποδεσμεύονται πόροι πού διοχετεύονται στήν «παραγωγή» καί τήν καθιέρωση «βιομηχανικῶν ζωνῶν», ἀπό τήν ὁποία προέκυψε μιά νέα οἰκονομική «ἄρχουσα» τάξη. Κυρίως, ὅμως, ἐνισχύεται ἡ μόνη δραστηριότητα πού δέν ἔχει ἀνταγωνιστές τούς εἰσαγωγεῖς: *ὁ τουρισμός καί ἡ οἰκοδομή* γιά λαϊκή στέγη μέ τήν χορήγηση χαμηλότοκων δανείων καί «δανείων» γιά ξενοδοχειακές ἐπιχειρήσεις. Διαλύεται ἐπίσης ὁ σκληρός πυρῆνας τῆς θρησκευτικῆς ἱεραρχίας. Οἱ συνταγματάρχες εἶναι οἱ πρῶτοι πού ἐπιχειροῦν –σέ ὅσο βαθμό κατανοοῦν τό βαθύτερο πρόβλημα– νά διαλύσουν τόν σκληρό πυρῆνα τῆς βασιλικῆς ἱεραρχίας, τήν ὁποία καθοδηγεῖ ὁ ἐκλεκτός τοῦ παλατιανοῦ παρεκκλησίου. Ἐξίσου ἀξιοπρόσεκτη εἶναι ἡ ρήξη μέ τήν παραδοσιακή ἐφοπλιστική οἰκογένεια, πού διατηροῦσε δεσμούς μέ τό παλάτι. Οἱ συνταγματάρχες εἶναι οἱ θεμελιωτές τοῦ λαϊκίστικου κράτους καί τῆς λαϊκίστικης πολιτικῆς, τήν ὁποία ἀξιοποίησαν ἀνέξοδα καί ἐπικερδῶς οἱ διάδοχοί τους. Δέν εἶναι τυχαῖο ὅτι ἐπί τῶν ἡμερῶν τους ἐνισχύονται στό ἔπαρκο τά κατ᾿ ἐξοχήν λαϊκά μέσα, ὅπως τό ποδόσφαιρο, ἱδρύεται ἡ τηλεόραση (τήν ραδιοφωνία ἐγκαινίασε ὁ Ἰωάννης Μεταξᾶς) καί τό Ἑλληνικό Κέντρο Κινηματογράφου... Στόν βαθύτερο πυρῆνα του, ὁ νεολαϊκισμός τῶν συνταγματαρχῶν ἔχει χαρακτῆρα ἐθνικο-πατριωτικό καί ὄχι ἀμιγῶς «πολιτικό», ὅπως συνέβη στήν Μεταπολίτευση. Ὁ λαϊκισμός αὐτός ὁδηγεῖ στήν πνευματική διάλυση, στόν κυνισμό τῆς κατανάλωσης καί στήν ἀπελευθέρωση τῶν δυνάμεων τῆς νύχτας.

*

Παρ᾿ ὅλη τήν εὐθύνη πού μπορεῖ κανείς νά ἀποδώσει ἤ νά μεταθέσει στούς συνταγματάρχες καί τό παλάτι, αὐτό πού περισσεύει καί ὁλοκληρώνεται στήν Μεταπολίτευση ξεπερνᾶ τά ὅρια τῆς κοινῆς λογικῆς. Εἶναι πράγματι νά ἀπορεῖ κανείς μέ τήν πολιτική ἀνικανότητα, τήν ἀνεπάρκεια, τήν ἀνευθυνότητα καί τήν μωρία τῆς ἑλληνικῆς κοινωνίας καί δευτερευόντως τῶν ἐπιτελικῶν στελεχῶν τοῦ δημοκρατικοῦ κόσμου. Κατανοεῖ κανείς τήν τραγελαφική κατάσταση τοῦ βασιλικοῦ καί τοῦ χουντικοῦ λαϊκισμοῦ, πού ἀναγνωρίζει ρητά τό θρησκευτικο-στρατιωτικό ἰδεολόγημα τῆς «καθ᾿ ἡμᾶς Ἀνατολῆς». Εἶναι ὅμως ἀδύνατο νά δεχθεῖ καί νά δικαιολογήσει τήν διάρρηξη κάθε δεσμοῦ μέ τήν λογική μιᾶς παράδοσης πού ἱστορικά συνδέεται μέ τόν δυτικό ὀρθολογισμό, ὅπως εἶναι τό σοσιαλιστικό κίνημα.

Τό λαϊκίστικο ἰδεολόγημα τοῦ Ἀ. Παπανδρέου («σοσιαλισμός» καί «ἀριστερά») ἔγινε ἀποδεκτό ὡς πολιτική συνθηματολογία χωρίς νά συνειδητοποιεῖται ὅτι ἐπρόκειτο γιά πολιτική ἀπάτη. Ἔννοιες καί ἀλλαγές πού στήν Εὐρώπη χρειάσθηκαν τρεῖς αἰῶνες νά ὡριμάσουν καί νά ἀφομοιωθοῦν, μέσα σ' ἕνα πλαίσιο ἀδιάλειπτου πολιτικοῦ καί πνευματικοῦ διαλόγου, ἐπιστημονικῶν ἐρευνῶν καί παραγωγῆς, ἐδῶ ἔγιναν ἀποδεκτές μέ τήν προπαγάνδα μιᾶς πενταετίας καί φυσικά χωρίς καμιά παραγωγή. Καί μάλιστα τήν στιγμή πού κατέρρεε ἡ σοσιαλιστική μητρόπολη, ἡ ὁποία νομιμοποιοῦσε τό ἰδεολόγημα καί τούς διακινητές του. Κατά τήν διάρκεια τῆς μετάβασης στόν «σοσιαλισμό», δέν ὑπῆρξε οὐδεμία κριτική ἀνάλυση, τόσο ἀπό τήν πλευρά τῶν ὑποστηρικτῶν ὅσο καί ἀπό τήν πλευρά τοῦ δημοκρατικοῦ κόσμου, γιά τό τί πράγματι εἰσηγήθηκε ὁ Ἀ. Παπανδρέου. Ὅπως τό ἱστορικό ζήτημα τῆς κατάργησης τῆς βασιλείας πέρασε στά «μουγγά», τό ἴδιο καί τό παπανδρεϊκό ἰδεολόγημα. Τό «θεωρητικό» πλέγμα τῶν ἐννοιῶν πού στήριξε τήν προπαγάνδα ἦταν ἕνα ἐπίχρισμα «ἐπιστημονικοῦ σοσιαλισμοῦ» καί «διεθνισμοῦ», τό ὁποῖο νομιμοποίησε τήν πλημμύρα τῶν προπαγανδιστικῶν φλυαριῶν περί προόδου καί ἀλλαγῆς, περί «*συμβολαίων μέ τό λαό*» (ὡσάν νά μήν ὑπῆρχε τό Σύνταγμα) καί τίς διακηρύξεις τῆς πεντάρας στά προεκλογικά μπαλκόνια. Συνθήματα καί φθηνές ρητορεῖες πού προτείνονται ὡς «ἐπιστημονικός σοσιαλισμός», βασισμένος στήν προλεταριακή «ἐπιστήμη» καί ὄχι στήν ἀστική...

Ὁ δημοκρατικός κόσμος δέχεται ἀμήχανος πολιτικά μαθήματα, γιά νά ποῦμε τό λιγότερο, ἀπό τόν πολιτικό ἐρασιτεχνισμό. Παρακολουθεῖ ἄλαλος ἕνα θίασο πρωτόγονου φανατισμοῦ καί ἰδεοληψίας, πού προσβάλλει βάναυσα τήν κοινή λογική καί τήν καθιερωμένη πολιτική ἠθική. Ἀνέχεται τήν χειραγώγηση τοῦ πολιτικοῦ κόσμου καί τῆς νεοελληνικῆς κοινωνίας, μέ μοναδικό ὅπλο τήν ἐπαρχιακή συνθηματολογία τοῦ 1920 ἤ στήν καλλίτερη περίπτωση τοῦ 1950 τήν ὁποία πολλαπλασιάζει ἡ δημοσιογραφική ἀερολογία καί οἱ ἐπιτήδειοι «διανοούμενοι», πού κατευθύνονται ἀπό τά ἐκτελεστικά γραφεῖα. Ἀπό τήν τρομοκρατία τοῦ παλατιοῦ, ἡ χώρα πέρασε στήν τρομοκρατία τῆς «ἀριστερᾶς» χωρίς καμιά ἀντίσταση καί μέ ἐπιχείρημα τήν «πρόοδο» καί τήν «ἐπαναστατική ἀλλαγή». Ἀπό τήν διαίρεση τῶν πολιτῶν σέ α΄ καί β΄ κατηγορίας πέρασε στήν ταξινόμηση «ἀντιστασιακῶν» καί μή, διαιωνίζοντας τήν γνωστή παράδοση: *«νῦν δὲ ἀσχολούμεθα εἰς ματαίας διακρίσεις Ἑλλήνων καὶ Ἑλλήνων»*[7]. Περιθωριακοί τῆς πολιτικῆς ζωῆς πού μάλωναν στά δικαστήρια γιά τό μοίρασμα τῶν κομματικῶν καθισμάτων (ἐννοῶ τά ἔπιπλα καί ὄχι τούς ρόλους), κομματικοί ἰδεοληπτικοί, πού ἀλληλοϋβρίζονται δημοσίως ἐπί δεκαετίες χυδαιότατα (π.χ. *«ὁ γνωστός τσανακογλύφτης ἀρθρογράφος καί τροτσκιστής, κ.λπ.»*), παραδίδουν πολιτικά μαθήματα στήν ἑλληνική κοινωνία καί σ' ἕνα κόμμα πού ἀντιπροσωπεύει τήν πολιτική πεῖρα μισοῦ αἰῶνα καί τό 50% τοῦ ἐκλογικοῦ σώματος.

῞Ενα κλῖμα γενικευμένου καί *πανίσχυρου λαϊκισμοῦ* πού διαδίδει ἱστορικές καί πολιτικο-κοινωνικές ἀθλιότητες διατρέχει ὅλες τίς σφαῖρες τῆς Μεταπολίτευσης, παραλύει κάθε δραστηριότητα, ἀρνεῖται κάθε ἐλεύθερη φωνή, καταστρέφει συστηματικά τήν πνευματική καί κριτική ἱκανότητα, καί ἀπειλεῖ κάθε μορφή αὐτογνωσίας, ἀξιοπρέπειας καί λογικῆς.

*

Τά χαρακτηριστικά πού ἑρμηνεύουν τούς ὅρους τῆς «ἀλλαγῆς» καί περιγράφουν ταυτόχρονα τήν νέα «πολιτική» πραγματικότητα μποροῦν νά συνοψιστοῦν ὡς ἑξῆς:

῾Ο *ἀστικός πολιτικός λόγος ἀπαξιώνεται πλήρως* καί ταυτίζεται μέ κεῖνο τῆς «δεξιᾶς», τῆς «αντίδρασης» καί τόν «φασισμό», ἐνῶ τῆς «ἀριστερᾶς» γενικῶς καί ἀορίστως γίνεται συνώνυμος τῆς «προόδου», τοῦ «σοσιαλισμοῦ» (καί τῆς «κουλτούρας»). Τά οὐσιαστικά προβλήματα παρακάμπτονται καί τήν θέση τοῦ ἀστικοῦ, δημοκρατικοῦ λόγου καταλαμβάνει ἡ ἀσυναρτησία καί ἡ αὐθαιρεσία μιᾶς λαϊκίστικης δημαγωγίας, ἡ ὁποία καθιστᾶ ἀδύνατη κάθε πολιτική πράξη καί σκέψη.

Τά κόμματα (δέν ἐξαιρεῖται ἡ Ν.Δ.) ὀργανώνονται σύμφωνα μέ τό φασιστικό καί συνωμοτικό μοντέλο τοῦ Λένιν. Καταργεῖται ἡ ἐλευθερία καί τό δημοκρατικό κῦρος τοῦ βουλευτῆ ὡς ἐκφραστῆ καί ἐγγυητῆ τῆς ἐλεύθερης βούλησης τῶν πολιτῶν. Τήν θέση τοῦ βουλευτοῦ καταλαμβάνει τό κόμμα, τό ὁποῖο ἀναγορεύεται σέ ὑπερτάτη ἀρχή τῆς ἑλληνικῆς κοινωνίας, χωρίς καμιά συνταγματική νομιμότητα καί κυρίως χωρίς καμιά διαφάνεια.

Οὐσιαστικά, ἀκυρώνεται ἡ βάση τῆς Δημοκρατίας... (*«ὁ λαός στήν ἐξουσία»* διεκήρυσσε δημόσια ὁ Ἀ. Παπανδρέου ἐπαναφέροντας στήν πολιτική ζωή τήν «πολιτική» λογική τῶν μεσαιωνικῶν σεβαστοκρατόρων τοῦ Βυζαντίου). *Οὐδείς ἀνησυχεῖ γιά τό ὅτι οἱ πανίσχυροι κομματικοί μηχανισμοί μποροῦν νά χρησιμοποιοῦν τούς βουλευτές, τό Κοινοβούλιο, τόν κρατικό μηχανισμό, τήν κυβέρνηση καί ἐν τέλει ὁλόκληρη τήν κοινωνία γιά τούς ἄκρως ἰδιοτελεῖς σκοπούς τους χωρίς νά λογοδοτοῦν καί νά ἐλέγχονται ἀπό κανένα!*

Τά «πρακτικά» ἀποτελέσματα τοῦ «ἐπαναστατικοῦ σοσιαλισμοῦ» καλλιεργοῦν τήν καταστροφή. Πράξεις καί λόγια δομοῦν ἕνα παραλογισμό:

Σύμφωνα μέ τήν λαϊκίστικη ἀνάλυση, τό κεντρικό πρόβλημα τῆς νεοελληνικῆς κοινωνίας εἶναι ἀμιγῶς πολιτικό. Τό γεγογός ὅτι μέσα σέ λιγότερο ἀπό σαράντα χρόνια δοκιμάστηκαν ὅλα τά πολιτικά καί πολιτειακά σχήματα πού ἐφεῦρε ὁ δυτικός πολιτισμός χωρίς καμιά οὐσιαστική βελτίωση τοῦ σκηνικοῦ, παρακάμπτεται ὡς ἁπλή λεπτομέρεια.

Ὁ κρατικός μηχανισμός καί οἱ δυναμικές συνδικαλιστικές ἑνώσεις τῶν δημοσίων μονοπωλιακῶν ὀργανισμῶν ἁλώνονται ἀπό τόν κομματικό μηχανισμό. Οἱ συνδικαλιστές, ὅταν δέν συμπεριφέρονται ὡς ἰδιοκτῆτες τῶν ὀργανισμῶν (ξεχνώντας ὅτι ἡ παρέα τοῦ Γ. Παπαδόπουλου, που θεώρησε ὅτι τά τάνκς ἦταν ἰδιοκτησία της, βρίσκεται στήν φυλακή), συμπεριφέρονται ὡς μηχανισμοί πιέσεων, ἐκβιασμῶν καί καθυπόταξης τῆς ἑλληνικῆς κοινωνίας (αὐτό που κοινῶς ἐννοεῖται μέ τήν ἔκφραση «*κατεβάζουν τούς διακόπτες*»).

Στό οἰκονομικό ἀλφαβητάρι τοῦ λαϊκισμοῦ, ἡ παραγωγή (δηλαδή ἡ ἐργασία, ἡ ὑψίστη μορφή κοινωνικῆς ἀλληλεγγύης καί ἀλληλοσεβασμοῦ) θεωρεῖται ἔγκλημα καί ὕποπτη ἐνίσχυση τοῦ ἀντιδραστικοῦ καπιταλισμοῦ. Ὅταν δέν καταγγέλλεται ἡ «*ἐντατικοποίηση τῆς ἐργασίας*», προβάλλεται ἡ νεόκοπη θεωρία τῆς «*δημοκρατίας στούς χώρους δουλειᾶς*» γιά τήν νομιμοποίηση τοῦ παρασιτισμοῦ καί τῆς φυγοπονίας.

Τά ἱδρύματα ἀπ᾽ ὅπου πρέπει νά ξεκινᾶ ἡ ἔρευνα καί ἡ ὀργάνωση τῆς σύγχρονης γνώσης θεωροῦν τήν γνώση ἀστική προκατάληψη καί ὕποπτη.

Ὅποιος ἔχει πιστοποιητικό «ἀντιστασιακοῦ», τό ὁποῖο ἐκδίδεται, θεωρεῖται καί σφραγίζεται ἀπό τά κόμματα τοῦ λαοῦ, δικαιοῦται (ὁ ἴδιος καί οἱ κατιόντες) ἰσόβια σύνταξη καί σέ ὁρισμένες περιπτώσεις ἀνδριάντα. Τά περί «ἄρσεως τῶν συνεπειῶν τοῦ ἐμφυλίου» δέν ἀφοροῦν τήν ἀληθινή συμφιλίωση ἀλλά τήν συνταξιοδότηση καί τῆς ἀριστερᾶς πτέρυγος τῆς ἐμφύλιας σύρραξης (ἡ δεξιά πτέρυγα συνταξιοδοτήθηκε τό ᾽50). Οὐδείς ἀνησύχησε ὅτι περισσεύουν μόνο τά νήπια γιά τήν παραγωγή.

Ἀρχεῖα καί φακέλους πληροφοριῶν μποροῦν νά τηροῦν μόνο τά κόμματα τοῦ λαοῦ, οἱ συνδικαλιστές, οἱ δημοσιογράφοι καί οἱ λαϊκές ἐφημερίδες[8]. Οἱ φάκελοι καί τά ἀρχεῖα τῶν κρατικῶν ὑπηρεσιῶν πρέπει νά καταργηθοῦν, γιατί ὑπονομεύουν τίς λαϊκές ἐλευθερίες. Μέ ποιό τρόπο θά ἐπιτελέσουν τό ἔργο τους (τήν τήρηση ἀρχείων γιά τήν προστασία τῶν πολιτῶν καί τήν ὑποστήριξη τῆς παραγωγῆς), ἔργο γιά τό ὁποῖο συστήθηκαν καί γιά τό ὁποῖο δαπανῶνται τεράστια κονδύλια, μένει ἀναπάντητο ἀπό τήν συντεχνιακο-συνδικαλιστική λογική.

Σέ ἀπάντηση αὐτῆς τῆς «σοσιαλιστικῆς» συνταγῆς, προτείνεται ἡ «φιλελεύθερη» τῆς δεξιᾶς. Αὐτή πού νομιμοποίησε τά «πανωτόκια» τῶν τραπεζῶν καί διαδίδει τά περί παγκοσμιοποίησης τῆς οἰκονομίας. Διαλεκτικοί καί φιλελεύθεροι «διεθνιστές» ἀρνοῦνται νά κατανοήσουν ὅτι δέν ὑπάρχει κανένας διεθνισμός ἐκτός τοῦ μητροπολιτικοῦ διεθνισμοῦ (δηλαδή, τά παγκόσμια συμφέροντα τῆς ἑκάστοτε μητρόπολης). Παραβλέπουν ὅτι γιά κάθε ἱπτάμενο Ὁλλανδό, πού δέν γνωρίζει σύνορα, ἀντιστοιχοῦν ἑκατομμύρια ἁπλοί ἐργαζόμενοι πού γεννιοῦνται, μεγαλώνουν, ζοῦν καί πεθαίνουν χωρίς νά κάνουν βῆμα ἀπό τήν γενέτειρά τους, δηλαδή συνιστοῦν τήν ἐθνική οἰκονομία, ἀπό τήν ὁποία ψωμιζόμεθα ὅλοι μας («προοδευτικοί» διεθνιστές καί «ἀντιδραστικοί» τοπικιστές). Αὐτά τά ἑκατομμύρια παράγουν καί συντηροῦν τήν τοπική οἰκονομία, τά μεγέθη τῆς ὁποίας ξεπερνοῦν τό 90% τῆς παγκοσμιοποιημένης καί τά συμφέροντα τῆς ὁποίας πρωτίστως καλεῖται νά ὑπερασπίσει ὁ πολιτικός λόγος.

Τέλος, ὁλόκληρη ἡ «ἀριστερά» μυθοποιεῖ[9] τήν «ἐπανάσταση» σέ σημεῖο ὥστε γιά τόν μέσο πολίτη νά εἶναι ἀδύνατη ἡ διάκριση ἀνάμεσα στίς διαφανεῖς, νόμιμες, δημοκρατικές καί συνταγματικές διαδικασίες, καί στήν «ἐπαναστατική δράση». (Ἐν παρενθέσει: ἡ ἔξοδος ἀπό τήν τρομοκρατία δέν εἶναι ἀστυνομικό πρόβλημα – «ἀνακάλυψη» καί «ἐξόντωση» τρομοκρατῶν. Ἡ συζήτηση γιά τήν ἀντιμετώπιση τῆς τρομοκρατίας εἶναι ψευδοπρόβλημα. *Ἡ τρομοκρατία εἶναι δομικό πρόβλημα τῆς ἑλληνικῆς κοινωνίας: εἶναι ἡ ἀπαξίωση τοῦ θεσμικοῦ πλαισίου.* Συνεπῶς, ἡ ἔξοδος ἀπό τήν ἱστορική τρομοκρατία εἶναι μόνο μία καί μοναδική: ὁ σεβασμός καί ἡ ἀναγνώριση τῆς ἰσχύος καί τοῦ κύρους τῶν νόμιμων θεσμῶν – Δικαιοσύνης, Ἀσφαλείας καί Κοινοβουλίου– ἀπό τήν μιά, καί ἡ ἐνίσχυση τῆς παιδείας καί τῆς παραγωγῆς ἀπό τήν ἄλλη).

Μέ λίγα λόγια, στήν Μεταπολίτευση *ἡ γκετοποίηση* τῆς ἑλληνικῆς κοινωνίας ἀναλαμβάνεται καί προωθεῖται πλέον ἀπό τούς κληρονόμους τοῦ Διαφωτισμοῦ καί μέ ἀντιδυτικά συνθήματα, παραλύοντας οὐσιαστικά κάθε πρωτοβουλία καί κάθε μακροπρόθεσμο σχεδιασμό καί ἀκυρώνοντας κάθε μορφή στρατηγικῆς στούς νευραλγικούς ἐθνικούς τομεῖς: τήν παιδεία, τήν ἄμυνα, τήν οἰκονομία καί τήν ἐξωτερική πολιτική.

*

Ἡ στρατηγική γιά τήν ἑδραίωση τοῦ λαϊκισμοῦ εἶναι ἡ μυθοποίηση τῆς «ἀριστερᾶς» ἀπό τόν Ἀ. Παπανδρέου. Χωρίς νά τό ἔχει κἄν ἐλπίσει ἤ φαντασθεῖ καί στά πιό κρυφά της ὄνειρα (στήν ἀρχή δέν κατάλαβε κἄν τί γινόταν), ἡ ἡττημένη σταλινική «ἀριστερά» ἀναστηλώνεται, ἀναγεννᾶται ἀπό τίς τέφρες καί τά αἵματα τοῦ ἐμφυλίου, ἀποκαθίσταται τό κῦρος της καί μέσα σέ μιά ἑφταετία περνᾶ στήν ἀντεπίθεση: γίνεται ὁ τιμητής τῆς μεταπολιτευτικῆς ζωῆς. Μέ βάση τόν «σοσιαλισμό» τοῦ Παπανδρέου, ὅλες οἱ ὁμάδες τῆς «ἀριστερᾶς» («περιθωριακές» καί ἐπίσημες) ἀποκτοῦν πολιτικό κῦρος. Ὁ Παπανδρέου οὐσιαστικά νομιμοποιεῖ τόν πολιτικό λόγο μιᾶς πρωτόγονης καί ἀντικοινωνικῆς «ἀριστερᾶς», ἡ ὁποία κάτω ἀπό ἄλλες συνθῆκες θά συναντοῦσε –γιά νά ποῦμε τό λιγότερο– τήν θυμηδία τοῦ ἐκλογικοῦ σώματος. Τό ἀποτέλεσμα θυμίζει παράσταση τοῦ Ἰονέσκο[10]. Πολιτικοί, κληρικοί, θεολόγοι, τραπεζίτες, στρατιωτικοί, διανοούμενοι, δημοσιογράφοι, τοκογλύφοι, μικρομεσαῖοι, ἰδιοκτῆτες ἀκινήτων, κτηματομεσῖτες, συνταγματολόγοι, λαχειοπῶλες καί συνδικαλιστές ἀνακαλύπτουν τόν «μαρξισμό» καί ἐπιχειρηματολογοῦν «σοσιαλιστικά». Μέ τόν ὅρο ἐννοεῖται ἡ «ἐπιστημονική» σοσιαλιστική ἀργομισθία, ἡ «ἐπιστημονική» πολιτική ἀερολογία, ὅπως ἐπίσης καί ἡ φιλολαϊκή ἰδεολογία. Τήν εἰκόνα συμπληρώνουν «καλλιτέχνες» πού ἔβαλαν θεατρικά μπουλούκια νά κυκλοφοροῦν στήν ἀγράμματη καί τρομοκρατημένη ἐπαρχία τοῦ ἐμφυλίου μέ τό «Das Kapital» παραμάσχαλα, ἐπαναστάτες νά μεταφέρουν σφραγισμένα «κιβώτια», «ποιητές» πού ἐπιδεικνύουν τήν κομματική ταυτότητα καί ὑμνοῦν τόν Στάλιν, βαρκοῦλες μέ κόκκινες σημαῖες νά ἀρμενίζουν στά βαλκανικά βαλτόνερα καί παραστάσεις Μπρέχτ στίς ραχοῦλες τῆς Ἀργιθέας! (Ἡ ἐπικίνδυνη αὐτή φάρσα προβάλλεται ὡς πνευματικό ὑπόδειγμα στήν δημόσια ἐκπαίδευση καί προωθεῖται μέ ὅλες τίς τιμές στόν χῶρο τοῦ πολιτισμοῦ).

Χωρίς τήν ἐπιχείρηση τοῦ Ἀ. Παπανδρέου, ἡ ἀριστερά μᾶλλον θά εἶχε ἐξαφανισθεῖ. Οἱ πανταχοῦ παροῦσες «προοδευτικές δυνάμεις», μέ τίς ἀσυναρτησίες τους περί «διαλόγου» καί «διεθνιστικοῦ πλουραλισμοῦ» (πού ἔλυναν τίς «ἰδεολογικές» τους διαφορές μέ τσεκούρια καί μαχαίρια στήν Τασκένδη), ἦταν ἀνίκανες νά πείσουν ὁποιονδήποτε γιά τήν προοδευτικότητα τοῦ σταλινισμοῦ τους. Τό νεολαϊκίστικο κίνημα τοῦ Ἀ. Παπανδρέου τούς ἔδωσε κῦρος καί τούς κατέστησε πρωταγωνιστές στήν πολιτική ζωή, σέ βαθμό πού παρά λίγο νά κλείσουν στήν φυλακή καί τόν ἴδιο! (Κατανοεῖ κανείς τήν «ἀχαριστία» πρός τούς συνταγματάρχες, οἱ ὁποῖοι ἔθεσαν σέ κίνηση αὐτή τήν ἀναπάντεχα εὐνοϊκή γιά τήν «ἀριστερά» ἱστορική διαδικασία, ἀλλά εἶναι δύσκολο νά κατανοήσει τήν ἀντίστοιχη πρός τόν Ἀ. Παπανδρέου. Ἀπό τήν ἄλλη, ἀποτελεῖ ἄλυτο μυστήριο ἡ ἀνοχή, ἡ σιωπή καί ἡ ὑποτακτική στάση τῶν στελεχῶν ἑνός κόμματος μέ 48% τοῦ ἐκλογικοῦ σώματος ἀπέναντι στό κοινοβουλευτικό 0,00% πού ἔστειλε τόν ἀρχηγό τους στό Εἰδικό Δικαστήριο καί ἐξέχον μέλος τους στήν φυλακή! Ἄγνωστες οἱ βουλές τῆς «σοσιαλιστικῆς» λογικῆς).

Ὡστόσο, δέν πρέπει νά παρασύρεται κανείς ἀπό τά φαινόμενα καί νά ὑπερβάλλει παραβλέποντας τίς πραγματικές διαστάσεις τῆς εἰκόνας. Ὁ πρωτόγονος «σοσιαλισμός» πού διαδέχθηκε τόν πολιτικό πρωτογονισμό τῶν συνταγματαρχῶν δέν πρέπει νά μᾶς ἐξαπατᾶ. Ἡ «ἀριστερά» δέν εἶναι τόσο κραταιά ὅπως ἀπατηλῶς ἐμφανίζεται. Τό ἀμετάκλητο ἱστορικό γεγονός εἶναι ὅτι ἡ «ἀριστερά» νικήθηκε κατά κράτος στόν ἐμφύλιο, καί αὐτό τό γεγονός δέν μπορεῖ νά ἀλλάξει. Ἡ ἧττα στόν ἐμφύλιο δέν ἦταν συμβολική, ἀλλά πραγματική. Πρόκειται γιά ληξιαρχική πράξη θανάτου τῆς «ἀριστερᾶς», πού στήν Ἑλλάδα ἐπισημοποιήθηκε τριάντα χρόνια πρίν τήν ἱστορική της κατάρρευση. Ἡ ἧττα στόν ἐμφύλιο δέν ἦταν «μιά χαμένη εὐκαιρία», ἀλλά τό τέλος ὅλων τῶν «εὐκαιριῶν». Ἡ ἐπαναφορά τῆς «ἀριστερᾶς» στό προσκήνιο εἶναι ἕνας μεθοδευμένος καί σχεδιασμένος ἱστορικός ἀναχρονισμός. Μέ ἱστορικούς ὅρους, ἡ ἐπαναφορά τῆς «ἀριστερᾶς» εἶναι ἕνα φάντασμα καί μιά νεκροβασία. Ἀπό στρατηγικῆς πλευρᾶς ἐξεταζόμενη, *ἡ ἐπανεμφάνιση καί ἡ συμπεριφορά τῆς «ἀριστερᾶς», ἡ ἀνάπτυξη τοῦ λαϊκισμοῦ, ἀποτελεῖ μιά συστηματική καί σχεδιασμένη καταστροφή τοῦ πολιτικοῦ λόγου τῆς Μεταπολίτευσης.* Ἡ νεκρανάσταση τῆς «ἀριστερᾶς» δέν ἔχει καμιά σχέση μέ τό ἀξιοθρήνητο «*ἡ Ἑλλάδα στούς Ἕλληνες*». Ἡ κίνηση αὐτή κατέστη δυνατή μόνο στό βαθμό πού ἡ χώρα δέν ζεῖ μιά φυσιολογική πνευματική, παραγωγική καί πολιτική ζωή, ἀλλά ἕνα πρακτορευόμενο ἱστορικό καί πολιτικό ψυχόδραμα. Ὁ ἱστορικός αὐτός ἀναχρονισμός εἶναι τό κεντρικό ἀποδεικτικό στοιχεῖο πού ἀποκαλύπτει τίς δυνάμεις πού καθοδήγησαν καί διαμόρφωσαν τίς ἐπιλογές τῆς Μεταπολίτευσης.

Ὑπ' αὐτή τήν ἔννοια, τήν πραγματική δύναμη τῆς «ἀριστερᾶς» καί συνεπῶς τήν μερίδα τοῦ λέοντος τῆς παντοδυναμίας της καρποῦνται οἱ ἐμπνευστές τῆς νεκρανάστασης καί οἱ πραγματικοί ἰδιοκτῆτες της. Οἱ νέοι ρόλοι μοιράσθηκαν κατά τρόπο πού νά βολεύονται ὅλοι, καθένας μέ τίς ἀνάγκες του καί ἀνάλογα μέ τήν συνεισφορά του. Ἡ ἀνοργάνωτη ἀριστερά, οἱ «ἀναρχικοί» γίνονται ἀνεκτοί νά τρομοκρατοῦν τούς μικρονοικοκυραίους καίγοντας περίπτερα, κροτίζοντας βιτρίνες καί αὐτοκίνητα ἤ ρυπαίνοντας τά ἱδρύματα μέ τίς ἀνορθογραφίες τους.

Ἡ μισή ὀργανωμένη «ἀριστερά», ἡ «σοβαρή» τοῦ Ἐξωτερικοῦ, ἀνέλαβε νά καταστρέψει τήν «καπιταλιστική» παραγωγική δραστηριότητα σέ ὅλους τούς τομεῖς μέσω συνδικάτων ὡς «ἀντιδραστική» (μέ μόνους κερδισμένους τούς εἰσαγωγεῖς). Ἡ «ἄλλη» μισή, ἡ «ἀνεπίσημη» τοῦ Ἐσωτερικοῦ (συνασπισμένη καί μή), ἀνέλαβε νά τρομοκρατεῖ καί νά καταστρέψει ὅλες τίς ἑστίες τῆς κριτικῆς σκέψης καί τῆς δημιουργίας, ὥστε ἡ ἀφασία καί ἡ ξύλινη γλῶσσα νά σκεπάζει κάθε ἄλλη φωνή. Ἡ καθαυτό «ἀριστερά», ἡ σοσιαλιστική, ἐλέγχει τόν κρατικό μηχανισμό, τίς προμήθειες καί τήν ἱστορική ἄγνοια τῶν νεοελλήνων, πρός βαθεῖαν θλῖψιν τῶν προώρως καί ἀδόξως συνταξιοδοτηθέντων εἰδικῶν τῆς «δεξιᾶς», πού βλέπει «ἱστορικά παράδοξα». Καί τέλος ἡ «φωτισμένη» ἀριστερά γεμίζει τά περιεχόμενα τῆς συνείδησης τῶν Ἑλλήνων «διανοουμένων» καί «σπουδαγμένων». Ἡ ἴδια κατανομή ἔργου ἐφαρμόζεται καί στόν ἡμερήσιο Τύπο. Ἡ ἔξαρση τοῦ «σοσιαλαριστεροῦ» Τύπου ὅλου τοῦ φάσματος τῆς «ἀριστερᾶς» (περίπου 80%) καί τῶν «πνευματικῶν» προϊόντων («λογοτεχνίας», «θεάτρου», «κινηματογράφου» καί κυρίως «τηλεοπτικῆς» παραγωγῆς) δέν πρέπει νά ἀφήνει τήν ἐντύπωση μιᾶς παντοδυναμίας. Καί αὐτά ὀφείλουν τήν ἄνθισή τους *στόν λαϊκισμό τοῦ Ἀ. Παπανδρέου, πού νομιμοποιεῖται ἱστορικά στόν Μεγάλο Συμβιβασμό: στήν συνεργασία Ἀμερικῆς-Ρωσίας.*

Περί νεοφασισμοῦ καί ρατσισμοῦ

Ὁ μεταπολιτευτικός λαϊκισμός στήριξε τήν ἅλωση τῆς πολιτικῆς ζωῆς, ὅπως ἤδη ἀναφέρθηκε, στήν ἐπινόηση δύο «ἐχθρῶν»: τῆς «δεξιᾶς» ἡ ὁποία ἐξετάσθηκε στήν προηγουμένη ἑνότητα καί τοῦ «φασιστικοῦ κινδύνου». Τήν κινδυνολογία καί τόν ἀντικομμουνισμό τῆς χούντας καί τοῦ παλατιοῦ, ἀντικατέστησε ἡ ὄψιμη «ἀντιφασιστική» ὑστερία ὡς ὕψιστο πολιτικό καθῆκον. Ἰδιαίτερα μετά τήν σοβιετική κατάρρευση, τήν ἔνδεια τῆς πολιτικῆς ἀγορᾶς ἦλθε νά καλύψει ὁ ξαναζεσταμένος τραχανάς τοῦ ἀντιφασισμοῦ, τοῦ ρατσισμοῦ (ἀντισημιτισμοῦ) καί τῆς ξενοφοβίας, σέ μιά Εὐρώπη ὅπου ἡ δημοκρατία δέν ἦταν ποτέ ἰσχυρότερη καί τά ΜΜΕ ἐλέγχονται ἀπόλυτα ἀπό σιωνιστές. Αὐτός ὁ ἀντιφασισμός καί ἀντιρατσισμός παραλήφθηκε αὐτούσιος ἀπό τόν ἐγχώριο λαϊκισμό. Οἱ δυνάμεις πού διαδίδουν τόν μῦθο τῆς χούντας, τῆς ξενοφοβίας καί τοῦ ρατσισμοῦ στήν Ἑλλάδα καθοδηγοῦνται ἀπό τίς ἀντίστοιχες εὐρωπαϊκές πού διατηροῦν, διαδίδουν καί ἀξιοποιοῦν τόν μῦθο τοῦ ναζισμοῦ καί τοῦ ἀντισημιτισμοῦ στήν Δύση. Γιά τήν πρωτόγνωρη αὐτή ἐκστρατεία, πού δέν ἔχει καμιά σχέση μέ τά συμβαίνοντα στήν Ἑλλάδα, δέν προβάλλεται κανένα πειστικό ἐπιχείρημα. Ἡ ἐνορχηστρωμένη προπαγάνδα παρακάμπτει κάθε κριτική καί λογική καί, ὅταν δέν ἐπικαλεῖται παιδαριώδεις ἀποδείξεις καί προσκοπικά γεγονότα, καταφεύγει στήν ἱστορική μαρτυρολογία.

Ὁ φασισμός καί ὁ ρατσισμός δέν ὀργανώνεται ἀπό ὀργουελικούς ὑπαλλήλους, ἐν ἀγνοίᾳ τῶν προϊσταμένων τους, δηλαδή τῶν κυβερνήσεών τους. Ἡ ἀφελής ἀντίληψη περί φασισμοῦ καί ρατσισμοῦ τήν ὁποία διαδίδει ὁ σταλινικός «οὐμανισμός», οἱ εἰδικοί τῆς Φραγκφούρτης καί οἱ ἀρχαιολόγοι τῶν Παρισίων, ἀρχῆς γενομένης ἀπό τόν ἀποφανθέντα Ζάν Πώλ Σάρτρ ὅτι *«ἡ κόλαση εἶναι οἱ ἄλλοι»* (sic), δέν ἔχει καμιά σχέση μέ τήν πραγματικότητα. Ἄν οἱ κυβερνήσεις ἀποφασίσουν νά μήν ὀργανώσουν «φασισμούς» καί «ξενοφοβίες», οὐδείς μπορεῖ νά τίς ὀργανώσει, καί συνεπῶς περιττεύουν οἱ λαϊκές «ἀντισημιτικές» ἑορτές καί τά ἀντιρατσιστικά πανηγύρια. Οἱ ἀντιρατσιστικές ἐκστρατεῖες, πού ὀργανώνουν τά τρωκτικά τοῦ προϋπολογισμοῦ μέ κίτς συνθήματα καί μοχθηρά ὑπονοούμενα, εἶναι περιττές. *«Νά ζοῦμε μαζί, παρέα μέ τίς διαφορές μας!»* ὑποστηρίζει τό γελοῖο σύνθημα πού διαδίδουν οἱ «ἀντιρατσιστικοί» κήρυκες τῆς ἀδελφοσύνης τῶν λαῶν. Σύνθημα τό ὁποῖο προϋποθέτει μόνο τούς συντάκτες του καί ὄχι τούς «ἄλλους», ἐξασφαλίζοντας παχυλές ἀμοιβές μέ τίς ἀτέλειωτες, καλοπληρωμένες, ραδιοτηλεοπτικές παραγωγές, πού σχεδιάζουν τά σταλινικά «Παρασκήνια». Στό τραπέζι τοῦ «ἀντιρατσισμοῦ» δέν χωρᾶνε ὅλοι οἱ φασισμοί. Πολλοί οἱ κλητοί καί ἄλλο οἱ ἐκλεκτοί...

Τό μέγα σκάνδαλο στήν ὄψιμη «ἀντιφασιστική» καί «ἀντιρατσιστική» ἐκστρατεία εἶναι ὅτι αὐτές οἱ ἱστορικές μορφές ἔχουν νικηθεῖ κατά κράτος στόν Δεύτερο Παγκόσμιο Πόλεμο, καί ὁ θάνατός τους βεβαιώθηκε μέ τίς συμφωνίες τῆς Γιάλτας καί τίς ἀποφάσεις τοῦ δικαστηρίου τῆς Νυρεμβέργης καί σφραγίσθηκε μέ τίς δύο ἀτομικές βόμβες (πού εἶναι τό μοναδικό ὁλοκαύτωμα στήν γνωστή ἱστορία τῆς ἀνθρωπότητας. Ἄραγε θα ἀπαντηθεῖ ποτέ τό ἐρώτημα ποιές παγωμένες ψυχές ὑποστήριξαν τήν ἐκτέλεση αὐτῆς τῆς φοβερῆς ἀπόφασης;). Ἀποφάσεις οἱ ὁποῖες –εἰδικῶς ἐν Γαλλία– ἀπαγορεύεται νά ἐλεγχθοῦν ὡς πρός τήν ἱστορική τους ἀκρίβεια ἐπί ποινῇ φυλακίσεως (βλ. τήν δίωξη καί καταδίκη τοῦ Ρ. Γκαρωντύ). Οἱ «προοδευτικές» δυνάμεις (ντόπιες καί εὐρωπαϊκές) παραβλέπουν ὅτι τό ναζιστικό κίνημα καί ἡ ἑλληνική χούντα ἱστορικά ἔκλεισαν τήν παρουσία τους στήν εὐρωπαϊκή πολιτική σκηνή, τό πρῶτο τό 1945 μέ τήν ἧττα τῆς Γερμανίας, καί τό δεύτερο τό 1974 μέ τήν παράδοση τῆς ἐξουσίας στούς πολιτικούς. Ὁ σημερινός φασισμός δέν εἶναι καί δέν μπορεῖ νά εἶναι οἱ «ναζί» καί ἡ δική μας «χούντα» πού δείχνουν μέρα-μεσημέρι οἱ «προοδευτικές» δυνάμεις, οἱ «σοσιαλιστές» καί τά θύματα τοῦ «ὁλοκαυτώματος». Ὁ σύγχρονος φασισμός δέν εἶναι καί δέν μπορεῖ νά εἶναι αὐτό πού ἦταν στήν διάρκεια τοῦ μεσοπολέμου μέχρι τό 1945. Ὁ φασισμός τοῦ μεσοπολέμου εἶχε συγκεκριμένες καί γνωστές ἱστορικές αἰτίες: *Ἡ μιά αἰτία ἦταν ἡ ἀντίδραση –ἑνός μᾶλλον ἀδικαιολόγητου– πανικοῦ μπροστά στόν φόβο τοῦ ἐκσοβιετισμοῦ τῆς Εὐρώπης καί, ἡ ἄλλη, ἡ γερμανική ἀπάντηση στίς συμφωνίες τῶν Βερσαλλιῶν* πού ἔκλεισαν τόν Πρῶτο Παγκόσμιο Πόλεμο. Αὐτές οἱ συνθῆκες δέν ὑπάρχουν σήμερα. Ἀντίθετα, ὁ σύγχρονος φασισμός –ὄχι αὐτός τόν ὁποῖο διαφημίζουν οἱ «προοδευτικές» δυνάμεις– ἔχει τήν δική του μορφή καί πηγάζει ἀπό τίς ἀντιφάσεις καί τά προβλήματα τοῦ σύγχρονου κόσμου. Στό κέντρο τῆς σύγχρονης ἐμπλοκῆς, ὡς γεννήτριας τοῦ σημερινοῦ *φασισμοῦ, βρίσκεται ἡ ἀντιουμανιστική πολιτική διαχείριση, ἡ ὁποία προτείνεται καί ἐπιβάλλεται ὡς ἀληθής ἑρμηνεία τοῦ «ἐλεύθερου» κόσμου καί ἀλάνθαστη νοηματοδοτική πηγή.*

Ὁ φασισμός καί ὁ ρατσισμός δέν εἶναι τά νεκρά καί ἐξωτερικά σύμβολα: ὁ φασισμός καί ὁ ρατσισμός εἶναι πρωτίστως συγκεκριμένες συμπεριφορές, ὅπως ὁ ἔλεγχος τῶν ἐνεργειακῶν ἀποθεμάτων τοῦ πλανήτη, ὁ ἔλεγχος τῶν διεθνῶν πρακτορείων (ὀνομάζοντας «εἰδήσεις» καί πληροφορίες τήν τρομοκρατία καί τόν ἐκβιασμό), ὅπως ἡ τρομοκρατία στόν ΟΗΕ ἐμποδίζοντας τήν ἐφαρμογή τῶν ἀποφάσεων ἤ ἐκβιάζοντας ἀποφάσεις ἀντίθετα πρός τήν βούληση τῆς διεθνοῦς κοινότητας, ὅπως τό δικαίωμα τοῦ βομβαρδισμοῦ νοσοκομείων τοῦ ΟΗΕ μέ τό αἰτιολογικό τῆς καταπολέμησης τῆς τρομοκρατίας. Τέλος, ἡ πηγή κάθε φασισμοῦ καί ρατσισμοῦ εἶναι ἡ ἐκμετάλλευση τῆς ἀνθρώπινης μωρίας τήν ὁποία ὑποδαυλίζουν οἱ προαγωγοί ὅλων τῶν κατηγοριῶν.

Ἀλλά πέραν ὅλων αὐτῶν, ἡ Ἑλλάδα, ἀκόμη καί ἄν ἤθελε νά καλλιεργήσει (κρυφά!) τόν ρατσισμό, δέν θά μποροῦσε νά ἀναπτύξει ρατσιστικό ἤ φασιστικό κίνημα. Τό ἐγχείρημα προσκρούει σέ βαθύτερες, ἐγγενεῖς ἀδυναμίες: ἡ Ἑλλάδα δέν μπορεῖ οὔτε τά νήπια νά βάλει στό σχολεῖο, κάτω ἀπό τήν τρομοκρατία πού ἀσκοῦν διαδοχικά στήν ἑλληνική κοινωνία οἱ συμμορίες τοῦ διεθνιστικοῦ ἰδεολογήματος καί τοῦ ἐθνικόφρονος μεγαλοϊδεολογήματος! Ἀπό τήν ἄλλη, ἐναντίον τίνων (ἐκτός τοῦ ἑαυτοῦ της) νά ἀσκήσει τόν ρατσισμό ἡ Ἑλλάδα; Οὐδεμία ὑπηρεσία γνωρίζει, σύμφωνα μέ δήλωση τοῦ ἁρμοδίου ὑπουργοῦ, ποιοί, πόσοι, ἀπό ποῦ καί γιατί ὑπάρχουν «ξένοι» στήν Ἑλλάδα. Τεκμήριον: ἡ μισή Ἀλβανία μπαινοβγαίνει στήν Ἑλλάδα, χωρίς διαβατήρια, χωρίς ἔλεγχο, χωρίς καμιά διακυβερνητική συμφωνία. Ὁ ἑλληνικός φασισμός δέν εἶναι ἡ «ξενοφοβία», οὔτε οἱ «ἀντισημῖτες», οὔτε ἡ «χούντα». Ἐκτός ἀπό τόν ἐγγενῆ, ἐπαρχιωτικό αὐταρχισμό, ὁ φασισμός ἐν Ἑλλάδι αὐτή τήν ἐποχή εἶναι οἱ κομματικοί μηχανισμοί, πού ἐδῶ καί εἴκοσι πέντε χρόνια τρομοκρατοῦν τήν ἑλληνική κοινωνία καί τήν ἐλεύθερη σκέψη. Πρόσφατο δεῖγμα: ἡ ἀνάλυση τῆς ἐκρηκτικῆς ἐγκληματικότητας μέ ὅρους ρατσισμοῦ τῶν... θυμάτων.

Ὁ «ρατσισμός» καί ὁ «φασισμός» τόν ὁποῖο καταδικάζουν καί καταδιώκουν «νομοθέτες» καί ἀφελεῖς ἑορτάζοντες εἶναι μιά ἀπροκάλυπτη σιωνιστική[11] προπαγάνδα. Μιά προπαγάνδα πού προσβάλλει βάναυσα τήν λογική καί τήν ἀξιοπρέπεια τοῦ μέσου Ἕλληνα (καί Εὐρωπαίου), καί χρησιμοποιεῖται ὡς ἄλλοθι γιά νά σκεπάζονται ὁ καθημερινός φασισμός καί οἱ «ἄλλοι» ρατσισμοί καί φασισμοί, γιά τούς ὁποίους δέν καθιερώνονται ἑορτές καί «παγκόσμιες ἡμέρες», ἀλλά ἀποσιωπῶνται ἐπιμελῶς καί διακριτικά, ὅπως τά οἰκογενειακά ψυχοδράματα.

Σημειώσεις

1. Ἐπιφάνειος Κύπρου: «*Εἰς τὰ Βάϊα*» P.G. 43, 428.
2. Ἀριστοτέλης: «*Μεγάλα Ἠθικά*» 1208.
3. Τ. Λαμπρίας: «*Ἡ εὐρωπαϊκή δεκαετία τῆς Ἑλλάδος*». Περιοδικό «*Ὁριοθετήσεις*», τεῦχος 2, 1991.
4. Εἶναι ἡ περίοδος πού μυθοποιεῖται τό «λαϊκό» τραγούδι, τά «νυχτερινά κέντρα διασκέδασης» καί γελοιοποιεῖται ἡ Ἑλλάδα μέ τούς «Ζορμπάδες», τίς «Πόρνες καί τά παιδιά τοῦ Πειραιᾶ» (μέ τήν καθοδήγηση τοῦ τοποτηρητῆ τοῦ Χόλλυγουντ) καί τίς ταινίες τοῦ «παλαιοῦ καλοῦ ἑλληνικοῦ κινηματογράφου», γιά τούς ἀναλφάβητους τῆς ἑλληνικῆς ἐπαρχίας.
5. Περιοδικό *Time*, 27 Φεβρ. 1995. «*Σέ χῶρες ὅπως ἡ Ἰρλανδία καί ἡ Ἑλλάδα ἡ ἀμερικάνικη κυριαρχία εἶναι σχεδόν καθολική, μέ τά ἀμερικάνικα φίλμ νά κατέχουν τό 90% τῆς ἀγορᾶς*».
6. Γιά τόν τρόπο ἐνεργείας αὐτῶν τῶν ἐξουσιαστικῶν ὁμάδων βλ. Γ. Γεράση «*Διαδικασία: Νέα ἀνάγνωση τῆς ἀρχαίας καί τῆς σύγχρονης τραγωδίας*», 1979, πού ἀναφέρεται στήν ὁμώνυμη κινηματογραφική ταινία.
7. Πρακτικά Ἐθνοσυνελεύσεως 3ης Σεπτεμβρίου.
8. Η ἀνοχή τῶν πατέρων τοῦ ἔθνους ἔφθασε σέ τέτοιο βαθμό ὥστε νά ἐγκρίνουν κονδύλια γιά τήν σωτηρία τῶν ἀρχείων τοῦ ΚΚΕ, πού ἡ θεία πρόνοια θέλησε μέ τίς πλημμῦρες τοῦ '94 νά ξεπλύνει τήν ντροπή τῆς ἑλληνικῆς ἱστορίας. Τήν εὐτελῆ προπαγάνδα τῆς χούντας καί τῆς «δεξιᾶς» μέ τήν ὁποία ἐμπλουτίζονται οἱ δημόσιες βιβλιοθῆκες, ἀντικαθιστᾶ ἡ «ἐνημέρωση» τῆς «προοδευτικῆς ἀριστερᾶς».
9. Ἡ ἀρθρογραφία ὁλοκλήρου τοῦ φάσματος τοῦ «ἀριστεροῦ» τύπου δέν μπορεῖ νά κρύψει τόν θαυμασμό της γιά τήν «ἐπαναστατική» παρανομία. Κριτικός τῆς λογοτεχνίας (Μπελεζίνης), μάλιστα, δίνει μαθήματα ὀρθογραφίας στούς συντάκτες

τῶν προκηρύξεων τῶν τρομοκρατῶν μέ χρονογραφήματα σέ ἀπογευματική ἐφημερίδα («Νέα», 18 Ιουλ. 1997).

10. Πρός τέρψιν τῶν ἀναγνωστῶν, ἀντιγράφω ἀπό τά «Νέα» τῆς 3-11-1978 τό ἀνεπανάληπτο δεῖγμα αὐτῆς τῆς ἀντίληψης στήν ἐποχή τοῦ λαϊκίστικου μεταπολιτευτικοῦ παροξυσμοῦ: *«Βρέθηκα 22 μέρες στήν Ἀλβανία, προσκαλεσμένος ἀπό τήν Ἀκαδημία τῶν Ἐπιστημῶν της. Μιά ἀπό τίς πρῶτες μέρες, μοῦ ζήτησαν νά γράψω κάτι στή λογοτεχνική τους ἐφημερίδα Ντρίτα. Στό κείμενο πού ἔδωσα, εἶχα γράψει καί τήν φράση «ἡ ἐργαζομένη διανόηση». Μέ ρώτησαν τί σημαίνει αὐτό. (...) Δέν μποροῦν νά τό χωνέψουν οἱ Ἀλβανοί πώς μπορεῖ κάποιος νά εἶναι διανοούμενος, κλεισμένος στούς τοίχους τοῦ γραφείου, ξεκομμένος ἀπό τόν ἐργαζόμενο λαό. (...) Ἀλλά καί ἡ Ἀκαδημία τους εἶναι ἀσύλληπτο πόση δουλειά κάνει. Μελετάει τά πάντα... ἀπό τόν ἀρχαιολογικό χῶρο τοῦ Βουθρωτοῦ μέχρι πῶς θά ἀλλάξει μιά λέξη πού ὁ λαός τήν ἔχει μετατρέψει στήν καθημερινή χρήση».* (Ὁ «ἐπισκέπτης» δήλωνε πολιτικός μηχανικός – φαντάζομαι, τοῦ «Πολυτεχνείου»). Τίς ἴδιες θεαματικές ἐπιδόσεις εἰδικά στήν μουσική διαπίστωσε σέ ἀνάλογο ταξίδι του στήν Ἀλβανία καί ὁ μουσικολόγος Λεωτσάκος. Ὁ δέ Ἀ. Παπανδρέου, ἀναλύοντας ἐπιστημονικῶς τήν ἀποκαλυφθεῖσα μεταχοτζική ἐξαθλίωση καί συμπεριφορά βεβαίωνε, ὅτι τούς *ἐξαπάτησε ὁ Καπιταλισμός...*

11. Τοῦ Σιωνισμοῦ τόν ὁποῖο ὁ ΟΗΕ, μέ τό ψήφισμα 3379-XXX τῆς 10ης Νοεμβ. 1975, χαρακτήρισε «μορφή ρατσιστικῶν διακρίσεων»...

ΕΠΙΜΕΤΡΟ

Τό αἴτημα τῆς Μεταπολίτευσης καί ἡ ἱστορική του ματαίωση

«Διότι ἀπὸ μόνην τὴν σοφὴν καὶ προσαρμοσμένην διοίκησιν κρέμαται ἡ εὐτυχία τῆς Ἑλλάδος»[1]
Γ. Καραϊσκάκης

«Ἡ δολοφονία τοῦ ποιητῆ Ἀρέθα εἶναι ἕνα οἰκογενειακό ἔγκλημα πού δέν θά τελειώσει ποτέ»[2]
Ἐλεάτης Ξένος: *«Ἡ Ἀφήγηση τῆς Μάγια»*

Ὁ χρόνος πού μεσολάβησε ἀπό τήν πτώση τῶν συνταγματαρχῶν μέχρι σήμερα, σχεδόν ἕνα τέταρτο τοῦ αἰῶνα, μᾶς ἐπιτρέπει νά δοῦμε μέ σχετική ψυχραιμία τόν δρόμο πού διανύθηκε καί νά ἐκτιμήσουμε μέ μεγαλύτερη ἀντικειμενικότητα τήν μεγάλη στροφή τῆς νεωτέρας μας ἱστορίας καί νά ἀπαντήσουμε στά ἐρωτήματα πού ἐγείρει τό πέρασμα ἀπό τήν ἐσωτερική κατοχή τοῦ θρόνου στόν κομματικό λαϊκοφασισμό τῆς Μεταπολίτευσης.

Ἡ εὐκαιρία πού χάθηκε χρεώνεται αὐτοδικαίως σέ ὁλόκληρο τόν πολιτικό κόσμο, ἄν καί τό κύριο μέρος τῆς εὐθύνης πρέπει νά ἀποδοθεῖ στήν Ν.Δ. καί τόν Ἀ. Παπανδρέου. Ἡ πρώτη, πρίν καί μετά τό πραξικόπημα, εἶχε τήν πολιτική διαχείριση τοῦ τόπου καί θά μποροῦσε ἐνδεχομένως νά κερδίσει μεγάλο τμῆμα τοῦ χαμένου χρόνου καί νά ἐμποδίσει τήν ἐπικίνδυνη στροφή μετά τό '74. Ἐνῶ ὁ Ἀ. Παπανδρέου καί τό κόμμα του εὐθύνονται γιά τίς ἀποφάσεις τῆς «στροφῆς», τίς ἀποφάσεις πού καθόρισαν τήν φυσιογνωμία καί τόν χαρακτῆρα τῆς Μεταπολίτευσης. Θά σχολιάσουμε μέ συντομία καί τίς δύο πλευρές.

Ἡ δημοκρατική παράταξη, κατ' ἀρχάς, δέν κατόρθωσε νά πείσει τό ἐκλογικό σῶμα οὔτε κἄν γιά τό οὐσιαστικό καί θετικό της ἔργο. Ὅπως ἤδη εἰπώθηκε, ἡ Ν.Δ. πέτυχε τήν ὁμαλή μετάβαση ἀπό τήν χούντα στήν Μεταπολίτευση χωρίς ἐκτροπές καί βίαια συμβάντα. Εἰσηγήθηκε καί διεκπεραίωσε τό δημοψήφισμα κατάργησης τῆς βασιλείας. Καί ὡς ἐπιστέγασμα ἔφερε τήν Ἑλλάδα στήν Εὐρωπαϊκή Ἕνωση. Καί μόνο ἡ σκέψη ὅτι ἡ Ἑλλάδα θά μποροῦσε στήν μετασοβιετική ἐποχή νά βρίσκεται ἐκτός τῆς Εὐρωπαϊκῆς Ἕνωσης φέρνει τρόμο. Οἱ ἐπιλογές αὐτές οὔτε τυχαῖες εἶναι οὔτε ἐξαναγκασμένες. Ὁ Κ. Καραμανλῆς μποροῦσε κάλλιστα νά ἐπαναφέρει τόν βασιλιά καί νά ἀναστείλει ἐπ' ἀόριστον τήν ἔνταξη στήν ΕΟΚ. Οὐδεμία δύναμη θά τόν ἐμπόδιζε νά τό πράξει, ἀλλά δέν τό ἔπραξε. Παρ' ὅλες τίς ἐποικοδομητικές ἐπιλογές, ἡ Ν.Δ. ἐκλαμβάνεται αὐτονοήτως ὡς ἀντιδραστική δεξιά, βρίσκεται στό περιθώριο ἐπί εἴκοσι χρόνια καί ἀπολογεῖται σέ μιά «ἀριστερά», τήν ἡγεσία τῆς ὁποίας νομιμοποιοῦσαν καί διόριζαν ἀπ' εὐθείας οἱ μυστικές ὑπηρεσίες τῆς Μόσχας, μιά «ἀριστερά» ἡ ὁποία ὑμνοῦσε τόν Τσαουσέσκου καί τήν Ἀλβανία, δικαιολογοῦσε τά ρωσικά ἐγκλήματα καί τόν Γιαρουζέλσκι, λοιδοροῦσε τήν ΕΟΚ καί τό ΝΑΤΟ καί τελικά σταδιοδρομεῖ στό Εὐρωκοινοβούλιο. (Ἡ ἑλληνική «ἀριστερά» ἐπωφελήθηκε ἀπό τήν εὐρωπαϊκή ἐμπλοκή. *Τήν Εὐρωπαϊκή Ἕνωση τήν ἵδρυσε ἡ εὐρωπαϊκή δεξιά γιά νά καταλήξει νά ἁλωθεῖ ἀπό τούς σοσιαλιστές καί τήν ἀριστερά.* Ἡ ἀριστερά πολέμησε λυσσαλέα τήν Ἕνωση. Στήν δεκαετία τοῦ '60, ὁ Ζ. Π. Σάρτρ ἀποκαλοῦσε τόν Ντέ Γκώλ, τόν κύριο ἐμψυχωτή τῆς Ἕνωσης, φασίστα). Ἡ ἀδυναμία ἤ ἡ ἔνοχη σιωπή τῆς Ν.Δ. κατέληξε νά νομιμοποιήσει τό σύνολο τῶν κατηγοριῶν τῆς «ἀριστερᾶς», πού εἶναι πραγματικός ἐκπρόσωπος τοῦ γκέτο καί πολέμησε τίς προσπάθειες ἔνταξης τῆς Ἑλλάδος στήν Εὐρώπη. Ἐκτός τῶν ὅσων ἐκτόξευσε ἐνάντια τῆς Εὐρώπης *(«ΕΟΚ καί ΝΑΤΟ τό ἴδιο συνδικάτο»)*, δέν εἶχε κἄν τήν κοσμιότητα νά παρευρεθεῖ στήν τελετή ἔνταξης πού ἔγινε στό Ζάππειο).

Ἀλλά καί στό ἐπίπεδο τῶν ἐπιλογῶν τακτικῆς, τά πράγματα δέν εἶναι καλλίτερα. Γιά μικροκομματικά συμφέροντα (μᾶλλον ἀμφιβόλου ἐκλογικῆς ἀποτελεσματικότητας καί σίγουρα ἄκρως ἐπικίνδυνα γιά τήν δημοκρατική νομιμότητα) ἡ Ν.Δ. ἐπέτρεψε νά στεγασθοῦν στό κόμμα συμπαθοῦντες τῶν πραξικοπηματιῶν, τῶν χουντικῶν, τῶν θρησκευτικῶν ὀργανώσεων καί τοῦ παλατιοῦ. Καί μάλιστα ἐπέτρεψε σέ στελέχη νά δηλώνουν δημοσίως ὅτι οἱ «βασιλικοί»[3] ἀποτελοῦν τόν κορμό τοῦ κόμματος, ἀναλαμβάνοντας ὅλο τό βάρος τῶν βασιλικῶν ἁμαρτιῶν, γενονός πού ἀναιρεῖ ἐκ θεμελίων τήν μεγάλη εὐρωπαϊκή ἐπιλογή τοῦ ἀρχηγοῦ της. Ἡ κορύφωση τῶν πολιτικῶν λαθῶν καί τῶν ἐσφαλμένων ἐπιλογῶν ὑπῆρξε ἡ συνεργασία Ν.Δ. μέ τό ΚΚΕ τό 1989, μέ τήν ὁποία ὑπέγραψε τήν πολιτική της χρεοκοπία.

Ἡ Ν.Δ. ἀποδέχθηκε ἐντελῶς ἄκριτα τόν διαχωρισμό καί τήν διάκριση τῆς πολιτικῆς ζωῆς σέ «δεξιά» καί «ἀριστερά», ἐνῶ *ἐκεῖνο πού χρειαζόταν ἦταν ὁ σεβασμός τῆς δημοκρατικῆς παράδοσης, καί ὁ ἔλεγχος τῶν συνθηκῶν πού τήν ὑπονομεύουν*. Μετά ἀπό ἑπτά χρόνια πολιτικῆς σιωπῆς καί ντροπῆς, μετά ἀπό πενήντα χρόνια ἐσωτερικῆς κατοχῆς, μετά τήν κατάρρευση τῶν συνταγματαρχῶν καί τήν κατάργηση τῆς μοναρχίας, *τό αἴτημα τῆς Μεταπολίτευσης μεταβαλλόταν αὐτομάτως σέ αἴτημα ἱστορικῆς, ἠθικῆς καί πνευματικῆς κάθαρσης*. Γεγονότα ὅπως ὁ διχασμός, ὁ Δεύτερος Παγκόσμιος Πόλεμος, ὁ ἐμφύλιος, ἡ ἀπριλιανή ἐκτροπή, ἡ κατάργηση τῆς βασιλείας, ἡ καταστροφή τῆς Κύπρου, ἡ Μεταπολίτευση, ἡ κατάρρευση τῆς Σοβιετικῆς Ἕνωσης, ἡ νεοσταλινική ἐπιδημία, κ.λπ. δέν ἐξετάσθηκαν κριτικά καί μέ γνώμονα τά γνησίως ἐθνικά συμφέροντα, ἀπό τήν σκοπιά μιᾶς σύγχρονης δημοκρατικῆς καί ἀστικῆς θέσης. Ἀκόμα καί σήμερα ἐξέχοντα στελέχη, ὅταν ἀναφέρονται σ' αὐτά τά θέματα χρησιμοποιοῦν μιά γλῶσσα γεμάτη ἐνοχές, ἀποκρύψεις καί ὑπεκφυγές. Οἱ σχετικές μελέτες προέρχονται ἀποκλειστικά ἀπό τήν σταλινική ἀριστερά, οἱ ὁποῖες ὅπως εἶναι φυσικό παραπέμπουν μονίμως στούς «δεξιούς συνωμότες», δηλαδή στήν Ν.Δ. Ὁ δημοκρατικός καί φιλελεύθερος κόσμος ἀπέρριψε μιά ἐκ θεμελίων ἱστορική κριτική τῆς πολιτικῆς ἱστορίας, *ὥστε νά πραγ-*

ματοποιηθεῖ ἡ μηδέποτε ἐπιχειρηθεῖσα καί ἀναγκαία ἠθική, πνευματική καί ἱστορική κάθαρση τῆς νεωτέρας Ἑλλάδος. Ἡ ἀναβολή συσσωρεύει νοσογόνα στοιχεῖα καί καρκινώματα αἰώνων. Πνευματική καί ἱστορική κάθαρση ἀπαραίτητη γιά νά θεμελιωθεῖ ὁ δημοκρατικός χαρακτῆρας τοῦ πολιτικοῦ μας βίου καί νά νομιμοποιηθεῖ ἡ ἐπιλογή κατάργησης τῆς βασιλείας, ὥστε νά μήν ἔχει τόν χαρακτῆρα προσωπικῆς (τοῦ Κ. Καραμανλῆ) καί προσωρινῆς ἐπίθεσης κατά τοῦ θρόνου, ὅπως πολύ συχνά ὑποστηρίζεται. Τό πραγματικό νόημα τῆς κατάργησης τῆς μοναρχίας ἦταν ἡ ρητή βούληση τοῦ ἐκλογικοῦ σώματος γιά ἐγκαθίδρυση ἀβασίλευτης δημοκρατίας καί ἡ ἀπαλλαγή τῆς χώρας ἀπό ἕνα ἱστορικά πρακτορευόμενο καί ἠθικά ἐπικίνδυνο θεσμό. Ἐπίσης, ἐσήμαινε τήν ἱστορική συνειδητοποίηση, ἔστω καθυστερημένα, τοῦ τέλους μιᾶς πολιτειακῆς μορφῆς τοῦ δυτικοῦ κόσμου ἡ ὁποία ἀπό ἕνα σημεῖο καί μετά ἀποτελοῦσε ἀνασταλτικό παράγοντα στούς στόχους τοῦ δυτικοῦ πολιτισμοῦ. Οἱ συντονισμένες προσπάθειες ἔπρεπε νά κατατείνουν συνειδητά καί μαχητικά πρός τήν ἅλωση τοῦ ἱστορικοῦ χώρου πού ἐξέφραζε τό Κέντρο, γιατί αὐτός ἦταν ὁ νέος προσανατολισμός τῆς Ν.Δ. καί ἡ ἐντολή τοῦ 54% πού τήν ψήφισε. Καί κυρίως *γιατί ὁ κεντρῶος χῶρος ἦταν ὁ κενός πολιτικός χῶρος ἀλλά καί τό ἱστορικό αἴτημα τῆς νέας ἐποχῆς (Μεταπολίτευσης),* καί ὄχι ἡ προσκόλληση σέ ἀπηρχαιωμένα συνθήματα καί πρακτικές. Τόν χῶρο αὐτό, ὡς μή ὄφειλε, κατέλαβε ὁ Παπανδρέου, ὄχι ὡς συνεχιστής τοῦ φιλελεύθερου κέντρου ἀλλά χρησιμοποιώντας τον ὡς πολιτική πρόσοψη, ὡς προσωπεῖο, μέ τό ὁποῖο κάλυπτε τόν λαϊκισμό του. Πολιτικός λόγος σημαίνει λόγος περί τῆς ἱστορίας καί τῆς κοινωνίας καί δευτερευόντως διαχείριση ταμείων, ἐργολαβιῶν καί θέσεων. Πολιτική σημαίνει νοηματοδότηση τοῦ κόσμου (ὅσο μικρός καί ἄν εἶναι αὐτός) καί ὄχι ἑτεροκαθορισμός, δηλαδή ἐκτέλεση ἐντολῶν.

Ἀντίθετα πρός αὐτό τό καθῆκον καί παρά τίς θετικές της ἐπιλογές, ἡ Ν.Δ. ἐνήργησε μεταπολιτευτικά ὡς νά ἀποτελοῦσε συνέχεια τῶν στόχων τοῦ παλατιοῦ.

*

Καί ἐρχόμαστε στίς ἐπιλογές τοῦ Ἀ. Παπανδρέου. Τό ἐκλογικό σῶμα πού ψήφισε τόν Ἀ. Παπανδρέου δέν ἦταν ἀριστεροί, κι ἀκόμα λιγότερο κομμουνιστές («σύντροφοι» καί «συντρόφισσες»), ὅπως διατυμπανίζεται ρητορικά καί ὑποστηρίζεται πρακτικά. Δέν εἶχε καμιά σχέση μέ τήν «μητέρα τοῦ σοσιαλισμοῦ», τήν σταλινική Σοβιετική Ἕνωση. Τό ἐκλογικό σῶμα πού ψήφισε τόν Ἀ. Παπανδρέου δέν εἶχε σχέση μέ τά «ἐπαναστατικά» κινήματα τῶν χωρῶν τῆς Λατινικῆς Ἀμερικῆς (Κούβα, Ἀργεντινή, Νικαράγουα, κ.λπ.), γιατί αὐτά δέν ἦταν δημοκρατικά, ἀλλά πρακτορεῖα τῆς Σοβιετικῆς Ἕνωσης. Οἱ Ἕλληνες πολῖτες πού ἔδωσαν τήν νίκη τό 1981 σέβονταν τούς παραδοσιακούς δεσμούς μέ τά ἀραβικά ἔθνη τῆς Μέσης Ἀνατολῆς καί δέν εἶχαν καμιά ἰδιαίτερη συμπάθεια στά «ἐθνικοσοσιαλιστικά» κινήματα τοῦ Ἰσλάμ (Λιβύη, Ἰράκ, Συρία, κ.λπ.) τά ὁποῖα ἤλεγχε ἡ Ρωσία καί μέ τά ὁποῖα ὁ «σοσιαλισμός» τοῦ Ἀ. Παπανδρέου ἀναγνώριζε πολιτικές συγγένειες καί ἀλληλεγγύη. Τό ἐκλογικό σῶμα πού ψήφισε τόν Ἀ. Παπανδρέου δέν εἶχε καμιά ἀντιευρωπαϊκή διάθεση καί δέν ἔδωσε καμιά ἐντολή γιά ἐξύβριση τῆς Εὐρώπης. Οἱ Ἕλληνες πολῖτες δέν διεκδικοῦσαν κανένα «ραντεβού μέ τήν ἱστορία». Τό αἴτημά τους ἦταν περισσότερο ἁπλό καί συγκεκριμένο. Ἀφήνοντας κατά μέρος τήν «κινουμένη ἐκλογική ἄμμο» που ἀποφασίζει τήν τελευταία στιγμή, *ἡ πλειοψηφία τῶν ψηφοφόρων τῆς ἐκλογικῆς νίκης τοῦ 1981 ἦταν δημοκρατικοί, φιλελεύθεροι πολίτες,* ὀπαδοί τῆς Ε.Κ. τούς ὁποίους ὁ Ἀ. Παπανδρέου κατά κύριο λόγο ἐξαπάτησε. Ἡ ἐντολή πού ἔδωσε τό ἐκλογικό σῶμα τό 1981 ἦταν ἐντολή γιά θεμελίωση ἀστικῆς δημοκρατίας καί ὄχι γιά τήν ἀντικατάσταση τοῦ πολιτικοῦ λόγου μέ τόν τριτοκοσμικό παραλογισμό καί τήν νεκραναστημένη ἐμφυλιοπολεμική συνθηματολογία καί λογική. Ἡ ἐν σώματι μετακίνηση τῶν ψηφοφόρων πρός τήν ὑποτιθέμενη κεντρώα περιοχή, πέρα ἀπό τήν πολιτική παρασημαντική ἤ δημαγωγία (τήν παγίδα μιᾶς πρωτοφανοῦς λαϊκίστικης προπαγάνδας πού ἐνισχύεται ἀπ' ὅλες τίς πλευρές καί οὐσιαστικά δέν ἔχει πολιτικό ἀντίπαλο, καταλαμβάνοντας ἐξαπίνης τήν ἐκλογική βάση), ἔχει σαφῶς ἱστορική θεμελίωση καί ἀφορᾶ τό αἴτημα τῆς μεταπολιτευτικῆς κάθαρσης πού δέν ἀναλαμβάνεται ἀπό τήν Ν.Δ. γιά τούς λόγους πού ἀνέφερα. Ἦταν αὐτό τό αἴτημα καί κυρίως ἡ μεταπολιτευτική ἐλευθερία, πού ἔδωσε τήν νίκη στήν τριτοκοσμική συνθηματολογία τοῦ Ἀ. Παπανδρέου καί στήν σταλινική «ἀριστερά». Ἀντί νά σεβασθεῖ, ἀντί νά στηρίξει καί νά ἐνισχύσει αὐτή τήν πρωτόφαντη γιά τά ἑλληνικά χρονικά πολιτική ἐλευθερία, ὁ Ἀ. Παπανδρέου τήν ὑπονόμευσε μέ τόν πλέον ἀντιδραστικό λαϊκισμό, διακηρύσσοντας ὅτι στερεώνει τήν δημοκρατία. Ἑρμήνευσε τήν πολιτική ἐντολή καί τό αἴτημα τῆς Μεταπολίτευσης κατά τρόπο ἐντελῶς ἀντίθετο πρός τά πλέον ἐμφανῆ αἰτήματα καί συμφέροντα τῆς ἑλληνικῆς κοινωνίας καί τῆς κρίσιμης ἱστορικῆς στιγμῆς. Ἄφησε νά χαθεῖ ἡ μεγάλη εὐκαιρία ἐκδημοκρατισμοῦ μέ τήν μετάβαση ἀπό τήν τρομοκρατία τοῦ παλατιανοῦ παρακράτους στήν κομματικοποίηση τῆς χώρας.

Ἀλλά πέραν τῆς παραχάραξης τῆς πολιτικῆς βούλησης πού ἔδωσε τήν ἀπόλυτη πλειοψηφία στόν Ἀ. Παπανδρέου καί σέ ἀντιπαράθεση πρός τίς πραγματικά θετικές, τίς καθαρά πολιτικές ἀποφάσεις τῆς Ν.Δ., *ὁ Ἀ. Παπανδρέου δέν ἔχει νά ἐπιδείξει οὐδεμία ἱστορική καί πολιτική ἐπιλογή ἀντάξια τῆς ἐμπιστοσύνης πού τοῦ ἔδειξε ὁ ἑλληνικός λαός.* Ὅλες του οἱ ἐκτιμήσεις καί οἱ ἐπιλογές ὑπῆρξαν ὑπέρ τῆς διαιώνισης τῆς πολιτικῆς ἀπομόνωσης καί τῆς ἀλβανοποίησης τῆς Ἑλλάδος. Ἀντιτάχθηκε κατά τρόπο προκλητικό στούς φυσικούς συμμάχους τῆς Ἑλλάδος καί κυρίως στήν Εὐρωπαϊκή Ἕνωση, καί συντάχθηκε χωρίς κανένα προφανῆ λόγο, δηλαδή χωρίς συγκεκριμένους πολιτικούς στόχους καί μακροπρόθεσμη στρατηγική, μέ τήν σοβιετική Ρωσία λίγο πρίν τήν κατάρρευσή της. Ἐξύμνησε ὅλα τά ἀντιδραστικά καθεστῶτα (Πολωνία τοῦ Γιαρουζέλσκι, Νικαράγουα τῶν Σαντινίστας, Β. Κορέα, Λιβύη τοῦ Καντάφι, Ἰράκ τοῦ Σαντάμ Χουσεΐν, κ.λπ.). Στήν κρίσιμη περιοχή τῆς Μέσης Ἀνατολῆς, ἐπιλέγει τό πλέον ἀμφιλεγόμενο καί ἀδύνατο τμῆμα της, χωρίς στρατηγική καί χωρίς προοπτική, χάνοντας τά πιθανά (ἄν ὑπάρχουν) πλεονεκτήματα ἀπό τήν ἀναγνώριση τοῦ Ἰσραήλ. Οἱ ἰσορροπίες τόσο ἀπέναντι τῶν Ἀράβων, ὅσο καί ἀπέναντι τοῦ Ἰσραήλ, ἔπρεπε νά τηρηθοῦν μέ θρησκευτική εὐλάβεια καί προσοχή. Ἰδιαίτερα ἄν ληφθεῖ ὑπ' ὄψιν ὅτι ἡ τουρκο-ισραηλινή συμμαχία συνιστᾶ μιά ἀπό τίς σημαντικότερες ἀπειλές κατά τῆς χώρας μας ἀπό τήν ἐποχή τῆς ἱδρύσεως τοῦ νεοελληνικοῦ ἔθνους. *Ἡ ἐπικίνδυνη αὐτή συμμαχία, ἐκφράζοντας τήν στρατηγική τῆς Ἀμερικῆς στη Μέση Ἀνατολή, βρίσκει τήν Ἑλλάδα σχεδόν χωρίς συμμάχους.* Ὁ Ἀ. Παπανδρέου, ἀσχολούμενος μέ τά «καθήκοντα» καί τίς ὑποχρεώσεις τοῦ «διεθνιστικοῦ σοσιαλισμοῦ» (δηλαδή τήν προπαγάνδα τῆς Σοβιετικῆς Ἕνωσης), ἀγωνιοῦσε γιά τήν «παγκόσμια εἰρήνη» καί τήν «φιλία τῶν λαῶν» μέ τήν φαιδρή «Ὁμάδα τῶν Ἕξι» καί ἐπέτρεψε νά συντελεσθεῖ τό μέγα ναυάγιο τῆς μεταπολιτευτικῆς μας ἐξωτερικῆς πολιτικῆς, ἡ καθολική ἀπομόνωση ἀλλά καί ἡ γελοιοποίηση τῆς χώρας πού συμπεριφέρεται ὡς μητρόπολη.

Μετά τήν κατάρρευση τῆς Σοβιετικῆς Ἕνωσης καί τόν Πόλεμο τοῦ Περσικοῦ (1991), ὁ ὁποῖος διέλυσε τό ἀντιαμερικανικό ἀραβικό μέτωπο, ἡ Ἑλλάδα βρέθηκε χωρίς κανένα σύμμαχο στή Μέση Ἀνατολή, στίς χῶρες τῆς πρώην Ἀνατολικῆς Εὐρώπης καί στά Βαλκάνια. *Ἡ κοσμοϊστορική μεταβολή, ἀντί νά προσκομίσει ὀφέλη κατέληξε σέ μιά σειρά νέων συμφορῶν, ὡσάν ἡ Ἑλλάδα νά ἀνῆκε στό Σύμφωνο τῆς Βαρσοβίας!* Τό «Μακεδονικό», μέ τόν Γκλιγκόρωφ. Τό «Ἀλβανικό», μέ τόν Μπερίσα καί τούς χιλιάδες «λαθρομετανάστες» καί ποινικούς (πού σέ λίγο θά ἐπηρεάζουν καί τά ἐκλογικά ἀποτελέσματα). Τό «Ποντιακό», μέ τήν νέα γενιά προσφύγων. Τό πολιτικο-κοινωνικό, μέ τούς «ἐπαναπατρισθέντας» τοῦ ἐμφυλίου πού κατέλαβαν ὅλες τίς θέσεις στά ΜΜΕ καί στόν πολιτισμό. Καί, τέλος, ἡ «ἀναβάθμιση» τῆς Τουρκίας πού ἀμφισβητεῖ ὄχι μόνο τό Αἰγαῖο, ἀλλά ὁλόκληρη τήν γραμμή τῶν ἀνατολικῶν συνόρων, ἔχοντας τήν ἀμέριστη ὑποστήριξη τῆς Ἀμερικῆς, τοῦ Ἰσραήλ. *Ἡ φιλοτουρκική καί ἀνθελληνική προπαγάνδα στήν Δύση δέν ἐκπορεύεται ἀπό τίς εὐρωπαϊκές κυβερνήσεις – ὅπως τόσο ἄστοχα ὑποστηρίζεται– ἀλλά ἀπό τόν Τύπο καί τά ΜΜΕ πού διάκεινται φιλικῶς πρός τήν τουρκοϊσραηλινή συμμαχία,* προπαγανδίζοντας ἀπροσχημάτιστα τήν τουρκική ἐπιθετικότητα καί ἐγκληματικότητα σέ βάρος τῆς Ἑλλάδος. Ὅλα εἶναι μέρος τῆς ἴδιας πολιτικῆς ἀποτυχίας.

Γιά νά εἴμαστε δίκαιοι: ὁ Ἀ. Παπανδρέου δέν μπορεῖ νά θεωρηθεῖ ἡ κύρια καί ἀποκλειστική αἰτία. Ἡ μετεμφυλιακή ὑποθήκευση τῆς ἐλευθερίας τοῦ ἔθνους ἀπό τόν θρόνο δέν ἄφησε πολλά περιθώρια ἐπιλογῶν. Παρ' ὅλα αὐτά, εἶναι βέβαιον ὅτι οἱ μεταπολιτευτικές ἐπιλογές τοῦ Ἀ. Παπανδρέου ἐνίσχυσαν τήν ἀπομόνωση τῆς Ἑλλάδος καί τό δυσμενές κλῖμα σέ βάρος της.

*

Οἱ μεγάλες ἐπιλογές τῆς Ν.Δ. καί τοῦ Ἀ. Παπανδρέου ἀπέδειξαν ὅτι ἡ μόνη πολιτική πραγματικότητα στήν νεωτέρα Ἑλλάδα, ὁ πολιτικός της βίος ἦταν καί εἶναι ἕνας *πολιτικός πρωτογονισμός,* ἀνάλογος μέ αὐτόν τοῦ καταργηθέντος θρόνου καί τῶν συνταγματαρχῶν, *τόν ὁποῖο καθοδηγοῦσε ἡ ὑποτέλεια*. Ἕνας πολιτικός πρωτογονισμός πού δέν ἔχει καμιά σχέση μέ τήν ἐλευθερία τῆς ἑλληνικῆς παράδοσης, ἀπ᾿ ὅπου προέκυψαν οἱ δημοκρατίες τῶν εὐρωπαϊκῶν ἐθνῶν.

Ἄν ἐπιχειρήσει κανείς νά χαρτογραφήσει τήν *πολιτική συγκρότηση ἤ πολιτική συνείδηση τῶν κομμάτων*, θά βρεθεῖ μπροστά στό πνευματικό κενό. Ὁ «πολιτικός» λόγος πού διακινοῦν ἀφορᾶ κατά κανόνα ψευδοϊδεολογικές διαμάχες παρά τά οὐσιαστικά προβλήματα. Τά κόμματα βρίσκονται λιγότερο στήν ὑπηρεσία τῶν πολιτῶν καί περισσότερο στήν δούλευση ἁρπακτικῶν καί πρακτορευόμενων ὁμάδων[4]. Ἀπό τήν μιά μεριά συναντᾶ κανείς ἀσυναρτησίες πού διατυπώνονται μέ ὅρους οἰκοδομημάτων, ἐποικοδομημάτων καί ψευδῶν συνειδήσεων, καί ἀπό τήν ἄλλη μιά «ἡγεσία» χωρίς προσανατολισμό, χωρίς πνευματική συγκρότηση, χωρίς σημεῖο ἀναφορᾶς, καί τό σπουδαιότερο, χωρίς αἴσθηση αὐτῆς τῆς ἔλλειψης. Εἶναι πράγματι περιεργείας ἄξιον τό γεγονός τῆς ἀποδοχῆς ἑνός παρόμοιου ρόλου –τοῦ πολιτικοῦ– χωρίς κανένα ἐπεξεργασμένο σύστημα ἐννοιῶν καί ἰδεῶν, πού νά καθοδηγεῖ τήν δράση, τήν σκέψη καί τίς ἀποφάσεις. Ἄν ἀφαιρεθοῦν τά συνθήματα –τοῦ θρησκευτικο-στρατιωτικοῦ ἰδεολογήματος καί τοῦ σταλινικοῦ σοσιαλισμοῦ– ἡ πολιτική σκέψη, ἡ πολιτική ἐπιστήμη ἐν Ἑλλάδι συναγωνίζεται τίς θεατρικές ἐπιδόσεις τοῦ Βυζαντίου, ὅπως θά ἔλεγε καί ὁ Κρουμπάχερ[5]. Οἱ ἐκπρόσωποι τοῦ δημοκρατικοῦ κόσμου προσέρχονται στόν πολιτικό στίβο –καί στήν καλλίτερη περίπτωση– μέ τά μοναδικά ἐφόδια πού παρέχει ἡ θλιβερά νεοελληνική νομική ἐπιστήμη πού ἀναπαράγει τήν βυζαντινή ἀντίληψη περί δικαίου (δηλ. τόν ἀνελεύθερο καί ὑποτελῆ πολίτη). Ἀπό τήν παιδεία τους ἀπουσιάζει προκλητικά ἡ ἐπαφή μέ τά κείμενα τοῦ Ἀριστοτέλη καί τοῦ Πλάτωνα. Ἀπουσιάζει ἡ γνώση τῆς μεγάλης πολιτικῆς ἀρχαιοελληνικῆς παιδείας. Εἶναι ἐμφανέστατη ἡ ἀδυναμία κατανόησης τῆς δυτικῆς παράδοσης ἤ ἀκόμα καί τοῦ τεχνικοῦ ἐγχειριδίου «*Ἡ πολιτική ὡς ἐπάγγελμα*»[6] παρόλο πού χρησιμοποιεῖται κατά κόρον ὁ ὅρος «*χαρισματικός*». Ἀπό τήν παιδεία τῶν νεωτέρων μας πολιτικῶν ἀπουσιάζει πλήρως ὁποιοδήποτε συνεπές σύστημα σκέψης, τό ὁποῖο νά παραπέμπει στήν πολιτική παράδοση τοῦ ἑλληνικοῦ ἤ τοῦ δυτικοῦ κόσμου. Οἱ μη-διαλεκτικοί πολιτικοί, ὅταν δέν ἐνεργοῦν ὡς τυπικοί πρόσκοποι ἤ παπαδοπαίδια, συμπεριφέρονται ὡς ἀποκρουστικοί πάτερ-φαμίλιες πού ἐμπορεύονται τήν προστασία τῶν ψηφοφόρων τους. Ἡ «ἐμπειρική πραγματικότητα» στήν ὁποία παραπέμπουν εἶναι ἀποκλειστικά ἡ ἀθλιότητα τοῦ καθημερινοῦ Τύπου, πού πολλαπλασιάζει τήν ἄγνοια καί τήν πολιτική σύγχυση. Εἶναι αὐτή ἡ ὁλοκληρωτική ἀπουσία παιδείας –δηλαδή, ἐλευθερίας– πού ἐπέτρεψε τόν «θρίαμβο» τοῦ θρησκευτικοστρατιωτικοῦ ἰδεολογήματος, ὡς ὑποκατάστατο τῆς πολιτικῆς σκέψης καί τῆς ἐθνικῆς συνείδησης, καί τήν διάπραξη μόνο πολιτικῶν λαθῶν ἀπό τήν Μικρασιατική καταστροφή μέχρι σήμερα. Εἶναι αὐτή ἡ ἀνελευθερία, ὡς πολιτική στάση, πού ἐπέτρεψε τήν θρησκευτική προσήλωση στό τριτοκοσμικό θεώρημα τοῦ «σοσιαλισμοῦ».

Από τά στελέχη καί τήν ἡγεσία τῆς καλούμενης φιλελεύθερης παράταξης ἀπουσιάζει κάθε ἐνδιαφέρον γιά τό ἀπαραίτητο, τό ἐκ τῶν οὐκ ἄνευ συμπλήρωμα τῆς πολιτικῆς σκέψης καί δράσης: ἐφημερίδες, περιοδικά, ἔντυπα, βιβλία, μελέτες κ.λπ. ἀπό ἄξια στελέχη καί ὁμάδες πνευματικῶν ἀνθρώπων. Ὁ Τύπος ὁ ὁποῖος ὑποτίθεται ὅτι τήν ἐκπροσωπεῖ, δέν εἶναι ἁπλῶς ἀνεπαρκής, ἀλλά ἐπιζήμιος καί ἐπικίνδυνος γιά τόν ρόλο αὐτό. Τέλος, ὁ δημοκρατικός κόσμος μέ ἐξαίρεση ἴσως ἐλαχίστων προσώπων, δέν συνδέεται μέ κανένα ἀπό τά εὐρωπαϊκά κέντρα διαμόρφωσης τῆς πολιτικῆς καί τῶν ἰδεῶν, ὅπως συμβαίνει μέ τήν «ἀριστερά», ἡ ὁποία γράφτηκε, παρά τίς «ἰδεολογικές» της ἐπιφυλάξεις, στή σοσιαλιστική λέσχη...

*

Γιά τόν ἱστορικό, ἀλλά καί γιά κάθε γρηγοροῦσα συνείδηση, τό ἐρώτημα πού τίθεται δέν εἶναι ἄν ἡ σημερινή πολιτική καί καθολική ἀφασία τῶν ἐκπροσώπων τοῦ λαϊκισμοῦ καί τοῦ φασισμοῦ εἶναι ἀποτελεσματικότερη ἀπό κείνη τῶν ἀντιστοίχων τοῦ θρησκευτικο-στρατιωτικοῦ ἰδεολογήματος. Ἐπ' αὐτοῦ δέν μπορεῖ νά ὑπαρξει καμιά ἀντίρρηση: ἀμφότεροι ἐξαπατοῦν καί βλάπτουν ἐξίσου τήν χώρα. Τό ἐρώτημα πού τίθεται δέν εἶναι ἄν οἱ πολιτικοί κομισάριοι, οἱ δημοσιογράφοι καί οἱ «προοδευτικοί» καθηγητές εἶναι εὐφυέστεροι τῶν θεολόγων. Ὅλοι ἀπεργάζονται τήν πνευματική καταστροφή. *Τό ἐρώτημα καί ἡ ἀπορία εἶναι πόσο μπορεῖ νά ἀντέξει μιά κοινωνία πού ἐξαπατᾶ ὁλοφάνερα τόν ἑαυτό της καί πού ἐπιτρέπει νά τήν ἐξαπατοῦν ἀπροκάλυπτα οἱ κήρυκες ἐ-*

νός χρεοκοπημένου ἱστορικά (ψευδο-θρησκευτικοῦ ἤ πολιτικοῦ) ἰδεολογήματος.

Σέ ὅλες τίς περιπτώσεις, ὅμως, ἡ ἀλήθεια εἶναι μία καί δέν πρέπει νά ἀποσιωπᾶται: τόσο οἱ θεολόγοι ὅσο καί οἱ πολιτικοί διακινητές εἰσαγομένων ἰδεῶν, πρίν καί μετά τήν κατάρρευση, μποροῦν καί παραμένουν στήν θέση τους, ἐκβιάζοντας καί ἀερολογώντας μόνο στό βαθμό πού ἡ οἰκονομική κατάσταση τῆς νεοελληνικῆς κοινωνίας δέν σχετίζεται μέ τήν παραγωγή (μέ ὁποιαδήποτε παραγωγή, ἐξαιρουμένης τῆς σοσιαλιστικῆς ἤ φιλελεύθερης ἀνευθυνότητας), ἀλλά μέ *ἄδηλους πόρους (τουρισμός, ἐμβάσματα, κ.λπ.) καί μέ ὁλόκληρο τό φάσμα τῆς λεγόμενης παραοικονομίας.*

*

Οἱ ἀδυναμίες καί τά λάθη πού ἐπεσημάνθηκαν, εἶναι ἡ ἀνωριμότητα μιᾶς ὁλόκληρης κοινωνίας, ἡ ὁποία δέν μπόρεσε νά ὁλοκληρωθεῖ ἱστορικά ὡς ἔθνος-κράτος. Νά ὁλοκληρωθεῖ ὡς ἐλεύθερο καί δημοκρατικό ἔθνος, σύμφωνα μέ τήν πνευματική παράδοση καί τήν γλῶσσα του, ὅπως συνέβη μέ τά ἔθνη-κράτη τῆς Εὐρώπης. Τό αἴτημα τῆς ἀποκατάστασης *τοῦ πολιτικοῦ λόγου, ὡς ἔκφραση τῆς ἐθνικῆς συνείδησης*, συναντᾶ τό βαρύ καί γενικευμένο κλῖμα τῆς κομματικῆς τρομοκρατίας, τῆς ἀβουλίας καί κυρίως τῆς εὐνουχισμένης κριτικῆς σκέψης, πού δέν μπορεῖ νά ἀνατραπεῖ μέσα σέ μικρό διάστημα. Ἡ συνηθισμένη κομματική ἀνάλυση πού ὁρίζει τήν κρίση ὡς «πολιτική», δηλαδή κομματική, ἀποκρύπτει τό γεγονός ὅτι ἡ κρίση εἶναι βαθύτατα πνευματική καί κατ᾽ ἐπέκτασιν ἰστορική καί δευτερευόντως πολιτική, οἰκονομική, κ.λπ. *Ἡ καταστροφή πού συντελέσθη ἀπό τόν ἐμφύλιο καί 'δῶ ὑπερβαίνει κατά πολύ τίς ἀνανεωτικές δυνάμεις μιᾶς μόνο γενεᾶς.* Πρίν ἀποφανθοῦμε γιά ὁποιαδήποτε πράξη ἤ στρατηγικό προσανατολισμό, θά πρέπει νά ἔχουμε ὑπ' ὄψιν σέ ὅλη της τήν ἔκταση τήν καταστροφή πού συντελέστηκε στό θεσμικό πλέγμα. Αὐτό σημαίνει ὅτι τό πρόβλημα δέν εἶναι πολιτικό, ὅπως μοιάζει νά πιστεύουν σχεδόν ὅλες οἱ ἡγετικές ὁμάδες, κάτω ἀπό τήν καθημερινή καί συστηματική προπαγάνδα, ἀλλά βαθύτατα ἱστορικό καί πολιτιστικό ζήτημα: εἶναι πρόβλημα παιδείας, δηλ. ἐλευθερίας μέ τήν πιό εὐρεῖα σημασία τοῦ ὅρου. Δέν θἄταν ὑπερβολή νά πεῖ κανείς ὅτι ἡ μεταπολιτευτική Ἑλλάδα εἶναι ἡ πιό ἀντιδραστική, ἀνελεύθερη καί ἀντιπνευματική χώρα τῆς Ε.Ε.

Ἡ Ἑλλάδα δέν συμμετεῖχε σέ καμιά ἀπό τίς μεγάλες ἱστορικές στιγμές καί δέν πέρασε ἀπό τούς μετασχηματισμούς τῆς ὑπόλοιπης Εὐρώπης, πού δόμησαν καί καθόρισαν τήν πορεία καί τήν σημερινή της φυσιογνωμία: Ἀναγέννηση, Μεταρρύθμιση, Παλινόρθωση, Διαφωτισμός, κατάκτηση τοῦ Νέου Κόσμου, ἀποικιοκρατία, Βιομηχανική Ἐπανάσταση, διαδοχικά στάδια διαμόρφωσης τῆς ἀγορᾶς καί τῆς παραγωγῆς. Τό γεγονός αὐτό ἀντανακλᾶται στήν ἀπουσία ἀστικῆς τάξης, στήν ἀδόμητη παραγωγή, στήν ἀδόμητη θεσμική συμπεριφορά καί κυρίως στήν ἀδόμητη σκέψη ὅλων τῶν μορφῶν, ἀπό τήν πολιτική καί τήν ἐπιστήμη, μέχρι τήν παιδεία καί τήν τέχνη. Ἡ ἱστορική ἐμφάνιση καί πορεία της ὑπῆρξε μιά συνεχής σειρά ἀτυχῶν καί ἀνωρίμων ἐπιλογῶν: ἀπομάκρυνε τούς φυσικούς ἀρχηγούς τῆς ἐπαναστάσεως (Φιλικούς), δολοφόνησε τόν πρῶτο ἐκλεγμένο Κυβερνήτη γιά νά καταλήξει στόν κηδεμόνα τοποτηρητή-μονάρχη. Εἶναι αὐτή ἡ συνθήκη πού βεβαιώνει ὅτι η «κρίση» τῆς Μεταπολίτευσης, ἡ ἐνοχή καί ἡ ὑποτέλεια, δέν εἶναι ἁπλό σύμπτωμα. Εἶναι ἡ ἐκδήλωση μιᾶς ἀνελεύθερης κοινωνίας.

Σημειώσεις

1. Ἐπιστολή τοῦ στρατηγοῦ Γ. Καραϊσκάκη στόν Θεόδωρο Κολοκοτρώνη τῆς 13ης Αὐγούστου 1826 (Ἐλευσίνα).
2. Πρόκειται γιά διάλογο ἀπό τήν κινηματογραφική ταινία τοῦ Δ. Θέου «Ἐλεάτης Ξένος» (1996), πού κλείνει μέ ποιητικό καί εἰκαστικό τρόπο τόν κύκλο τῆς Μεταπολίτευσης.
3. Ἡ δήλωση ἔγινε δημόσια στό ἀνοικτό συνέδριο τοῦ κόμματος ἐπί προεδρίας Μ. Ἔβερτ. Ὁ δέ διατελέσας πρόεδρος τῆς Ν.Δ. καί πρωθυπουργός Κ. Μητσοτάκης δήλωσε στο Λονδῖνο ὅτι τό δημοψήφισμα ἦταν «unfair».
4. Αὐτή τήν ἐποχή, μέ τήν ἔγκριση τῆς κυβερνήσεως καί τά χρήματα τῶν φορολογουμένων, τό ἐθνικό ραδιόφωνο μεταδίδει καθημερινά στά κύρια δελτία εἰδήσεων τόν ἐκπομπή τοῦ BBC καί τῆς Ντόυτσε Βέλλε, πού κάνουν ἀνοιχτή φιλοτουρκική προπαγάνδα!
5. Βλ. Κρουμπάχερ: «Ἱστορία τῆς Βυζαντινῆς Λογοτεχνίας» (*«οὐδαμοῦ οἱ Βυζαντινοὶ ὑπέστησαν τοσοῦτον πλήρη ἧττα...»* κ.λπ.).
6. *«Υπάρχει ἡ ἐξουσία τῆς ἐξαιρετικῆς καί προσωπικῆς χάρης (χάρισμα), ἡ ἀπόλυτη προσωπική ἀφοσίωση καί προσωπική ἐμπιστοσύνη στήν ἀποκάλυψη, στόν ἡρωισμό ἤ σέ ἄλλες ἰδιότητες τῆς ἀτομικῆς ἀρχηγίας. Αὐτή εἶναι ἡ «χαρισματική» ἐξουσία, ὅπως ἀσκεῖται ἀπό τόν προφήτη ἤ –στό πεδίο τῆς πολιτικῆς– ἀπό τόν ἐκλεγμένο πολεμικό ἄρχοντα, τόν προλετάριο ἡγέτη, τόν μέγα δημαγωγό, ἤ τόν πολιτικό ἀρχηγό τοῦ κόμματος»*. Πρόκειται γιά τήν διάλεξη «*Ἡ πολιτική ὡς ἐπάγγελμα*» (1918) τοῦ γνωστοῦ Μάξ Βέμπερ.

Στη σειρά **microMEGA** κυκλοφορούν:

1. Ionesco, *Η ελεγεία του ρινόκερου*
2. Paul Valéry, *Σημειώσεις του καθρέφτη*
3. Δημοσθένης (αποσπ.), *Κατά Αθηναίων*
4. Lou Salomé, *Η ανθρώπινη φύση της γυναίκας*
5. Schopenhauer, *Δοκίμιο για τις γυναίκες*
6. Περικλής Γιαννόπουλος, *Ξενομανία*
7. F. S. Fitzgerald, *Το ράγισμα*
8. Q. Ciceron, *Εγχειρίδιο προεκλογικής εκστρατείας*
9. D. H. Lawrence, *Πορνογραφία*
10. Sigmund Freud, *Μάθημα ψυχικής ανατομίας*
11. Lafargue, *Το δικαίωμα στην τεμπελιά*
12. J. Ortega y Gasset, *Η επιλογή στον έρωτα*

ΤΟ ΒΙΒΛΙΟ ΤΟΥ ΓΙΑΝΝΗ ΓΕΡΑΣΗ
«ΜΕΤΑΠΟΛΙΤΕΥΣΗ - ΕΝΟΧΗ ΚΑΙ ΥΠΟΤΕΛΕΙΑ»
ΤΥΠΩΘΗΚΕ ΤΟΝ ΑΠΡΙΛΙΟ ΤΟΥ 1998
ΓΙΑ ΛΟΓΑΡΙΑΣΜΟ ΤΩΝ ΕΚΔΟΣΕΩΝ ΡΟΕΣ

Παροράματα

Σελ. 108. Ἡ πρώτη παράγραφος νά διαβασθεῖ:

"Φυσικά, τά γεγονότα καί οἱ αἰτίες δέν ἔχουν τόσο μεταφυσικό χαρακτῆρα. Ἐδῶ ἔχει ἐφαρμογή τό ἐγελιανό θεώρημα, ἀλλά μέ τήν παρατήρηση ὅτι στήν διαλεκτική σχέση τόν "διάμεσο ὅρο" τῆς κίνησης (ἤ τῆς μεταβολῆς) τόν παίζει ἡ συνωμοσία ἀπό τήν πλευρά τοῦ "δούλου" καί ἡ μωρία ἀπό τήν πλευρά τοῦ "ἀφέντη" (γιά νά τιμήσουμε καί τήν μεγάλη σιμωνίδεια καί ἐρασμιακή παράδοση)".